나는 호로자식이 아니야

나는 호로자식이 아니야

초판 1쇄 인쇄 2012년 8월 28일
초판 1쇄 발행 2012년 8월 31일

지 은 이 유대지
펴 낸 이 방은순
펴 낸 곳 도서출판 프로방스
북디자인 DesignDidot 디자인디도
마 케 팅 최문섭

주 소 경기도 고양시 일산동구 백석2동 1330번지
브라운스톤일산 102동 913호
전 화 031-925-5366~7
팩 스 031-925-5368
E-mail Provence70@naver.com
등록번호 제313-제10-1975호
등 록 2009년 6월 9일
I S B N 978-89-89239-70-3 (03810)

값 13,500원
파본은 구입처나 본사에서 교환해드립니다.

나는 호로자식이 아니야

유대지 지음

프로방스

머 리 말

내 마음의 문을 열며

동서고금(東西古今)에 걸쳐 비참한 인생을 살아갈 수밖에 없는 운명을 타고나는 경우가 의외로 많다. 첫째, 늙은 홀아비, 둘째, 늙은 홀어미, 셋째, 부모 없는 아이, 넷째, 자식 없는 늙은이 등으로 바로 사궁(四窮)이 그것이다. 대부분의 사람들은 이 네 가지 가운데 한 가지도 거치지 않고 태어나 다복하게 살아가지만, 할머니와 나는 처음부터 인생의 멍에를 등에 지고 허우적대며 시작해야 했다. 그것은 분명 할머니와 나의 숙명적이고도 비극적인 시작을 알리는 불길한 신호였다.

『논어』「학이편(學而編)」에는 "아버지가 살아계신 동안에는 그 뜻을 살펴야 하고, 아버지가 돌아가신 뒤에는 그 발자취를 살펴야 하니, 3년 동안은 아버지가 행하신 일들을 고치지 않아야 비로소 효자라 할 수 있다."는 말이 있다.

그런데 나는 나를 낳아 주신 아버지의 얼굴도 본 적이 없고, 그 넓은 가슴에 한 번 안겨 보지도 못했다. 그리고 아버지라고 불러본 적도 없고, 그 목소리를 들어본 일도 없다.

그처럼 아버지의 존재는 내가 태어날 때부터 나에게는 전혀 손길이 닿지 않는 저 먼 세계로 인식되었다. 아버지를 그리워해도 소용이 없었다. 아버지를 모시고 싶은 마음이 아무리 간절해도 그저 무지개를 따려고 헛손질을 해대는 식이 될 뿐이었다. 스스로 생각해도 참으로 기구한 운명이었다.

내가 사랑하는 어머니의 뱃속에서 만 일 개월도 채 안 된 때, 그리고 어머니 스스로도 임신한 사실조차 아직 몰랐던 그때, 청년 경찰 간부이시던 아버지는 나라와 겨레를 위해 순국하셨다.

나는 바로 유복자(遺腹子), 삼대독자, 대한민국 6 · 25 진몰군경 유자녀(遺子女), 그리고 세상 사람들이 손가락질하던 저 비극의 호로자식이 되고만 것이다.

어릴 때의 이런저런 일들이 새삼 주마등처럼 스치고 지나간다.

어느 해 한여름 깊은 밤이었다. 마당 한가운데 모닥불에서는 모기와 하루살이를 쫓기 위해 옥수수 껍질을 태운 흰 연기 꼬리가 이리저리 흔들거리고, 파란 모기장 안에서는 어느새 들어왔는지 모기 두 마리가 앵앵거리며 잠이 막 들려는 어린 나를 괴롭히고 있었다.

어린 내가 깊은 잠에 빠져들었다고 생각하신 할머니는 부채를 흔드시고 과일을 드시면서 평상에 앉아 동네 아낙네 서너 명과 이런저런 이야기를 나누고 계셨다.

하지만, 아직 잠이 들지 못한 채 뒤척이고 있던 나는 뜻밖의 사실들을 알게 되었다. 할머니의 목소리는 낮고 무거웠지만 할머니의 입을 통해 내 귀에 꽂히는 이야기들 하나하나는 내게는 실로 비수와도 같았다. 바로 내 집안 이야기였다. 아버지를 중심으로 한 조상님들의 지난 삶에 대한 슬픈 사연들이었다.

그래도 나는 다행히 동심이라는 깊은 호수를 지니고 있었기에 그날 밤의 할머니 이야기들을 그저 잠결에 흘려들은 정도로 가볍게 넘길 수 있었다. 처음에는 놀랐지만 이내 단잠에 빠져들고 말았다.

그러나 그 뒤로 시간이 흐르면서 그날 밤 할머니의 이야기는 한 줄기 섬광이 되어 내 머릿속을 마구 휘젓기 시작했다. 시간이 지날수록 깊게 새겨지더니, 나중에는 나를 초겨울 강가로 끌고나가 흐느껴 울게 만들었다. 속절없이 흘러가는 강물을 바라보며 강둑에 홀로 웅크린 채 흐느껴 우는 일이 늘어만 갔다.

할머니는 어린 손자가 아버지 없는 처지를 너무 깊이 생각할까 봐서 일부러 나의 뿌리에 관한 이야기를 되도록 삼가셨던 것 같다. 하지만, 차츰 나이가 들면서 6.25전쟁을 전후한 나라 형편을 하나씩 이해하게 되고, 그런 속에서 자연스레 나 자신에 얽힌 이런저런 사실들에 대한 관심도 커지게 되었다.

1949년 봄은 민족 최대의 비극인 6 · 25전쟁 발발을 한 해 앞둔 시기였다. 나라 안은 좌익과 우익의 사상싸움으로 그 어느 해보다도 살벌했다. 국내 치안도 극도로 어지러울 수밖에 없었다.

당시 아버지는 대한민국 건국의 경찰로서 경상북도경찰국 경주경찰서 안강지서장으로 재직하고 있었다.

그 해 3월 23일, 미명의 시각. 경상북도 경주군 안강읍(安康邑) 두류리, 인적이 드문 산골의 허름한 오두막집에서 일어났던 그 비극적인 전투.경찰관 3명과 북한 인민군 소속 빨치산 부대원 20명과의 교전. 너무나 운명적인 두류리전투!

아버지는 바로 그 전투에서 동료경찰 두 명과 함께 조국의 수호신으로 장렬히 순국하셨다. 당시 27세의 유귀룡(劉貴龍) 경위.

아! 하늘도 땅도 무심하여라. 나는 그해 늦가을에 이 세상에 태어났다.

나에 대한 그런 비극적인 지난 사실들을 모두 알게 되었을 때 나의 가슴속에는 잠재울 수 없는 격랑이 일기 시작했다.

그런 뒤로 아버지에 대한 나의 되새김질은 그리움을 넘어 내 성장의 든든한 밑거름이 되어주었다. 나는 성장하면서 조국의 수호신으로 산화하신 아버지에 대한 그리움을 무한한 자긍심과 존경심으로 바꿔갈 수 있었다. 선친에 대한 그리움이 쌓이고 쌓일수록 선친의 자랑스러운 발자취에 대한 엄숙한 마음가짐 또한 자연히 웃자라기 시작했다.

나는 전형적인 자수성가(自手成家)의 길을 걸어야 했다. 숱한 역경을 할머니와 가족들이 함께 겪을 수밖에 없었다. 그런 어려움 속에서도 선친의 발자취는 내게 큰 힘이 되어주었다. 난관에 봉착할 때마다 선친에 대한 진한 그리움을 빛바랜 사진 속에서 풀어가고 이어가며 소란한 마음을 차분하게 가라앉힐 수 있었다. 그리고 그런 나의 버릇은 일종의 경건한 의식처럼 자리

잡게 되었다. 내가 빛바랜 사진 속에 오래 머물수록 나와 아버지와의 끈끈한 연결고리는 더욱더 강해져만 갔다.

'아버지! 아버지! 나의 아버지! 보고 싶습니다. 저를 힘껏 껴안아 주세요.'

그렇게 입속에서 되뇌다 보면 필설로 형언할 수 없는 신앙심 같은 어떤 강한 힘이 나를 감싸기도 한다. 아마도 세상에 남기신 한 점 혈육에 대한 아버지의 특별한 뜻이 훈계로 나타나기도 하고 희망의 등불로도 나타나기 때문일 것이다. 한 점 혈육에 대한 그 간절하고 그윽한 생각이 왜 이승 저승 사이를 자유로이 오가지 못하겠는가! 나는 늘 그런 식으로 어두운 망망대해(茫茫大海) 한가운데서 온 바다를 환하게 밝히는 높은 등대를 발견하곤 한다. 길을 잃고 표류하는 난파선의 처지에서 조차도 나는 그 고마운 등대 덕분에 언제든 안전한 길에 들어설 수 있었다. 나와 아버지 사이의 그 숨바꼭질 같은 연결고리 찾기는 그처럼 언제나 희망의 길, 안정의 길에서 대단원의 막을 내리게 되었다. 힘들수록 더 밝게 비추고 어려울수록 더 또렷하게 드러나는 신비스러운 불빛이었다.

한 가정에 아버지가 없는 것은 대문이 없는 것과 같고, 어머니가 없는 것은 방문이 없는 것과 같다. 그리고 일가친척이 없는 것은 울타리가 없는 것과 같다.

나는 이 세상에 태어나기 이전부터 대문과 울타리가 없었다. 세 살 때는 방문마저 잃어버린 채 쓰디쓴 비운을 그 누구보다도 일찍 겪으며 자라야 했다. 그래서 할머니와 어린 나는 가문을 지키기 위해 최선을 다해야 했다. 억센 바람을 막아내야 하는 힘겨운 인생길의 연속이었다.

다행스럽게도 나는 이십대 초반에 가정을 꾸림으로써 방황하던 나의 인생 항로에 자그마하지만 튼튼한 닻을 내릴 수 있었다. 작지만 소중한 안정이고 어설프지만 한없이 고마운 행복이었다. 나는 부모님이 다하지 못한 그 대문과 방문의 역할을 내자와 함께 이루어 내는 것이 — 부모님께 대한 작은 도리요, 내게 맡겨진 성스러운 소임이라고 확신했다.

2012년 올해는 동족상잔의 6 · 25 전쟁이 발발한지 어느덧 62년이 되는 해이다. 전쟁으로 수많은 생명들이 희생되었다. 특히, 국제연합(UN)의 결의에 따라 낯선 땅에서 피 흘려 싸워준 고마운 젊은 병사들을 잊어서는 안 될 것이다. 아군 적군을 분별하기조차 어려운 낯선 선장에서 평화의 이름으로 산화한 젊은 혼들을 생각하며 남은 자들의 소임을 다해야 할 것이다. 피 흘려 싸워준 그 분들이 아니었다면 오늘의 번영과 평화가 어떻게 가능했겠는가!

한반도의 자유민주주의를 지켜내고 정의가 살아 숨 쉬게 하려는 숭고한 투혼들이었다. 그들이 흘린 그 고귀한 피와 희생정신을 우리는 영원히 잊어서는 안 된다.

하나, 안타깝게도 그 참혹한 전쟁이 끝난 지 59년이 지난 지금까지도 우리 강토에는 변한 것이 별로 없다. 삼팔선에서 휴전선으로 남북의 경계선 이름만 바뀌었을 뿐 여전히 휴전상태 그대로다.

아직도 그 무서운 전쟁의 그림자가 완전히 사라지지 않은 채 우리 가슴속에 길고도 짙은 그림자로 드리우고 있는 것이다.

우리 부부는 지난 1994년 6월, 남과 북이 북한핵문제로 초긴장의 대치상태에 있을 때 동부전선 고성 통일전망대에서 서부전선 경기도 백령도까지 20일간 휴전선 155마일을 사상 처음으로 도보로 횡단했다. 그 뒤로도, 지금까지 38선을 18년간 79회에 걸쳐, 강원도 양양에서 경기도 파주까지 완주했다. 자동차로 달리고, 도보로 잇고, 자전거로 채워가며 민족의 비극인 삼팔선을 사명처럼 달리고 있다.

그리고 6·25발발 50주년이던 지난 2000년에는 미국으로 건너가서 미국대륙의 38선을 완주했다. 뉴욕~워싱턴~ 덴버~샌프란시스코~LA 등을 망라하는 총4,000km의 장거리 완주였다. 13개주를 10일간 자동차로 달리면서 조국 대한민국의 평화를 기원하는 우리 부부의 간절한 심정을 전세계에 알렸다.

왜 그 고생스러운 일을 부부가 함께 하기에 이르렀는가? 삼팔선과 휴전선을 달려야만 하는 남다른 이유라도 있다는 말인가? 고달프지 않은 일, 좀 더 쉬운 길도 얼마든지 있는데, 왜 하필 그 생고생을 홀로 떠맡고 있는가? 혹자는 물을 것이다. 심지어는 한 번뿐인 생애를 왜 그리 힘들게 보내느냐고 물을 수도 있을 것이다.

이유는 너무도 단순하고 확실하다. 그것은 전쟁이 얼마나 무섭고 가정이 얼마나 소중한가를 세계와 국민, 그리고 무엇보다도 전후세대에게 똑똑히 일깨워 주기 위해서이다.

우리 민족은 반만년 역사를 이어오는 동안 헤아릴 수 없이 많은 전쟁 속에서 크고 작은 고통을 참 많이도 겪었다. 21세기에는 제발 더 이상 그런 참담한 일들이 안 생기기를 바라는 뜻에서 고생을 사서 하는 셈이다. 평화를 기원하는 작은 심지가 되어 활활 타오르다 보면 언젠가는 우리 부부의 소원처럼 평화를 사랑하는 세대가 가득하게 될 수도 있을 것이다. 그런 소망이 바로 고생스런 완주의 작은 불씨인 셈이다.

이 땅에 평화를 지키기 위해 포화 속에서 사라져간 수많은 영혼들, 이 땅에 묻혀있는 평화의 수호신인 UN병사들, 그리고 대한민국 건국의 경찰로서 산화하신 고 유귀룡(劉貴龍) 경위의 영전에 이 책을 바친다.

지난 2012년 6월 호국보훈의 달에 모범보훈가족으로서 국무총리 정부포상을 국가보훈처 박승춘처장으로부터 전수받았다. 우리가문에 크나큰 영광이 아닐 수 없다. 나에게도 영예로운 수상으로 우리가족 모두의 가슴속에 오래 간직될 것이다. 뒷바라지에 최선을 다한 내자와 함께 기념사진도 찍었다. 사랑하는 딸들과 주변으로부터 축하전화도 많이 받았다.

끝으로 조촐한 자전적 에세이 출판에 크고 작은 도움을 주신 많은 분들께 심심한 사의를 드린다.

2012년 6월 25일 새벽

대한민국 동부전선 양양에서 중부전선 파주 임진각까지

38선을 달리면서

추천의 글

저자처럼 근면하고 성실하고 정직한 사람과 함께 일하고 있다는 사실이 그렇게 다행스럽고 고마울 수 없다.

젊은이가 됐던 늙은이가 됐던 다들 너무 빠듯한 하루하루를 보내는 요즘이 아닌가! 그래서 나라에 살면서도 나라를 잊고 겨레 사이에 있지만, 겨레를 잊기 쉬운 것이다. 그래서 역사 속에 살지만 그 역사를 지나치기 쉽고, 피의 역사, 땀의 역사, 한숨의 역사를 어쩔 수 없이 함께 지니고 살면서도 달고 향긋한 것에만 마음이 끌리고 한눈이 팔려 — 그만 알맹이는 잊고 그저 껍데기만 붙들고 있기 쉬운 요즘이 아닌가!

할머니의 가르치심을 다시 떠올리게 하는 책이 될 것이다. 조상에 대한 그리움과 고마움을 함께 곱씹게 하는 책이 될 것이다.

무엇보다도 전쟁의 반대인 평화, 구속의 반대인 자유에 대한 생각을 다시 세우고 다시 살리게 만들 것이다. 그리고 우리가 처한 기가 막힌 현실을 잊지 않고 통일과 평화, 자유와 번영을 향해 더 힘쓰게 만들 것이다.

나는 굳게 믿는다. 이 한 권의 책이 의외로 많은 일을 해낼 것으로 확신한다. 스승이 따로 있는가? 낮에도 달은 있지만 밤이 되어야 다들 그 달을 발견하고 바라보게 마련이다.

우리가 잊고 살던 것들을 하나씩 다시 떠올리게 함으로써 일그러진 심성들이 되살아나게 될 것이다. 너무 사납고 거칠기만 한 우리 사회가 동방예의 지국이라는 예전의 이름을 되찾아 다시 한 번 세계의 신사 나라, 세계의 선비 나라로 발돋움하게 될 것이다.

저자의 그 동안 노력에 대해 진심으로 위로와 격려의 말씀을 드리고 싶다.

그리고 무엇보다도 저자가 바라는 멋진 새 나라, 자랑스러운 새 시대가 꼭 열리기를 진심으로 바란다.

2012년 초가을 문턱에서

대한민국 전몰군경유족회

회장 최해근 씀

추천의 글

최근의 시대적 상황이 이념에 대한 혼돈을 불러 일으켜 안보와 애국에 대한 개념 정립이 애매모호할 뿐만 아니라 국가에 대한 정체성마저 흔들이고 있는 이때에 6.25 경찰 전사 유자녀인 유대지씨가 국민과 전후세대를 향하여 전쟁의 무서움과 가정의 소중함을 알리는 메시지가 담긴 책을 출간하게 된 것을 무척 다행스럽게 생각한다.

저자 유대지씨는, 유복자로 살아온 자신의 피맺힌 삶의 뒤안길을 적나라하게 묘사하면서 국가 안보의 중요성을 강조하고 있어 많은 독자들에게 큰 감명을 줄 것을 확신한다.

특히, 할머니의 가르침을 천자문이나 소학처럼 한권의 책으로 엮어 나가면서, 6.25전쟁 중 27세의 젊은 나이에 戰死한 선친에 대한 그리움과 할머니에 대한 애절한 효심은, 독자들의 심금을 크게 울릴 것이다.

1994년 북한의 핵문제로 남북간 일촉즉발의 위기상황일 때, 강원도 고성 통일전망대에서 백령도까지 휴전선 155마일을 걸은데 이어, 강원도 양양 38선 경계선에서 파주 임진각까지를 18년간에 걸쳐 79회를 왕복한 것을 볼 때, 평화에 대한 저자의 열정을 가히 짐작하고도 남음이 있다.

이 책이, 휴전협정 59주년을 맞은 시점에 발간되어 동병상련의 영혼들간의 큰 위안이 되고, 많은 국민들로부터 큰 호응받기를 기대하면서 다시 한번 출간을 진심으로 축하드린다.

2012년 8월

대한민국재향경우회

중앙회장 구재태 씀

추천의 글

각박한 세상이라고들 한다. 무서운 세상이라고들 한다.

어두운 쪽만 바라보면 소름끼칠 일들이 너무 많다는 것이다. 사회면을 장식하는 온갖 흉측한 일들만 떠올리면 절로 한숨부터 나온다는 식이다.

하나, 저자의 가슴을 한 번 들여다보면 그런 씁쓸함이 한꺼번에 사라질 것이다. 그리고 비록 깨진 조각 거울 속에서나마 가장 멋진 자신의 모습을 발견하게 될 것이다.

아름다운 일이다. 손자가 할머니를 기억하여 그 그리움과 고마움을 한 권의 책으로까지 펴냈다는 일이 참으로 훈훈하고 고맙기 그지없는 일이다.

저자는 책을 통해 자신을 드러낸 것이 아니라, 우리 모두가 겪었던 과거의 쓰라린 기억들을 모락모락 다시 피워낸 셈이다.

그런 면에서 본다면 이 한 권의 책은 사실 그 어떤 연감이나 기록보다도 훨씬 더 생생하고 자세한 우리 모두에 대한 이야기이고 소개인 셈이다.

진심으로 출간을 축하한다. 그리고 저자의 오늘이 있기까지 보살펴주신

저자의 할머니께도 저자를 잘 아는 한 사람으로서 진심으로 감사와 위로의 말씀을 올리고 싶다.

다시 꼼꼼히 한 페이지씩 독파하고 싶다. 그래서 그 속에서 내가 잊고 지낸 것들을 서둘러 다시 끄집어내고 싶다. 전쟁 속에서도 가장 인간답게 살고자 애썼던 이들의 기록이고, 슬픈 역사 속에서도 가장 아름다운 이야기를 만들어내고자 비지땀을 흘렸던 우리 스승들, 우리 조상들의 고맙고 흐뭇한 발자취이기 때문이다.

2012년 9월

한국보훈복지의료공단

이사장 이종정 씀

추천의 글

나는 저자를 대하며 우리가 그토록 그리워하던 고향을 떠올렸다.

생각만으로도 금방 가슴이 따뜻해지는 그런 고향이 저자의 인품 속에 고스란히 잠겨 있다고 생각했다.

내 기대가 어긋나지 않았던지 바로 세상에 둘도 없는 아주 특이한 책이 우리 눈 앞에 등장하게 되었다. 나를 비롯하여 누군들 조상에 대한 그리움과 고마움을 간직하고 있지 않겠는가!

그러나 저자는 참으로 특이한 일을 해냈다. 할머니의 가르치심을 꼼꼼히 다 기억해내서 한 권의 책으로 펴낸 것이다.

위대한 일이 아닐 수 없다. 눈물 없이는 볼 수 없는 책이 될 것이다.

무엇보다도 우리의 마음을 고향 곁으로 이끌 것이다. 그리고 그 고향 하늘에 두고 온 것들을 은하수로 뒤바꿔 놓고 오래오래 바라보게 될 것이다.

아무리 생각해도 너무 감동적이다. 아무리 생각해도 너무 대단한 일이다.

자신의 지난 일들을 거울 들여다보듯이 적나라하게 드러낸 일도 대단하지만, 그 많은 일들을 솔직하고 정직하게 일일이 다 기억해 냈다는 일이 참으로 대단하다.

그리고 무엇보다도 그 고백을 책으로 엮고 그 추억을 책으로 펴냈다는 사실이 참으로 특이하기도 하고 대단하기도 하고 감탄스럽기노 하나.

다시 한 번 출간을 축하한다. 그리고 지난 역경을 다 이겨내고 나라와 겨레에 대한 사랑으로 다시 일어서고, 인류에 대한 희망과 기대로 탈바꿈시켜 멋지게 꽃피워낸 그 마음밭의 이랑과 고랑 하나하나에 대해 다시 한 번 위로와 격려의 박수를 아낌없이 보낸다.

2012년 무더위 속에서 가을바람을 미리 맞으며

경기대학교 교수 유영옥 씀

유대지(劉大知)가 걸어온 길

공업도시 울산이 고향인 유대지는 1949년, 대한민국 경찰관이던 고 유귀룡 경위와 원옥잠여사의 사이에서 삼대독자로 태어났다. 6 · 25전쟁 발발 한 해 전 초봄, 저자는 어머니 뱃속에서 선친의 순국 비보를 듣게 되었다. 선친은 1개월도 채 안된 태아 상태의 저자를 뒤에 남겨둔 채, 27세의 청년 경찰관으로 북한군 소속 빨치산과 교전하던 중에 장렬히 순국하셨다. 설상가상으로 어머니마저 저자 나이 세 살 때 돌아가셨다. 그 후 저자는 오로지 할머니 슬하에서 울산초등학교, 울산제일중학교, 부산동래고등학교를 졸업하고 만학으로 44살 때 명지전문대학교를 졸업했다. 저자는 22세 되던 해 봄, 동향의 이순필처녀와 혼인하여 네 딸을 두었다. 그 후 울산광역시 지방공무원으로 15년 봉직한 후, 국가보훈처 산하 한국보훈복지의료공단에서 정년퇴직했다. 지금은 대한민국전몰군경유족회에서 근무한 바 있다. 한편, 저자는 1994년, 6 · 25 발발 44주년 때 당시 남과 북이 북한핵문제로 긴장이 고조될 때 전쟁반대를 외치면서 부부가 함께 강원도 고성 통일전망대에서 파주 임진각까지 휴전선 155마일을 도보로 횡단했다. 그 이후 지금까지 18년간 79회에 걸쳐, 38선을 횡단하고 있기에 주위에서는 이들 부부를 '38선맨'으로 부르고 있다. 지난 2000년에는 미국의 뉴욕~워싱턴~덴버~샌프란시스코~LA를 잇는 13개주, 총4,000km를 렌터카로 완주했다. 북미대륙의 38선에 해당하는 긴 거리를 사상 처음으로 완주하면서 조국 대한민국의 굳건한 평화수호의지를 만방에 알렸다.

차 례

호로자식(胡虜子息)

태곳적부터 지금까지 이 지구상에는 수많은 전란(戰亂)이 계속 이어져 왔다. 이러한 비극은 지금 이 시간에도 멈추지 않고 있으니 한마디로 통탄할 일이 아닐 수 없다. 그런데 이러한 전란의 혼돈과 난세의 역사 한가운데서도 반만년 동안 고유한 역사와 찬란한 문화를 면면히 꽃피워 온 우리 민족 같은 경우도 아마 이 지구상에는 그리 흔치 않을 것이다.

우리 민족 근대사 가운데 삼대전란을 꼽는다면, 조선시대 7년간 왜구와의 지루했던 임진왜란(壬辰倭亂), 2년간 청나라와의 치욕적인 병자호란(丙子胡亂), 그리고 금세기 최대의 동족상잔인 3년간 6 · 25동란(動亂)이 아닐까. 이러한 전란을 거치는 동안 우리 민족은 말로써 차마 표현 못할 너무나 큰 고통을 당하였다. 더욱이 우리는 지형학적으로 인접한 북방 이민족과는 오랜 세월동안 항상 대결과 긴장상태에 있었다. 그들과의 우호관계는 그리 길지 않았다.

그런데 동방예의지국인 우리나라에 호로자식이란 이 용어가 언제, 어디서, 왜, 어떻게 유입되어 회자(膾炙)되고 있는지, 그 유래를 밝힌 문헌은 없다. 다만, 역사학적으로, 지형적으로, 끊임없이 북방 이민족과 전란에 휘말릴 수밖에 없었던 우리 민족 사이에 자연발생적으로 생겨나지 않았나, 조심스럽게 추측해 본다.

어원(語源)을 거슬러 올라가 보면, 그 시대상을 알아낼 수 있는 경우가 많다. 그 가운데 바로 이 호로라는 글자도 포함될 것이다.우리나라 북방에는 많은 이민족이 시대를 따라 명멸했다. 그 가운데 흉노(匈奴)족이 있었는데, 이들은 B.C. 3세기경부터 몽고지방에 번영하였던 유목민족으로서 차차 성장하여 우리 민족과는 수세기에 걸쳐 피의 역사를 이어왔다. 분쟁의 역사를 주로 쓴 특이한 이민족들 가운데 하나로 역사에 기록되어 있다. 우리 민족은 자신들을 괴롭혀온 북방 이민족을 적대시하는 뜻에서 뙤놈, 오랑캐의 아들, 즉 '호로자식'이라고 불렀을 것이다. 여기에는 상대방에게 심한 모멸감을 주고 그들을 비하시키기 위한 뜻이 담겨져 있었을 것이다.

결론적으로, 여러 가지 정황을 감안해 볼 때, 이 용어는 우리 민족 사이에서 전란 속의 북방 이민족을 통칭하는 말로 구전되어온 전래의 순수한 토속용어라는 것이 아마도 더 옳을 것이다.

근세에 들어서는 이 말의 뜻이 변질되어, 버릇없이 무례하게 행동하는 남녀노소 모든 사람들에게 적용되고 있는데, 잘못 쓰여 지고 있다는 생각이 든다. 예를 들면, 십대 전후의 연령층 사이에서는 아버지가 없는 이들을 주로 일컫고, 성인들 사이에서는 예의범절이 미흡하거나 타인에게 혐오감을 주는 부류의 사람들에게 적용되고 있다.

그러나 이 땅에서 이민족과의 전란이 끝난 지도 수세기가 지난 지금까지도 구태의연한 이런 용어가 우리 사회에 버젓이 그대로 통용되고 있다는 사실에 대해서는 우리 모두 가슴에 조용히 손을 얹고 다시 생각해보지 않을 수 없다. 왜냐하면, 한때 이 용어가 사용되던 그러한 어두운 전란의 시대는 이미 지나간 지 오래되었고, 이 말을 하고, 그리고 듣는 사람 모두가 이민족이 아니라, 바로 한 핏줄을 나눈 배달의 동족이기 때문이다.

한마디로, 전쟁의 악순환을 의미하는 이 용어는 이제 역사의 유물로 사라져야 된다는 생각이다. 따라서 이 책 제목을 마지막으로 이 땅에서 이 용어가 발붙일 수 없도록 우리 국민 모두가 함께 노력해야 하지 않을까 생각한다. 이러한 발상은 국민정서 순화에도 어느 정도 부합되리라고 믿기 때문이다.

나는 이 책 제목을 두고 나름대로 많은 우여곡절과 고뇌의 시간을 가졌다. 너무나 자신을 비하시켰다는 생각에서부터, 나의 처지는 이 용어와는 본질적으로 다르다는 생각에까지 — 알게 모르게 책 제목이 나를 혼란스럽게 한 것이 사실이다.

그러나 나는 이 책 출판의 목적이 대명제인 전쟁 반대인 이상, 조금은 달리 생각하기로 했다. 부부가 함께 증오의 삼팔선을 달리면서, 그리고 그리운 아버지를 생각하면서, 이 제목을 끝까지 지켜나가기로 결심했다. 이를 받아준 처와 딸들의 동의, 그리고 주위의 많은 분들의 성원에 고마울 따름이다.

끝으로 여기서 독자 여러분께 간곡히 밝혀둘 것이 한 가지 있다. 그것은 본 글의 호로자식은 어디까지나 저자 개인에게만 국한되는 용어이며, 어떠한 특정인, 어떠한 특정집단이나 단체와도 전혀 무관하다는 사실이다.

중앙시장

울산광역시 중구 옥교동 중심가 일대. 이 시장 남쪽에는 동해남부선을 지나는 울산역, 북쪽으로는 구시가지를 가로지르는 간선도로와 동쪽으로는 국민은행 건물과 접하고 서쪽으로는 시계탑을 끼고서 긴 도로까지…

이렇게 중앙시장 위치는 오래전부터 인근주민들의 생활 욕구를 충족시켜주는 지역경제의 한 중심지로서 주민의 사랑을 받아왔다. 이곳에서 이루어지는 상거래로 상인들의 발걸음은 새벽부터 북적댄다.

이 시장터는 인근에 위치한 일반가게나 백화점과 그 취급품목이 다를 뿐만 아니라, 이곳을 찾아드는 주민들도 실로 각양각색이다. 말하자면, 이 시장은 일 년에 한 번 이상 다녀 가보지 않은 사람이 없을 정도로 다방면에서 주민들의 생활형성 중심축으로 자리매김된 지 꽤나 오래되었다.

당시에는 요즘처럼 슈퍼나 백화점 등 유통형태가 발달되지 않은 시절이었기에 모든 길은 로마로 통한다는 식으로 주민들의 모든 생활용품은 이 시장에서 형성되었다고 해도 과언이 아닐 것이다. 이 시장은 초기단계를 지나 60년대쯤 시장 번영회가 결성되고 현대식 이층건물이 들어서면서부터 각종 물류가 제법 터전을 잡았다. 규모가 제일 큰 어시장을 우선 보자. 누운 채 눈을 크게 뜨고 숨을 헐떡이며 고객을 기다리는 가자미와 은빛이 자르르 흐르는 갈치 등이 넘쳐나는 생선가게, 미역, 명태 등을 취급하는 건어물가게 등이 즐비하다.

어디 그뿐인가? 이불과 각양각색의 한복종류를 취급하는 포목상, 그리고 팥죽 등 먹거리를 파는 그 좁은 골목 간이가게 등도 빼놓을 수 없는 명물들이다. 이 시장 곁을 스쳐지나가는 동해남부선을 따라 다닥다닥 붙어있는 주점과 하류숙박업소의 희미한 조명등, 비가 조금만 내려도 항상 질퍽거렸던 생선가게 진입로, 악취가 마구 풍기던 공중화장실 등도 아련한 추억거리들이다.

그런 곳의 한 모퉁이에 할머니는 시유지 세 평도 채 안 되는 작은 대지를 임대받아 노상에서 마른 멸치를 판매했다. 할머니의 당일 수입은 결코 넉넉하지 않았다고 생각한다. 오전 8시쯤 시장에 나와서 크고, 작은 크기의 멸치 두세 가지를 함지박에 담아 놓고 파셨고 저녁 무렵에는 그 함지를 거두어 머리에 이고서 돌아오셨다.

할머니의 멸치판매방식은 대부분 면식을 이용하신 경우가 많았다. 자연히 먼 친척 되시는 분, 평소 잘 알고 계시는 분, 그리고 이런저런 사정으로 알게 되신 분들이 대부분이었다.

그래서 할머니는 그런 분들과 동석이 되면 멸치 판매뿐만 아니라 저간의 생활소식도 서로 나누시면서 정감을 쌓기도 하였다. 따라서 그분들에게는 간혹 멸치를 덤으로 조금 더 주시는 것 같았다.

이렇게 할머니는 춘하추동, 비가 오나 눈이 오나 특별한 날 외에는 중앙시장에 나가셔서 많은 사람들과 생활이야기를 나누셨고 그 가운데 특별한 내용이 있다고 판단되신 사안에 대해서는 집에 오셔서 어린 나에게도 그 이야기를 들려주셨다. 그러니깐 할머니는 항상 생활뉴스가 풍부했다.

학교와 시장 거리가 멀지 않았기 때문에 나는 하교길에 자주 할머니가 계시는 중앙시장을 찾았다.그러면 할머니는 집에서 나에게 대해주신 이상으로 어린 나를 반갑게 맞이해 주셨다. 그리고는 계절 따라 출하되는 과일과 인근 가게에서 파는 국수 한 그릇을 사주셨다. 나는 그렇게 할머니가 계시는 중앙시장을 자주 찾았고 인파가 북적되는 그곳에서 할머니가 사주시는 여러 가지 음식을 즐겼다. 할머니 가게주변에 계시는 분들과도 사이가 원만한 덕분에 그분들 또한 나를 무척이나 귀여워했다.

그런데 내가 중학교에 다닐 무렵쯤 중앙시장이 큰 변화를 겪게 되었다. 말 그대로 새로운 공사가 시작되었던 것이다. 시대의 흐름에 따라서 중앙시장이 주식회사로 바뀌면서 도약의 시대로 변천하는 그런 와중이었던 셈이다.

한데, 공사가 시작되면서 자연히 할머니가 설 땅이 없어지게 되었다. 그 당시 할머니처럼 시유지를 임대하여 사용하신 분들이 모두 별다른 대책 없이 생활의 터전을 하루아침에 잃게 되었다. 물론, 그에 따른 보상도 전혀 없었던 것 같다. 말하자면, 지금까지 할머니와 주윗분들이 시유지를 저렴한 임대료로 사용했으니 변화 추이에 따라 흔쾌히 양보하라는 식이었다. 새로운 현대식 대형건물이 들어서게 되었으니 그냥 보상 없이 떠나달라는 일방적인 조치였던 셈이다.

그때가 마침 눈발이 내리는 한겨울이었다고 기억한다. 할머니의 한숨과 더불어 푸념 섞인 하소연 속에서 어린 나도 뭔가 좋지 않은 변화들을 직감할 수 있었다. 참으로 한심스럽고 무엇보다도 당국의 처사가 괘씸했다. 아무리 시유지라고 해도 할머니께서 십 수 년이 넘는 긴 세월동안 점유하던 생활 터전인데, 이렇다 할 아무런 생활대책 없이 일방적으로 철수하라니…

지금생각하면 그 당시 시당국이나 회사 측에서 영세 상인들에 대한 사후대책을 완전히 무시한 처사였다. 늦었지만 지탄받아 마땅하다고 생각된다. 더욱이나 할머니는 고령인데다가 6 · 25 전쟁으로 홀로 남겨진 어린손자를 데리고 어렵게 생활하시는, 말 그대로 나라와 사회가 함께 거들어줘야 할 전몰군경유족이셨다.

항의 한 번 제대로 못하시고 그 오랜 세월 동안 희로애락이 서린 그 정든 곳을 떠나신 할머니의 그때 심정이 과연 어떠하셨을까? 지금 생각해도 참으로 안타까운 일이 아닐 수 없다. 어린 내가 보기에도 잘못된 처사가 너무도 분명했다.

할머니는 그 터전에서 오고가는 많은 사람들과 인생이야기를 나누셨다. 친구들도 많이 사귀셨다. 친척들의 안부를 묻고 답해주던 정감어린 장소였다. 혈혈단신의 어린손자가 찾아오면 반갑게 맞아주면서 간식꺼리를 챙겨주시던 아주 특별한 곳이었다. 할머니의 모든 추억거리들, 그리고 나와 할머니의 아기자기한 이야기들이 한 자리에 모여 있는 그런 곳이었다. 나와 할머니에게는 실로 집 이상으로 고마운 곳이고 옷 이상으로 꼭 필요한 대상이었다.온갖 서러움과 어려움을 무난히 이겨내게 한 할머니의 오랜 생활 터전이 송두리째 사라졌던 것이다.

그 후 할머니는 시장에서 멸치장사를 그만두시고 집을 방문하는 주윗분들에게만 멸치를 판매하셨다. 자연히 종전 수입보다 훨씬 못하게 된 것이 너무도 자명한 일이었다.

할머니의 얼굴에는 그때 이후 수심과 근심이 깊어만 가셨다. 물론, 어린 나도 그런 사실을 속속들이 다 알게 되자 무척이나 마음이 무거웠다.

중앙시장!

돌이켜보면 그곳에서 조손(祖孫)의 그 어려웠던 시절이 지금도 생각난다. 한 시대 역사를 만들어 주었던 회한의 장소이자, 눈물이 서린 곳이기도 하다.

지금도 나는 간혹 고향을 찾을 때면 그 시절 할머니 생각에 눈시울을 적신다. 그리고 할머니를 추모하는 마음으로 그 부근 횟집에 앉아 반세기가 지난 그때 일들을 돌이켜보면서 혼자 소주잔을 기울인다. 자연히 오랫동안 자리에서 일어나지 못한 채 시간을 끌게 되기 일쑤다.

(보고 싶은 할머니… 그때의 철없었던 저를 용서해주세요. 저는 지금 사랑하는 가족들 덕분에 잘 살고 있어요. 모두가 다 할머니 덕분이에요. 너무 고마워요, 그리운 할머니!)

울어라 문풍지야

전래의 명절인 추석이 다가오면 긴 여름이 물러가고 새로운 기운이 감돌기 시작한다. 들판에는 풍요롭기 그지없는 오곡백과가 무르익어 간다. 도로변에 늘어선 코스모스는 무더위를 멀리 내쫓듯이 하늘하늘 춤을 추기 시작한다. 전형적인 가을이 깊어가는 것이다. 조석으로 제법 찬바람이 얼굴에 와 닿기 시작하면 귀뚜라미 소리가 밤의 정적을 흔들어댄다. 높아지는 하늘에는 기러기들의 멋진 비행편대가 우리의 눈길을 끌며 이어지기도 한다.

그럴 때쯤이면 할머니가 가장 먼저 준비하는 것이 있다. 바로 긴 겨울을 따뜻하게 나기 위한 연료감 확보다. 할머니는 시기를 저울질하시다가 오일장이 다가오면 장터에 나가신다. 그러면 사전에 약조가 되어있던 친척 아저씨로를 만나신다. 그리고 친척아저씨는 장작개비를 소달구지에 가득 싣고서 대문가에 도착한다. 화장실 빈 공간 한 곁에 그 장작개비를 차곡차곡 쌓으라고 당부하면 아저씨는 할머니가 시키는 대로 작업에 열중한다. 그런 모습은 바로 그해 자신과 귀여운 손자가 따뜻하게 한겨울을 지내도록 하기 위한 할머니의 오래된 생활방식의 하나였다.

그 공터 바로 옆에는 키가 작은 대추나무 한 그루가 서 있었다. 가을이 다 가와도 열매가 달릴 가망이 거의 없는 그 키 작은 대추나무는 이상하게도 할머니의 관심 밖이었다. 할머니는 실제로 그 대추나무가 열매를 주렁주렁 달던 안 달던 별로 개의치 않는 편이셨다. 그 대추나무는 가엾게도 이미 할머니로부터 버림받은 나무로 전락해 있었던 셈이다. 어디 꼭 그 대추나무 때문이었겠는가! 어린 내가 생각하기에도 그 대추나무가 열매를 못 맺는 것은 정성을 기울여주지 않은 탓인 듯했다. 제대로 무럭무럭 자라지 못하는 대추나무한테도 일말의 문제가 있었지만, 할머니 또한 거름을 주며 일일이 보살펴 주지 않는 듯했다. 나는 홀대 받은 결과 열매를 제대로 못 맺게 되었다고 생각했다. 바로 장작개비가 늘 더 중요한 자리를 차지했기 때문일 것이다.

토담보다 훨씬 높게 장작개비를 그곳에 쌓아 두셨는데 골목길을 오가는 모든 사람들에게 그 장작개비가 훤히 보일 정도였다. 할머니에게는 장작개비의 높이가 높을수록 월동준비가 완벽하게 된 것으로 여겨졌을 것이다. 그리고 힘들여 장작개비를 쪼갤 수 없는 할머니는 먼 친척분을 불러서 대략 일주일 분량의 장작을 미리 쪼갠 뒤 마루 밑 어두운 한 구석에 차곡차곡 넣어 두었다가 필요한 만큼 부엌으로 옮겨서 사용했다. 할머니의 절묘하신 수요 계산은 한 번도 어긋난 적이 없었다. 장작개비가 부족해서 겨울을 춥게 보낸 적이 단 한 해도 없었다. 할머니의 남다른 생활의 지혜를 가늠할 수 있는 대목이 아닐 수 없다.

그리고 그 장작개비 이외의 보조 땔감은 바로 솔잎낙엽인 갈비였다. 이 갈비의 용도는 의외로 다양했다. 장작개비에 쉽게 불을 지피는 역할을 이 갈비가 해냈다. 서서히 불길을 키워주는 역할을 한 것이다. 이 갈비는 촌로들이 산에서 솔잎을 끌어 모아 큰 뭉치로 만들어서 오일장에 가지고 나오는데, 장작개비보다는 가격이 다소 저렴했다. 다시 말해, 월동기 연료대책으로는 장작개비와 쌍벽을 이룬 필수적인 땔감이었다.

이 갈비를 할머니는 필요할 때마다 수시로 장에서 구입하여 비축해두셨다. 갈비의 보관 장소는 비좁은 부엌 한 모퉁이였는데 장작개비와 갈비가 항상 뒤엉켜서 정리되지 않는 채 부엌바닥에 어지럽게 널려있었다. 하지만, 그런 모습은 할머니나 내게 오히려 한없는 안도감을 선사했다. 긴 겨울을 나기 위한 연료대책이 완벽하다는 안도감을 주기에 충분한 어지럽힘이고 뒤엉킴이었다. 하여튼, 할머니의 월동대책 최우선 순위는 연료감 확보였던 것이 분명했다. 그래서 그런지 나는 지금도 할머니의 그런 남다른 월동대책을 가장 아련한 추억거리로 떠올리곤 한다.

할머니가 준비하시는 월동대책 가운데 또 다른 하나는 바로 방안과 방문의 도배작업이었다. 우리 집은 큰방, 작은방, 그리고 모퉁이방 이렇게 세 칸이었다. 두 칸은 할머니와 내가 사용하고, 한 칸은 임대를 주었다. 방들은 천정이 그다지 높지 않았고, 큰방이나 작은 방이나 규모가 비슷했다. 큰방에는 아버지께서 사용하시던 작은 책상이 있었는데 그 서랍 안에는 아버지께서 쓰셨던 무기탄창이 있었다. 어린 나는 그 당시 그 탄창을 잘 몰랐는데 아무도 그에 대해서 알려주지 않았기 때문이었다. 그 후에 그 탄창은 어디론가 내 눈 앞에서 사라졌다. 지금 생각하면 아버지 생전의 소중한 유품을 제대로 챙기지 못한 나의 과실인지라 생각할수록 후회막급이다.

다락방은 컴컴해서 대낮인데도 그 속이 잘 보이지 않았다. 할머니가 이런 저런 온갖 잡동사니 물건들을 그 다락방 속에 어지럽게 쟁여두었기 때문에 쉽게 정리할 수조차 없었다. 항상 먼지가 수북히 쌓여 있었다. 대청소를 한 적이 거의 없을 뿐만 아니라, 어디서부터 손을 대야할지조차 가늠하기 어려운 형편이었다.

온돌은 재래식 아궁이에 불을 넣으면 따스하고 아궁이에 불을 넣지 않으면 냉방이기 마련이다. 겨울철에는 저녁 무렵에 아궁이에 장작개비와 갈비를 번갈아 넣어 취사를 겸한 난방을 했다. 간혹 손님이 방문하면 큰방에서 대접을 했다. 줄곧 큰방에서 일상생활을 주로 했기 때문에 그 방에 대한 애착이 유달랐다. 할머니와 어린 나에게는 눈물과 애환이 많이 서린 그런 사연 많은 방이기도 했다.

내가 기억하기로는 할머니는 큰방의 도배를 2년 간격으로 하셨다. 벽지 색이 누렇게 변하고 이런저런 자국들로 얼룩이 흉하게 생기면 새뜩한 색상을 골라 도배를 새로 하시게 되었을 것이다.

할머니는 작업 전날 필요한 도배지, 한지, 그리고 날짜 지난 신문지와 밀가루를 미리 준비하셨다. 도배작업은 주로 내가 학교에 가지 않는 일요일을 택하셨다. 작업당일 할머니는 아침 일찍 일어나셔서 일단 아궁이에 불을 지핀 뒤 밀가루 풀부터 먼저 쑤셨다. 그런데 할머니는 언제나 가격 위주로 벽지를 고르시는 편이셨다. 자연히 밝고 단순한 문양의 벽지가 걸려들기 마련이었다. 하지만, 할머니의 그런 실용적인 선택은 결국 작업 때에 값비싼 수고로 이어지곤 했다. 가격이 저렴하고 밝은 색상으로 선택한 것이 작업할때마다 곤욕을 치르게 했다. 도배지 문안의 엇박자는 물론이고, 너무 얇아서 제대로 붙기도 전에 떨어져버리는 일들이 다반사였기 때문이다.

하지만, 머리에 수건을 동여매고 통바지를 입으신 채 작업에 열중하시는 할머니의 모습은 어린 나의 눈에도 아주 특별하게 다가왔다. 그 결과 오랫동안 고마움을 간직하게 했다. 하여튼, 도배작업의 이런저런 고충에도 불구하고 나에게는 할머니에 대한 멋지고 새로운 영상으로 아로새겨지게 되었다.

비록 방의 규모는 작았지만 우리 둘만의 작업 분량으로는 결코 녹록한 일이 아니었다. 할머니는 천정부분의 난공사를 완벽하게 할 수 없어서 쥐구멍을 대충 메우는 정도로 작업을 마치셨다. 도배작업을 마치면 대개 점심시간이 되었다. 그러면 할머니가 미리 준비해둔 점심을 맛있게 먹으며 하루의 보람을 만끽하게 되었다. 나는 지금도 할머니와의 도배작업을 떠올리며 입맛을 다시곤 한다. 쇠고깃국, 멸치볶음, 따뜻한 숭늉, 그리고 김이 모락모락 피어오르는 흰 쌀밥… 나는 언제든 그때로 돌아가 그 멋진 날들을 바로 어제 일처럼 곱씹게 되곤 한다.

도배작업을 마친 방안에서는 풀 냄새가 그윽했다. 다소 어긋나는 문양이 있기는 해도, 할머니와 내게는 실로 대견하기만한 완성품이고 보람찬 작업장이었다. 할머니와 내 이마에는 땀방울이 보송보송 맺혀 있었다. 그리고 완성품을 바라보는 야릇한 미소가 얼굴 가득 피어 있었다.

즐거운 점심시간을 마치면 곧바로 방문의 한지를 교체하는 작업이 이어졌다. 도배지 바꾸는 일과 한지 바꾸는 일은 매년 어김없이 해야 했다. 빛바랜 방문 한지와 이곳저곳에 얼룩과 구멍이 생긴 방문은 언제 보아도 흉물스럽기만 했다.

방문을 떼어 마당에 펼쳐 놓고서 물을 입으로 세게, 고루 뿜으면 첫 작업이 마쳐졌다. 물을 먹은 방문 한지는 의외로 잘 벗겨졌다. 방안 도배보다 훨씬 손쉬웠다. 마지막으로 눈높이 정도의 적당한 위치에 투명한 작은 유리조각을 붙여 놓았다. 밖에서 인기척이 들리면 문 전체를 열지 않아도 되었다. 그 앙증맞은 유리창을 통해 바라보면 문 밖의 세상이 한 눈에 들어오기 마련이었다. 참으로 요긴한 유리창이었다. 요즘의 초인종 대용품이었다고 생각한다. 아, 얼마나 쉽게 잊게 되는 아련한 추억들인가! 지금은 그런 유리창을 보고 싶어도 쉽게 보기 힘든 추억 만들기 참 어려운 세상이 되었다.

방문에 새한지 작업을 마치면 마지막으로 문풍지를 부치는 일만 남게 된다. 할머니는 벽면과 방문사이의 틈새를 잘 가늠해서 그 부분을 정성껏 그리고 조심스럽게 작업을 했다. 문풍지의 역할은 참으로 지대했다. 방문을 열고 닫을 때 벽면과 스치면서 필요 이상으로 소리를 내서도 안 되었다. 너무 간격이 떨어져서 문풍지로서의 역할을 제대로 못해도 안 되었다. 잘못하면, 그 틈새로 한겨울 찬바람이 술술 들어오기 일쑤였다. 문풍지 작업을 다른 그 어떤 작업들보다도 더 세심하고 신중하게 하시던 할머니의 모습이 이제는 좀 속속들이 다 알 것도 같다. 문풍지 작업을 하시는 할머니의 모습은 여느 신앙심 이상이고 웬만한 정성 이상이셨다.

그날 도배작업은 이 문풍지 작업을 끝으로 종료가 되기 마련이었다. 도배 도구를 정리하고 주변을 말끔히 치우면 어느새 저녁이 된다. 조손祖孫에게 이 작업은 참으로 힘들고 고된 편이었다.

그러나 할머니와 나는 힘을 합쳐서 방 두 칸과 방문의 도배작업을 외부사람의 도움 없이 해결했다. 그렇게 조손간의 자력만으로 가을날 집안 행사를 무사히 마무리하곤 했다. 겨울을 준비하시려는 할머니의 남다른 의지, 그리고 할머니의 작업보조원 역할을 충실히 해내려는 손자의 풋풋한 마음가짐이 빚어낸 하나의 작품이고 명품이었지 않았을까! 저녁식사를 마치고 할머니와 나는 지친 몸으로 잠자리에 들곤 했다. 너무나 힘든 하루였지만, 조손간의 따뜻한 정이 늦가을의 스산한 바람을 타고 온 동네로 퍼져나간 그런 멋진 하루하루였다.

그런 날 밤이면 으레 나는 이불을 펴고 풀냄새가 묻어나는 천정을 바라보곤 했다. 비용을 아끼느라, 고난도의 프로 솜씨를 곁들이지 못한 탓에 여기저기에서 흠결이 보였지만, 그래도 실망보다는 늘 보람이 더 컸다. 천정도배 전체를 완벽하게 마무리 짓지 못한 아쉬움과 그로 인한 색상의 불협화음, 크고 작은 쥐구멍의 부실한 땜질, 다소 뒤엉킨 문양들… 어린 눈에도 "서툰 작업"임이 여실히 느껴졌다.

(내년에는 꼭 전체 천정도배를 완벽하게 끝내고, 저쪽의 흉한 쥐구멍도 반드시 잘 메워야지!)

그날의 늦가을 바람을 홀로 맡은 채 때로는 세차게, 때로는 약하게 울려퍼지는 문풍지소리를 들으면 마치 내 숨소리와 할머니의 숨소리가 연달아 들리는 듯했다. 초짜 문풍지는 그런 식으로 어린 내 귓전을 어루만지기도 하고 칠썩 때리기도 했다. 아직도 내 귓가를 스치던 그 문풍지 소리는 전혀 변함이 없다. 그 시절이나 지금이나 그 문풍지 소리는 숱한 사연을 옮기는 아낙네들의 소리이기도 하고 골목을 가득 메운 채 시끄럽기만 하던 동네 애들의 우렁찬 목소리이기도 하다. 어디 꼭 한스러움만 가져다주고 알 수 없는 슬픔과 서러움과 외로움만 실어다주던 뜬금없는 주인공이었겠는가! 안과 밖을 이어주고 하늘과 땅을 잇닿게 했던 고맙고 신비스러운 문풍지였다.

그런 날 밤이면 나는 할머니가 마련해준 그 폭신하고 포근하기만 한 솜이불 속에서 갓 태어난 아기가 되곤 했다. 새로운 문풍지소리를 들으면서 금세 나만의 꿈나라로 향하곤 했다.

1940년대 이난영이 부른 '울어라 문풍지!'의 노래가사 한 구절이 생각난다.

1. 울어라 문풍지야 너나 실컨 울어라.

너마저 안 운다면 내 속을 누가 푸니.

울어라 울어다오 너나 실컨 울어다오

2. 젖어라 문풍지야 너나 실컨 젖어라.

너마저 안 젖으면 내 맘을 누가 아니.

젖어라 젖어다오 실컨 젖어다오.

3. 울면서 젖어가는 문풍지도 한(恨)인데

굳어진 내 가슴은 웃으랴 울라느냐.

울어라 젖어다오 너나 실컨 울어다오.

첫날밤을 품다

나는 1971년 4월 9일 결혼했다. 햇수를 더듬어보니 어느새 41년이라는 세월이 유수와 같이 흘러갔다. 그때 그날 많은 분들의 축복 속에서 올린 결혼식이 엊그제 같은데 어느새 내가 가정을 가지고 손자를 둔 할아버지로 변했으니… 참으로 세월의 무상함을 절감한다.

그해 내가 온양면사무소에 발령을 받고 드디어 양가 어른들의 동의하에 우리는 결혼식을 올렸으니 지금 생각하면 일사천리로 이루어진 것 같다. 신부 쪽에서 보면 연로하신 장인과 장모님, 그리고 신랑 쪽에서 보면 외할머니 혼자 계셨으니 아마도 서로 자연스럽게 대사를 서두르지 않았나 생각해본다. 처남과 식구들, 처형들의 그 모습이 지금도 생생하고 그날 봄날 축복 속에서 치러진 그 결혼식을 나는 결코 잊지 못한다.

내생애에 그런 축복의 날이 과연 있었던가. 내생애에 일찍이 그런 많은 사람들이 운집한 가운데 축복을 받은 적이 있었던가. 처갓집은 시내에서 한 시간 남짓 떨어진 농촌지역이었다. 처갓집 주변으로 논두렁과 보리밭이 있었다. 포도밭과 복숭아 과수원이 주변을 감싸고 있는 한가로운 전형적인 농가였다.

사월 그날 처갓집 주변으로 연분홍색깔로 피어오르고 있는 복숭아꽃의 그 풍경은 우리의 결혼식을 더욱 빛나게 해주는 것 같았다. 신부가 막내였으니 손위로 처형들이 셋이었고 손위 처남이 한 분 계셨다. 그 처남은 나보다 열 살이나 많았지만 건장한 분이셨다. 결혼 후에 나와 의기투합되어 색시가 있는 선술집에도 같이 다니면서 많은 에피소드를 만들었다. 인생의 정도를 걸어오신 참된 인생 선배로서 내가 보기에도 아주 존경스러운 인격자이셨다. 이미 13년 전에 고인이 되었지만, 6 · 25발발 때 참전하여 18살의 어린나이로 손목에 전상을 입으시고 평생을 국가유공자로 사셨었다. 지병으로 갑작스럽게 고인이 되셔서 한편으로 안타까운 마음 금할 길이 없었다. 한동안 나 자신도 주인 잃은 나룻배처럼 방황하며 인생의 무상함만 절절이 느끼기도 했다. 나에게는 고마운 인생의 선배이기도 하고 오로지 한 분이신 손윗처남인지라, 나이 차이에 상관없이 나는 그분의 언행을 잘 따랐었다.

아무튼, 우리의 결혼식은 가까운 친척들이 처갓집 마당으로 하나 둘 들어서면서 분위기가 무르익기 시작했다. 전형적인 구식혼례를 치르게 된 것이다. 함께 면사무소에 근무했던 조선생이 사회를 보면서 혼례식은 절정에 이르렀다. 몇 안 되는 나의 친구들과 신부 쪽 친구들이 한데 어울려서 기념사진을 찍었다. 신랑과 신부가 화사한 혼례복을 입고 입장할 때 바라보던 그날 하객들의 그 부러운 눈길은 지금도 바로 엊그제처럼 생생하다. 그리고 이리저리 잔치음식을 나르면서 바쁘게 움직이던 고마운 사람들도 여전히 눈에 선하기만 하다. 아, 세월과 사람은 저만치 가고 없는데, 나만 홀로 추억에 파묻혀 아름답고 그립기만 한 꿈의 한 자락을 욕심껏 움켜쥐고 있는 것은 아닌지!

그날 날씨는 너무나 화창했다. 그리고 너무나 기억이 생생하다. 그때 우리의 혼례를 축하해주시던 그분들은 다 어디로 갔을까. 내가 아는 분들 중 이미 고인이 되신 분들도 많다. 41년의 결코 짧지 않은 세월이 아닌가.

그렇게 야단법석하게 잔치를 치르고 축하객들은 저녁이 되어 각자 자기들 집으로 돌아갔다.

그 무렵 처갓집에는 전기가 들어오지 않은 상태였다. 그래서 밤이 되면 촛불이나 호롱불로 생활하고 있었다. 불편했지만 그 당시에는 어쩔 수 없던 사정이었다. 그 후 내가 결혼해서 3년 뒤쯤 전기가 들어오긴 했지만…

아무튼, 그날의 하객들이 저녁이 되어 모두들 하직인사를 하고 자리를 떠나가고 있을 바로 그 무렵, 그 시간에 찾아온 촌수가 가까운 처형 한 분이 계셨다. 혼자 사시는 그분은 처갓집과는 평소 정을 많이 나눈 분이셨다. 그 후에 알게 된 사실이다.

그분이 오자 모두들 또 신방으로 모여들었다. 시간은 밤 9시가 넘었다고 기억한다. 낮에 혼례를 치르고 어서 신방을 차려야 되는데 그분이 오셔서 음식상을 다시 차려오게 되니 자연히 낮의 흥겨운 분위기마저 어느새 사라지는 듯했다. 밤은 자꾸 깊어가고 우리는 피곤하고 귀찮은 생각뿐이었다. (피곤한데, 빨리 가면 좋겠는데 참… 어서 안가나? 원, 사람이 체면이 좀 있어야지. 이렇게 오래…) 그런 생각에만 잠겨 있었다.

어쨌거나, 한동안 그분이랑 다른 분들이 시간을 보낸 후 마침내 그분이 자리를 뜨게 되었다. 얼마만의 홀가분한 기분이던가. 그 순간 내 얼굴에는 회심의 미소가 번지기 시작했다.

드디어 우리는 그 신방에 단 둘이 남겨지게 되었다. 1971년 4월 9일 밤 10시경으로 기억한다.

그렇게 첫날밤의 설렘으로 우리는 서로 아무 말도 하지 않고 장모님이 마련해주신 이불속으로 들어갔다. 22년 만에 만난 생면부지의 남녀가 같은 새 이불 속에서 잠이 올 턱이 있었겠는가. 아! 그날 처음으로 내게 성큼 다가온 나의 특별한 이성, 나의 특별한 반쪽…

뭘 어떻게 해야 할지 전혀 몰랐던 그 첫날밤, 궁금증과 설렘으로 맞이한 그 잊지 못할 시간…

아무도 나에게 가르쳐 주지 않았지만 나는 가문의 이름으로 그 첫날밤의 중차대한 대사를 성공적으로 치렀다. 나는 지금도 그렇게 확신하고 있다.

자꾸 밤은 깊어갔지만, 우리는 한동안 한 이불 속에서 이리저리 뒤척이기만 해야 했다. 1971년 신해년 4월 9일의 그 잊지 못할 첫날밤은 그렇게 무심히 저 홀로 흘러만 가고 있었다.

참으로 신묘하기만 한 밤이었다. 말로 형언할 수 없는 기운이 그날 그 방안을 압도하고 있었다. 한 마디로, 그날 밤 나는 사랑하는 나의 어여쁜 신부를 마치 새로 피어난 꽃잎을 다루듯이 정성스레 품었다고나 할까!

방문 쪽에는 달빛이 우리 방문을 환하게 비추고 있었다. 살그머니 방문을 열어보니 건너편 언덕위로 분홍빛 복숭아꽃잎이 달빛에 아름답게 드러나 있었다. 바람은 없었다. 달빛이 마당과 처갓집 지붕을 비추면서 적막감만 흐르고 있었다. 우리의 첫날밤을 축복이나 해주는 듯이 말이다. 마치, 모든 것이 우리를 위해 잠시 정지해 있는 것처럼 느껴졌다. 나와 나의 새 신부만 세상 한가운데에 덩그러니 남겨져 있고, 나머지 세상은 완전히 어둠 속에 자취를 감춰버린 듯했다.

앞으로 평생을 살아가면서 우리부부에게 과연 무슨 일들이 벌어질지 아무도 짐작할 수 없는 비밀의 시간이 그렇게 흐르고 있었다. 나는 그 소중한 시간에도 아버지와 어머니, 그리고 그리운 할머니를 꿈결인 듯이 아련히 떠올렸다.

나의 신부는 자는지 안 자는지 숨소리조차 들리지 않게 내 곁에 다소곳하게 누워 있었다.

아! 영원히 잊지 못할 1971년 신해년 4월 9일의 그 첫날밤이여!

옛집별곡

울산광역시 중구 성남동 228번지. 대지 59평, 건평 16평, 정남향 목조와가(木造瓦家) 단층, 방 3칸, 창고 1칸, 목조 돼지우리, 잘 닫혀 지지 않고 항상 삐거덕거리는 목조대문, 채소밭 20평, 흙담장, 북쪽은 속이 훤히 들여다보이는 목제담장, 남쪽은 사방관리소 목제창고와 길게 경계를 이루고, 그리고 서쪽은 엉성하게 쳐진 철조망 담장, 재래식 화장실, 집 뒤 자갈 하수구, 간장과 된장 냄새가 물씬 풍기는 장독대들, 비가 오면 어김없이 빗물이 질퍽하게 여기저기 고이는 마당…

바로 내가 유년기를 보내며 정들었던 집 정경이다. 나는 고등학교 1학년 1학기까지 무려 16년간이나 그 한 집에서 생활했다. 그곳에서 잔뼈가 굵었다. 그리움과 슬픔이 서린 그립고 정다운 집이었다.

그 집은 신작로에서 다소 들어가 긴 골목길을 끼고 있어 무엇보다도 교통사고의 위험이 없었다. 그리고 초등학교와 중학교도 가까워 통학하기도 수월했다. 큰길에 나서면 부근에 부산, 경주, 포항행 시외버스 정류장이 있었다. 남쪽 인근에는 울산소방서와 세무서 등 관공서도 가까웠다.

특히, 경상남도 산림국 산하 기구인 울산사방관리소 건물이 우리 집 남쪽 담을 끼고 있어 누군가 우리 집 위치를 물으면, 나는 항상 사방관리소 옆이라고 대답해주었다. 상대방도 그 정도로만 얘기해도 금방 알아들었다. 그렇게 우리 집은 시내 한가운데 위치해 있었다.

우리 집 담을 끼고 있는 그 골목길에서 나는 동네 친구들과 갖가지 놀이를 즐기면서 유년기를 아무 탈 없이 보낼 수 있었다.

그 당시 할머니와 나는 방 한 칸을 사용했다. 내가 시험기간이라든지 여름철에는 작은방을 간혹 사용하기도 했다. 그리고 나머지 한 칸은 할머니가 임대를 주셨다. 내 기억으로 십수 년이 지날 때까지 세입자가 두 번 밖에 바뀌지 않을 정도로 우리는 그 분들과 좋은 분위기 속에서 허물없이 잘 지냈다.

그것은 아마도 할머니가 그 분들에게 집주인으로서 부담을 주지 않았을 뿐만 아니라, 끈끈한 인정으로 그 분들을 대하셨기 때문인 것 같다. 그리고 마당 한가운데는 할머니가 손수 일군 조그만 채소밭이 있었다. 그 채소밭은 동한기를 제외한 일 년 내내 먹거리를 제공했다. 배추, 상추, 토마토, 고추, 옥수수, 무, 깻잎, 가지 등을 계절에 따라 번갈아 심으면 되었다. 그 덕분에 부식과 간식 가운데 일부를 자급자족할 수 있었다.

그리고 수확기가 되면 할머니는 이웃집 아주머니들을 집으로 불러 모으셨다. 그리고 이런저런 대화를 나누시면서 그 작물들의 일부를 고루 나누어 주셨다. 나는 그때마다 마음속으로 (할매는 씰떼없이 머할라꼬 저래 인심을 쓰는지 모르겠네. 상추는 머할라꼬 저래 주노.) 하며 아까워했다. 하지만, 그것은 나의 욕심일 뿐이라고 뒤늦게 깨닫게 되었다.

할머니가 중앙시장에 멸치장사를 하러 간 뒤에는 우리 집은 마치 무주공산 같았다. 말 그대로 주인 없는 공간인 셈이었다. 온 동네 친구들이 다 모여들었다. 심지어는 흰둥이, 검둥이 등 온갖 동네 개들까지도 마당 한 구석에서 먼지를 풀풀 날리며 마음껏 뛰놀았다. 그 긴 골목길 외에는 가까운 장소에 놀이공간이 없었기 때문에 자연히 우리 집 마당이 그 놀이터를 대신할 정도로 북새통을 이루었던 것이다.

그렇게 아무런 마음의 부담감 없이 활용할 수 있었다는 것이 바로 온 동네와 우리 집을 잇는 가교 역할을 다했다. 심적 부담이 없이 공유할 수 있는 공간인데, 왜 정이 안 들겠는가. 할머니와 내가 이웃 사람들과 더욱 친근하게 지낼 수 있었던 주요한 요인이었다.

그리고 할머니가 사정이 있어 간혹 시장에 가시지 않거나, 조금 일찍 오시는 날이면 으레 옆집 아주머니들이 할머니를 에워싸고 마루에 앉아 서로 간식을 즐기면서 많은 이야기를 나누기도 하였다.

"요즘 손자 학교 성적이 올랐다면서요?"

"할머니께서 지금 입고 계시는 옷이 참 잘 어울려요."

"글쎄, 건너편 김씨는 어떻게 하려고 지금 다니고 있는 회사에 그만 사표를 냈대요. 그리고 며칠 전부터 방씨는 밤마다 여자를 팬대요. 그래서 그 매에 못 이겨 그 여자가 가출해 버렸는데 자식들이 너무 불쌍해요"

"신씨 집에는 며칠 전 온돌을 수리했는데 방이 따뜻하지 않다고 시공업자와 대판 싸워서 코뼈가 그만 부러져 지금 윤 외과에 입원해 있대요, 글쎄"

이런저런 세상살이의 갖가지 이야기들을 할머니에게 늘어놓는다. 그러면 할머니는 느긋하게 인생의 선배로서 좋은 말씀과 충고를 해주시는 등 해법을 그들에게 제시해 주신다.

그리고 할머니는 시장에서 들은 많은 이야기들을 그 분들에게 재미있게 들려줌으로써 항상 그 분들과 화기애애한 분위기를 유지하셨다.

할머니는 음식 솜씨도 뛰어나셨다. 여러 가지 요리솜씨 가운데에서도 특히 겨울철의 김장김치와 초봄에 담그는 된장은 그야말로 할머니의 돋보이는 음식 솜씨 가운데에서도 단연 으뜸이셨다.

계절 따라 매년 맞이하는 이 두 가지 큰 작업들을 할머니는 재료 구입부터 마무리까지 정성을 다하셨다. 온갖 양념들을 적절하게 배합하여 손수 조리하셨다.

할머니가 이러한 일들을 다른 누구보다도 월등하게 잘하셨기 때문에 이 시기가 되면 자연스럽게 이웃 아주머니들이 그 비법을 전수받기 위해 우리 집으로 모여들곤 하였다. 하여튼, 앞에 열거한 사례 외에도 여러 가지 사연으로 인하여 할머니와 나는 부근 사람들로부터 평판이 좋았다.

옛날 집 남쪽 모서리 경계 쪽으로 수령(樹齡)이 꽤 오래되어 굵은 뿌리는 물론이고, 가지와 잎사귀가 무성한 감나무가 한 그루 있었다.

매년 가을이 되면 이 감나무에는 먹음직한 큰 홍시가 주렁주렁 매달렸다. 이때만 되면 혹시나 다른 사람들이 몰래 그 홍시를 따가지 않나 하고 할머니와 나는 자주 감시의 눈길을 돌리곤 했다. 홍시가 무르익으면 할머니와 나는 홍시를 따서 집 뒤 장독에 비축한 뒤 여러 날을 두고 즐겨 먹었다. 참으로 그 맛이 독특했다. 그리고 할머니는 주위 분들에게 그 홍시를 일부 나누어주기도 했다.

한데, 그 해 늦은 가을 어느 날이었다.

옆집 윤모형사가 우리 집 감나무 가지 일부가 자신이 드나드는 골목길 쪽으로 넘어와서 통행에 불편을 준다는 이유로 할머니에게 사전 이야기 한 마디 없이 감나무 밑동을 도끼로 마구 찍으려고 했다. 마침 집 마루에 앉아 있다가 이 광경을 보고 놀란 나는 시장으로 달려가 할머니에게 그 사실을 알렸다. 할머니는 노점을 옆 사람에게 잠시 맡겨둔 채 부랴부랴 나와 함께 집으로 달려오셔서 그 형사와 심하게 다투셨다. 두 사람이 다투는 동안 이웃 사람들이 웅성거리며 그 감나무 부근으로 모여들었다. 큰소리가 오가고 사태가 잘못 심각하게 전개되어갔다.

오십대 할머니와 삼십대 젊은 형사와의 대결은 주위 사람들에게 충분히 흥미를 끌만한 사건이었다. 어린 나는 근심어린 눈으로 이 사태를 지켜볼 수 밖에 없었다. 많은 사람들이 주시하는 가운데 할머니는 단호하게 형사의 부당한 행동에 항의하며 사태 책임에 대하여 강력히 항의하셨다. 그런 와중에 자신의 부당성을 깨달은 형사는 스스로 사과하며 물러서게 되었다. 다행히, 감나무의 도끼 자국 흔적도 대단치 않아 그 해 가을 감나무 사건은 그것으로 일단락되었다. 할머니도 더 이상 문제 삼지 않으셨다.

이번 사태에 대하여 형사가 부당하다는 주위 여론이 형성된 데에는 평소 할머니와 나에 대한 평판도 한몫 톡톡히 했다고 생각한다.

그날 사태에 대한 할머니의 대응자세(對應姿勢)는 단순히 훼손된 감나무 한 그루에 대한 노여움이 아니었다. 그것은 바로 풍전등화의 가문을 외세로부터 수호하시겠다는 강력한 메시지였다. 그 누구든 자신과 손자, 그리고 가문에 불법하고 부당한 도전을 해올 경우에는 지위고하, 신분귀천을 막론하고 그 누구도 용서하지 않겠다는 성전(聖戰), 바로 그것이었다.

가장으로서 손자와 나의 골목 친구, 그리고 많은 동네 사람들이 지켜보는 앞에서 논리적인 말로 그 형사를 당당하게 물리친 할머니의 그날 모습은 어린 나의 마음을 든든하게 해주었다. 이름하여 소위 감나무 대첩사건(大捷事件)은 우리 동네 사람들 사이에 오랫동안 회자(膾炙)되기도 하였다.

그 당시 7, 8월 장마철이 다가오면 시내 하수구 시설이 부실하여 항상 온 시내와 함께 우리 집도 빗물이 마루까지 차오를 정도로 침수되었다. 그러면 할머니와 나는 겨우 이불 몇 가지와 꼭 필요한 가재도구, 그리고 내 교과서 등을 챙겨서 지대가 높은 먼 친척 집으로 피신해야만 했다. 이렇게 매년 찾아오는 불청객인 홍수로 인하여 할머니와 나는 항상 고통을 겪어야만 했던 것이다.

그러나, 나는 아직도 옛날 그 집을 잊지 못한다. 어릴 때의 내 꿈과 할머니의 숨결이 살아 숨 쉬던 옛날 그 집이었다. 잊지 못할 갖가지 사연들이 산처럼 쌓인 정든 곳이었다.

내가 부산 동래에서 하숙을 하던 고등학교 1학년 시절이었다. 여름방학 때 집에 오니 할머니는 그 집을 이미 처분하시고 북정동 변두리로 이사하신 상태이셨다. 아마도, 할머니는 그 당시 나의 하숙비며, 생활비를 당신께서 혼자 감내하시기에는 너무나 힘에 겨우셨을 것이다.

나는 그날 할머니가 옆집에 맡겨 두신 새집 약도를 손에 쥔 채 할머니가 떠나시고 안 계신 그 집 마루턱에 걸터앉아 깊은 생각에 잠기지 않을 수 없었다.

'내가 비록 지금은 이 집을 떠나지만 언젠가는 반드시 이곳으로 돌아올 것이다.'

이렇게 굳은 결심을 한 나는 어둠이 짙어질 무렵 책가방을 들고 정들었던 그 집을 뒤로한 채 무거운 발걸음을 옮겨야만 했다.

천지신명(天地神明)에게 바치는 노래

오! 천지신명이시여.

오늘은 2012년 6월 스무사흘입니다. 지금은 새벽 네 시입니다. 삼라만상이 잠들어있는 시간입니다. 이곳은 저희 부부가 지난 18년 동안 79번째로 국토횡단 행사를 가졌던 삼팔선 동부전선, 강원도 양양군 하광정입니다. 동해물이 넘실거리는 칠흑 같은 어둠 속 백사장에서 천지신명께 정성을 다하여 삼배(三拜)를 올립니다.

먼저 천지신명께 저에 대한 소개를 간단히 올리겠습니다.

저는 강릉유씨(江陵劉氏) 병사공파(兵使公派) 이십 사대 손으로 삼대독자, 유복자, 그리고 대한민국 6 · 25 전몰군경 유자녀, 대지(大知)입니다. 1949년 기축년에 울산에서 태어났습니다. 내자는 동갑내기 학성이씨(鶴城李氏)

순필(順必)입니다. 저희 부부는 1971년 신해년에 혼인하여 인선, 정선, 미선, 혜림 등 네 딸을 두고 있는 대한민국의 평범한 국민입니다. 천지신명께서 만드신 이 동해를 굽어봅니다. 단군께서 나라를 세우신 후 반만년 동안 우리 겨레에게는 참으로 많은 사연이 서린 곳입니다. 더욱이 이곳은 우리 민족 최대의 비극인 6 · 25전쟁이 발발했던 동족의 아픔이 간직된 곳이기도 합니다.

지금부터 육십이 년 전!

6 · 25전쟁으로 인하여 호로자식이라는 험한 인생의 길을 걷게 된 한 인간이 천지신명께 엎드려 말 못할 사연을 고백하고자 이곳을 찾아왔습니다.

오! 천지신명이시여.

저는 그때 이웃들로부터, 사회로부터, 국민들로부터, 철저하게 홀대 받고, 버림받았던 비련의 그 전쟁호로자식이었습니다.

피눈물이 저의 작은 심장을 타고 내리던 처절한 6 · 25전쟁의 그 호로자식이었습니다. 적막과 고독, 그리고 온갖 모멸감에 몸서리치던 이 땅의 눈물의 그 호로자식이었습니다. 그 누구 한 사람 관심 없었던, 누구 한 사람 가꾸어 주지 않았던, 척박한 땅에 잘못 심어진 한 포기 잡초와 같았던 반도의 그 호로자식이었습니다. 그 시절 다른 친구들은 가족들과 정원에서 화초를 가꾸면서 즐거운 시간을 보내고 있을 때 저는 암울한 생각에 빠져 헤매었고, 그들이 미래에 대한 확신을 가지고 밝은 생각과 연구의 시간을 가지고 있을 때 저는 어두운 과거에 집착하며 현실에 대한 걱정과 가슴앓이에 골몰해야만 했습니다. 그때 저의 인생은 정지된 시계, 거꾸로 돌아가는 시계와 같은 좌절과 퇴보의 시간, 바로 그것이었습니다. 한창 사고의 발전을 가져와야 할 감수성이 예민한 유년기, 그리고 소년기 때 이러한 현상은 제 인생에 치명적인 함정으로 기록될 뻔했습니다. 하나, 저는 그 같은 주변 역경에 굴복 내지 좌시하지 않고, 전진의 욕구를 촉발시켜 앞으로 나아갔습니다.

그러한 용기와 힘은 과연 어디서 나왔겠습니까? 제가 그 힘의 원천이 바로 아버지라고 확신하게 된 것은 수많은 세월이 지난 이후였습니다. 그리고 그것은 바로 아버지의 힘이라고 저는 굳게 믿고 있습니다.

오! 천지신명이시여.

저의 가슴은 이제야 좀 후련합니다. 지난 반세기 동안 제 가슴 속 깊이 앙금으로 남아 있던 이야기들을 이렇게 크게, 그리고 대담하게 칠천만 반도의 민족과 해외동포 여러분께, 그리고 전 세계를 향해 목청을 높여 말하게 되다니, 예전에는 도저히 상상할 수 없었던 일입니다. 저의 지금 심정은 육십년 된 회충이 저의 체내에서 몽땅 배출되는 그런 기분입니다. 비가 오나 눈이 오나, 괴로우나 기쁠 때나, 그 긴 세월 동안 저는 비극적인, 너무나 비극적인 저의 이야기를 은폐하기에만 급급했습니다. 왜냐하면 저의 이 처참한 신분이 백일하에 들통 나는 그날부터 저는 지금보다 더 혹독한 냉대와 불이익을 이웃과 친구들로부터 받지 않을까 하는 두려움 때문이었습니다. 사실 그것은 당시 시대상을 감안해 볼 때 불을 보듯 뻔한 사실이었습니다. 그러나 이제는, 이제는 그 어떠한 편견과 박해, 그리고 멸시의 눈초리가 저에게 닥쳐오더라도 저는 감히 저의 이야기를 당당하게, 그리고 자신감을 가지고 모든 사람에게 말할 수 있습니다. 한걸음 더 나아가 저는 그런 생각을 가지고 있는 사람들과 정신적으로, 육체적으로, 논리적으로, 그리고 총체적으로 대응해 승리할 각오가 되어 있습니다.

오! 천지신명이시여.

6 · 25전쟁 발발 후 반세기가 지난 오늘에야 이렇게 제 자신을 솔직하게 천지신명께 고백하는 분명한 이유 한 가지가 있습니다.

그것은 바로 다시는 이 지구상에서, 이 땅에서 저와 같은 핍박받는 굴곡의 전쟁 호로자식이 생겨나서는 안 되겠다는 생각이 들었기 때문입니다. 다시 말해, 이 땅에 전쟁의 포탄소리가 결코 들려서는 안 되겠다는 저의 처절한 몸부림의 표출입니다. 전쟁의 유산인 호로자식은 진정 우리 시대로서 그 종막을 고해야 한다는 것이 저의 솔직한 심정입니다. 호로자식이라는 이 비참한 낱말이 세계대백과사전에서, 국어사전에서 완전히 사라질 때까지 저는, 세계와 이 땅의 방방곡곡을 누비고 다니면서 앞으로도 계속 외로운 투쟁을 전개해 나갈 각오가 단단히 되어 있습니다.

오! 천지신명이시여.

저는 이 땅의 평화에 대한 새로운 믿음을 한 가지 가지고 있습니다. 그것은 바로 전쟁 호로자식이 이 땅에서 사라지는 바로 그 날부터 이 땅에는 반드시 평화가 도래할 것이라는 믿음입니다. 전쟁 호로자식이 상존하는 한 완전한 평화는 결코 있을 수 없습니다. 전쟁은 짧지만 그 고통은 대를 이어 영원하다고 저는 천지신명께 감히 말씀드릴 수 있습니다. 전쟁 호로자식의 아픔은 이 시대 우리 모두의 아픔이요, 민족의 슬픔이기 때문입니다.

제가 어릴 때 호로자식으로서 몸소 체험했던 그 말 못할 특별한 이야기 몇 가지를 이제 천지신명께 말씀드리고자 합니다. 이 이야기는 반세기만에 털어놓는, 대륙, 열도 그리고 이 땅을 망라하여 전쟁 호로자식 역사상 전무후무한 고백으로 기록될 것입니다. 지난 육십년 세월이, 저에게는 길고 긴 사막의 고행 길이었습니다. 그것은 한마디로 몸부림과 질곡(桎梏)의 세월이었습니다.

제가 인생의 큰 바다에 도착할 때까지 다른 친구들과 마찬가지로 저도 크고 작은 수많은 강을 건너야만 했습니다. 그러데 어느 날 성큼 저에게 다가온 하나의 강은 어린 제가 혼자 건너기에는 너무나 벅찬 강이었습니다. 바로 사춘기(思春期)의 강이었습니다.

아! 영원히 잊지 못할 나의 사춘기.

다른 친구들이 건너는 그 강은 평화스러운 강으로 잔잔한 물결, 보랏빛 아름다움, 그리고 갖가지 추억이 깃들었을 것입니다. 적절한 수온과 적당한 수심으로 인하여 그들은 휘파람을 불며 부모님, 그리고 동기들의 손목을 잡고 넉넉한 마음으로 기분 좋게 그 강을 건넜을 것입니다. 하나, 제가 건너가야 할 그 강은 유독 깊은 수심, 거친 물살, 뒤엉킨 수초 등 여러 가지 악조건으로 인하여 제가 도하하기에는 참으로 힘들었습니다. 몸과 마음의 준비를 하고 불안한 마음을 이끌며 제가 강어귀에 다다랐을 때였습니다. 밤하늘을 휘영청 밝힌 보름달은 강물 위를 비추고 있었지만, 주위는 너무나 을씨년스러웠습니다. 희뿌연 연무가 수면 위에 깔려 있어 금세라도 괴물이 불쑥 튀어나올 것 같았습니다. 두려움과 초조함, 그리고 불안감이 저의 어린가슴을 짓누르고 있었습니다.

더욱이 그 강에 대한 지형지물의 안내, 그리고 저에게 도움이 되는 그 어떠한 정보도 없었던, 불확실하나 다소 호기심도 깔려 있었던 미지의 강이었습니다. 그러나 저는 가문을 위하여 아버지를 염두에 두고 입술을 깨물면서 그 강을 필사적으로 건넜습니다. 그야말로 제가 죽을 힘을 다하여 그 강을 겨우 건너 백사장에 닿았을 때 저의 심신은 극도로 피곤해 있었습니다. 그로 인하여 저는 한동안 심한 열병을 앓아야만 했습니다. 저에게는 너무나 힘들고 위험했습니다. 그러나 숙명적으로 건너야 했던 사춘기의 그 강을 저는 성공적으로 건넜습니다. 이것은 바로 아버지의 힘이라고 저는 지금도 믿고 있습니다.

오! 천지신명이시여.

저의 긴 이야기를 잘 들으시고 저에게 나아갈 바를 인도해 주십시오. 전지전능(全知全能)하신 천지신명님께서는 반드시 그렇게 할 수 있다고 저는 굳게 믿고 또 믿습니다.

어릴 때 성性은 저에게 미묘하고도 가슴을 뛰게 한 성역(聖域)이었습니다.

어릴 때 성은 저에게 만져볼 수 없는 강 위의 무지개였습니다.

어릴 때 성은 저에게 아무도 인도해 주지 않는 처녀림이었습니다.

어릴 때 성은 저에게 육체적, 정신적 갈등의 발원지였습니다.

어릴 때 성은 저에게 심신의 족쇄였습니다.

저는 성에 대하여 다른 친구들보다 다소 늦게 알게 되었습니다.

모든 것은 가정환경 때문이었다고 생각합니다. 그리고 저는 그것을 스스로 깨닫기까지 너무나 힘이 들었고, 그리고 그 해법도 퍽 원시적이었습니다. 그것은 분명 제 자신의 과오가 아니었다고 생각합니다.

주위에서 아무도 성에 대하여 언급도, 행동도, 그리고 그 어떠한 정보도 주지 않았습니다. 그냥 제 자신이 스스로 하나씩 하나씩 깨닫게 되었습니다. 비밀스럽게, 고요하게, 그리고 두근거리는 가슴을 안고서 그렇게 살며시 접근했습니다.

그때 저의 집 앞에는 경상남도 산림국 산하 울산사방관리소가 있었습니다. 그 관공서는 시멘트와 목재가 혼합된 이층 건물로서 지은 지 꽤 오래된 건물이었습니다. 이십 평 정도의 일층은 직원들이 사무실로 사용했고, 이층에는 소장실과 회의실이었습니다. 건물 내 부지 이곳저곳에는 사철 늘 푸른 측백나무가 건물을 온통 둘러싸고 있었습니다. 그 나무는 원산지가 중국으로 전체 수목 형태가 원추형이고 가지가 많으며 가을에는 둥근 난형의 구과毬果가 열렸습니다. 그 종자는 강장제로 사용되기도 했습니다. 특히 여름철에는 그 나무 그늘이 너무 좋아 저와 친구들은 좋은 쉼터 공간으로 이용하기도 했습니다. 그리고 관리소장 사택도 있었는데, 무엇보다도 그 사택 옆에는 우물이 있어서 저희들은 자주 그곳에 가서 식수를 떠 오곤 했습니다.

그리고 그곳에서 가끔씩 할머니와 이웃 아주머니들이 빨래하는 것도 용인해주는 등 주민과 관리소 직원들과는 친분이 두터웠습니다. 관리소 직원 수는 제 짐작으로 대략 이십 명 이내였다고 생각됩니다. 그리고 관리소의 주요 업무는 저의 고향을 비롯한 인근 군의 산림녹화사업을 효율적으로 추진하는 일이었습니다. 그래서 이곳에서 사방공사 입찰을 위해 많은 업자들이 붐비는 것을 저는 자주 목격했습니다.

그런 날은 어김없이 저의 집 대문 앞을 지나가는 많은 사람들의 구두 발자국 소리가 요란스럽게 들려오곤 했습니다. 그때 저의 집은 바로 관리소의 남쪽 동 목조창고 벽면과 경계를 이루고 있었습니다. 다시 말해, 일조권이 완전히 무시된 채 위법 건축물이 들어섰던 것입니다. 하지만, 할머니는 그 일에 대하여 관여치 않았습니다. 오히려 할머니는 그 관리소 한쪽 벽면 덕분에 긴 울타리를 설치할 필요가 없어 경비 부담을 덜었다고까지 간혹 말씀하셨습니다. 그 관리소에는 제 또래들과 다소 가깝게 지내던 이십대초반의 남자 급사가 있었습니다.

그는 체구가 크고, 성격이 호탕했으며, 직원이 없는 시간을 이용해서 평소 동네 친구들을 불러 모아 탁구도 치고 재미있는 이야기도 해주었습니다. 특히, 저는 그 형과 아주 가깝게 지냈습니다. 그 때 그 형은 저희들보다 사회 경험과 상식도 풍부하여 모든 방면에서 저희들을 훨씬 앞서 있었습니다. 그의 업무는 대충 이런 것이었다고 생각됩니다. 관리소 내외 청소, 양식 등 인쇄물 등사, 담배를 사오는 등 직원들의 잔심부름, 사무실에서 간혹 업자 줄

세우기, 직원들 구두 닦아주고 용돈받기, 간혹 소장님의 꾸지람 듣는 일, 관용 트럭 세차, 남쪽과 북쪽의 유리창 닦기, 직원들 출퇴근할 때 깍듯이 인사하는 일 등…

제 기억으로는 초등학교 일학년 여름방학 때로 생각됩니다.

측백나무 속에서는 매미소리가 간간이 들려오고 시원한 바람이 불어오던 퍽 한가한 토요일 오후였습니다. 관공서의 토요일 오후는 예나 지금이나 직원들이 일찍 퇴근하여 적막감이 감도는 시간입니다. 저 혼자 관리소 마당에서 놀고 있었는데 그 형이 이층 사무실 측백나무 잎사귀 사이로 빠끔히 얼굴을 내보이면서 제 이름을 불렀습니다. 날 쳐다보고 그는 웃으면서 손짓으로 자기가 있는 이층으로 올라오라고 했습니다. 그래서 저는 하던 놀이를 그만두고 호기심을 가지고 삐거덕거리는 목조계단을 통해 그가 있는 이층으로 올라갔습니다.

그 형은 그곳 소장실에 혼자 있었습니다. 소장실에 들어서니 그 형이 방금 정리한 듯한 책상과 의자, 응접세트가 가지런히 놓여 있었습니다 그는 긴 의자에 비스듬히 누운 채로 미소를 지으면서 자기 앞으로 오라고 반갑게 손짓했습니다. 저는 난생 처음 들어 와 보는 그 소장실 분위기에 벌써 압도되어 있었습니다. 그는 멍하니 서 있는 저를 자기 앞으로 오게 한 후, 더운 날씨인데도 불구하고 갑자기 창문을 모두 닫아 버렸습니다. 그리고 출입구도 닫아 버렸습니다. 이제 그 건물 안에는 그와 저, 두 명밖에 없었습니다. 저는 갑자기 무서운 생각이 들었습니다. 평소에 저와 함께 놀면서 다정하게 웃어주던 형의 얼굴이 절대로 아니었습니다. 문을 닫고 난 뒤 그의 미소 짓던 얼굴이 갑자기 일그러졌습니다. 그러더니 그는 잽싸게 자신의 바지를 아래로 끌어 내렸습니다.

오! 천지신명이시여.

이 일을 어찌하면 좋습니까. 그때 저는 너무나 당황했습니다.

바로 그의 아랫도리에는 성기(性器)가 빳빳한 채 위를 쳐다보고 있었습니다. 적나라하게 드러난 털 한 오라기까지도 어린 저를 놀라게 하기에 충분했습니다. 저는 그만 그 모습에 놀라 얼굴이 홍당무가 된 채 그가 하는 행동을 그냥 지켜보고만 있었습니다. 그는 그때 밖으로 나가려는 저의 낌새를 알아차리고 저를 붙잡더니 갑자기 연약한 저의 손을 자신의 성기로 가져갔습니다. 저는 그의 성기를 잡지 않을 수 없었습니다. 저는 갑자기 온 몸에서 열이 나고 얼굴이 더욱 달아올랐습니다. 그의 성기는 어린 저의 손 안에 겨우 잡힐 정도로 굵고, 길었고, 그리고 열이 나 있었습니다. 그것은 분명히 저의 손길을 기다리고 있었습니다. 그 순간 징그러운 생각과 함께 알 수 없는 야릇한 감정이 어린 제 가슴에 젖어 들기 시작했습니다.

한마디로 너무너무 힘들었습니다.

어찌하여 어리고 불쌍한 저를 그렇게 혹독하게 시험하셨습니까.

어찌하여 힘없고 아무것도 모르는 저를 그렇게 암울한 곳에 홀로 내버려 두셨습니까.

천지신명이시여, 말씀 좀 해주십시오! 대답 좀 해주십시오!

제가 성을 느끼기에는 그때는 너무나 미숙한 나이였습니다. 바로 그는 제 손으로 자신의 그것을 흔들어 달라고 눈길을 보내고 있었습니다. 그 형의 얼굴은 충혈되어 있었습니다. 몸은 이상하게도 부들부들 떨고 있었습니다. 열기가 소장실에 가득 차 있었습니다. 저는 그날 모든 걸 끝내 포기한 채 그의 요구에 순순히 굴복할 수밖에 없었습니다. 그래서 저는 그가 시키는 대로 성기를 흔들어 주었습니다. 그러자 그의 몸이 뒤틀리면서 이상한 신음 소리가 그의 입에서 흘러나왔습니다. 그리고 또 다시 지그시 아랫입술을 깨물고 눈을 감은 채 퍽 기분 좋은 상태로 빠져들었습니다. 그리고 한참동안 침묵이 흘렀습니다. 그의 이마와 그곳에도 땀이 배고, 저의 손목이 아파올 때쯤이었습니다. 갑자기 그곳에서 고름 같은 흰 액체가 역겨운 냄새와 함께 제 앞으로 한꺼번에 뿜어져 나왔습니다. 그러자 그는 미리 준비한 수건으로 끈끈한 액체를 닦아 냈습니다. 어느새 바닥에도 묻어 있고, 제 손등에도 묻어 있었습니다. 그는 제 손등에 묻은 그 액체를 조심스럽게 닦아주었습니다. 그 무더운 여름 오후, 밀폐된 사무실에서 저는 숨도 제대로 쉴 수 없는 상태였습니다. 그의 땀 냄새를 맡으며 한참동안이나 그의 품안에서 벗어나지 못한 채 그대로 있어야만 했습니다.

그때 저의 충격은 참으로 컸습니다.

그때 저는 정신적인 고통의 늪에서 헤어나지 못했습니다.

그때 저는 이 사실을 누구에게도 이야기할 수 없었습니다.

그때 저에게 부모님이 계셨더라면 그가 감히 저에게 이런 행동을 했겠습니까.

그는 바로 결손가정의 그 허점을 노린 게 분명했습니다. 그런 충격적인 사건이 발생한 얼마 후 어느 토요일이었습니다. 이층 소장실에서 그가 미소를 지으며 마당에서 놀고 있는 저를 또 불렀습니다. 그러나 저는 그 형을 쳐다보면서 저만치 숨어 버렸습니다. 그 구역질나는 냄새, 다량의 끈끈한 흰 액체, 답답한 사무실, 그리고 무엇보다 이해할 수 없었던 그의 이상한 행동들이 저에게 심한 혐오감을 주었습니다. 그 악몽 같은 일이 떠올라 그와 다시 대면하기 정말, 정말 싫었습니다. 그 후 토요일 오후만 되면 이층 소장실 창문이 닫히고 얼마 후 다시 열리는 그런 광경이 자주 눈에 띄었습니다. 왜 그 창문이 닫히고 열리는지 그 까닭을 아는 사람은 저 한 사람밖에 없었습니다.

오! 천지신명이시여.

어찌하여 어린 저를 그의 성추행의 표적이 되도록 인도하셨습니까.

어찌하여 저를 갈등의 골이 깊도록 내버려두셨습니까.

어찌하여 어린 저를 악몽에 시달리도록 하셨습니까.

어찌하여 어린 제가 그 엄청난 일을 혼자 해결하도록 하셨습니까.

그 후 그는 어디론가 사라졌습니다. 무슨 사유로 관리소를 사직했는지 저는 지금도 모르겠습니다. 하지만, 그때 당한 큰 멍에가 지금도 저의 가슴에 뚜렷이 남아 있습니다.

오! 천지신명이시여.

성에 대한 두 번째 고백을 하겠습니다. 할머니의 친구 내외분이 계셨습니다. 그 분의 집은 울산경찰서 앞에 있었는데, 오래전부터 할머니와 친분이 두터워 아주 가깝게 지내신 분이었습니다. 경제적으로 넉넉하신 그 부부가 간혹 맛있는 반찬을 저에게 사 먹이라고 하면서 할머니께 용돈까지 준 일이 여러 번 있었다고 들었습니다. 다정다감하신 노부부였습니다. 그런데 그 노부부의 외아들이 결혼하여 여러 해가 지났건만 며느리에게 태기가 없어 그 가문에 큰 걱정거리였습니다. 얼마나 그 노부부의 심정이 답답했겠습니까. 그래서 그 노부부는 여러 가지 방안을 강구하게 되었습니다. 궁리 끝에 저의 할머니께 부탁하여 씨받이 여자를 만나게 되었습니다.

추운 겨울밤이었습니다. 그때 바깥에서는 매서운 찬바람이 방문을 때리고 있었습니다. 문풍지 소리가 실로 요란했습니다. 저는 자는 척하면서 이불 속에서 몰래 그 동정을 모두 살피고 있었습니다. 그때 키가 크고 갸름한 이십대 후반의 한 여자가 제 방으로 들어왔습니다. 첫 남편에게 무슨 사연으로 소박을 당하고 고향에 있다가, 이번에 할머니의 제안을 받고 고민 끝에 마침내 승낙했다고 들었습니다. 파란 한복을 곱게 입고 백열등 불빛 아래 다소곳이 앉아 있는 그녀의 모습에서 저는 인생의 처량함을 느꼈습니다. 시간이 조금 지나자 그 노부부가 아들과 함께 저의 방으로 들어왔습니다. 그 아들은 첫눈에 그녀가 마음에 든 것 같았습니다. 말하자면 그날 맞선의 연유는 그녀가 아들을 낳아 주는 대가로 그녀에게 경제적인 지원을 밀약하는 그런 만남이었습니다. 후손이 없는 그 노부부의 정신적 고통이 얼마나 컸겠습니까. 씨받이를 승낙한 그 며느리의 가슴이 얼마나 아팠겠습니까.

그날 노부부와 아들은 씨받이로 나선 그녀를 데리고 어디론가 떠났습니다. 그날 밤 제 눈 앞에서 저질러진 그 반인륜적인 작태를 어찌해야 합니까. 어찌하여 어린 제 앞에서 성을 상품화시키는 그 엄청난 장면이 전개되도록 내버려두셨습니까. 그 후 그들은 서로 헤어졌다고 할머니께서 말씀하셨습니다. 다행히, 그 며느리가 간신히 아들을 낳아 그 씨받이 여인에게 어느 정도 경제적 지원을 한 후 고향으로 돌려보냈다고 들었습니다. 그 노부부에게는 정말 다행스러운 일이었습니다. 그날 밤 그 추운 방 한구석에서 마치 비 맞은 한 마리 비둘기같이 전등 불빛 아래 웅크리고 앉아 있던 그 씨받이 여인의 운명은 과연 어찌되었겠습니까. 그리고 그녀는 과연 어떤 인생을 꾸려갔는지 못내 궁금하기만 합니다.

오! 천지신명이시여.

제가 느낀 성에 대한 세 번째 고백을 하겠습니다.

앞에서도 여러 번 말씀 드렸지만 저의 집은 시내 한가운데 자리 잡고 있었습니다. 따라서 여러 가지 편리한 점이 많았습니다. 등교와 하교의 편리함은 물론이고, 오일장 때 먼 친척들의 쉼터가 되기도 했습니다. 호적등본 떼기의 편리함이나, 시외버스 타기의 용이함은 물론이고 극장, 중앙시장, 구멍가게, 문방구 들이 가까이 있어 여러 모로 너무도 편리했습니다.

하여튼, 저의 집에서 가까운 거리 안에는 생활에 필요한 갖가지 가게, 점포, 관공서 등이 줄지어 있었습니다. 그 당시 오일장은 실로 장관이었습니다. 평소에 보지 못하던 갖가지 물건들이 모여든 수많은 사람들과 한데 어우러져 큰 구경거리를 연출해내곤 했습니다. 도로와 골목을 가득 메워 일대 혼잡을 이루기도 했습니다. 오일장에서 취급하는 여러 가지 물품 가격은 평상시 인근 가게에서 파는 것보다 훨씬 저렴했습니다.

제가 기억하기로는 초등학교 삼학년 여름이라고 생각합니다.

그날 저녁 무렵, 오일장도 파장이 가까워질 무렵이었습니다. 친구 집에서 놀다가 늦게 집으로 돌아오는 길에 저는 다소 어두운 골목길로 들어서게 되었습니다. 그런데 인적이 없는 그 골목길에서 남녀 두 사람이 이야기를 나누고 있었습니다. 저는 우연히도 바로 그 옆을 스쳐 지나가게 되었습니다. 희미한 가로등 불빛 아래 비친 그들은 조금 안면이 있는 사람들이었습니다. 바로 저의 집 앞 골목길에서 오일장이 열릴 때마다 각종 옷가지를 판매하는 삼십대 초반의 사람들이었습니다. 그런데 그들은 부부지간은 아니었습니다. 그때는 이미 모든 가게가 문을 닫은 시간이었습니다. 그런데 유독 그 남녀 한 쌍이 그 어두운 골목길에서 대화를 나누는 것이었습니다. 한데, 그 자체가 이상하게도 저의 호기심을 끌었습니다. 그래서 저는 묘한 감정을 지닌 채 목조대문 뒤에 몸을 바싹 붙이고 그들의 행동을 하나하나 지켜보려고 마음먹었습니다. 자꾸 이상한 생각이 들면서 저의 작은 가슴은 너무나 바쁘게 콩닥거리고 있었습니다. 저는 그들과 불과 십여 미터도 채 안 되는 아주 가까운 거리에 있었습니다. 바로 그 순간이었습니다. 그 남자의 두 팔이 어느새 여자의 허리를 꼭 껴안더니 얼굴을 비벼대면서 진한 입맞춤을 하기 시작하는 것이었습니다. 기어이 저는 못 볼 것을 보고야 말았습니다. 그때 우연히 그 광경을 훔쳐보게 된 저의 마음은 과연 어떠했겠습니까. 발끝에서 머리 끝까지 그야말로 표현 못할 감정이 저의 어린 가슴을 짓누르고 있었습니다. 한마디로, 숨이 멎는 듯한 순간이었습니다. 제가 다시 그들에게 눈길을 돌렸을 때는 그들은 이미 우리 집 뒤에 있는 여인숙 쪽으로 팔짱을 끼고 사라지고 있었습니다. 바로 저는 불륜의 현장을 목격했던 것입니다. 그날 저는 잠자리에서 그 남녀의 다음 행동을 상상하느라, 그리고 어려운 심적 갈등을 억제하느라 너무나 힘들었습니다. 그 이후 저는 그 누구에게도 그 일에 대해서 이야기하지 않았습니다. 그냥 제 내면에서 스스로 해결할 수밖에 없었습니다. 그때 할머니께 그런 일을 말씀드렸다고 생각해 보십시오. 아마도 문제가 해결되기보다는 오히려 더 큰 문제를 낳았을 것입니다.

그렇게 유년기의 성적 갈등을 저는 스스로 진정시켜야만 했습니다. 감내하기 힘들었던 어린 시절이었습니다. 어른들이 보면 어떨지 몰라도 저에게는 분명히 큰 아픔이었습니다.

어찌하여 그런 어렵고 힘든 문제로 어린 저를 시험하셨습니까.

어린 제가 어떻게 혼자 감당하라고 그렇게 하셨습니까.

이제 솔직하게 제가 고백할 것이 하나 있습니다. 아마도 제가 초등학교 6학년 봄이었던 것 같습니다. 밤에 자면서 말로 표현 못할 짜릿한 느낌을 주는 야릇한 꿈을 꾸었습니다. 바로 이성에 대한 묘한 내용의 꿈이었습니다.

그런데 이튿날 저의 잠자리에는 처음 느껴보는 이상한 흰 액체가 묻어 있었습니다. 그날 밤 꿈 속에서 일어난 그 일로 인하여 저는 처음으로 몽정을 했던 것입니다. 바로 그것이, 한편으로 생각하면 부끄러운 일이기는 해도, 제가 어느덧 성인이 되어가고 있다는 지극히 정상적인 신체적 징후들이었습니다. 그날 저는 한참이나 멍하게 전날 밤에 꾼 꿈에 대하여 생각을 거듭해야 했습니다. 온 몸이 말로 표현 못할 그런 이상한 감정에 휩싸이는 순간이었습니다. 할머니는 저의 그런 이상한 경험에 대하여 전혀 눈치 채지 못했습니다. 저는 그 흰 액체를 가슴조이며 혼자서 힘들여 말끔히 닦아냈습니다. 그런데, 그 일이 있은 후 저는 자주 그런 경험을 하게 되었고, 그때마다 저는 혹시 할머니가 눈치 챌까 봐 안절부절 못하게 되었습니다.

어린 저의 가슴이 그 얼마나 답답했겠습니까. 제가 성인이 되어가는 바로 그 길목에서 그에 대한 당연한 설명과 자신감만 덧붙여졌던들 제가 그렇게 당황했겠습니까.

어찌하여 제 주위에는 그것을 이야기해 줄 어른이 없었습니까.

어찌하여 성장기 때 나타나는 그 정상적인 현상마저도 그 누구 하나 제대로 가르쳐주지 않았습니까.

저는 차츰 성(性)에 대해 관심을 갖게 되었습니다. 그 알 수 없는 세계에 대해서 많은 호기심을 지니게 되었습니다. 영화 속에서 눈여겨본 예쁜 여자의 자태, 길거리에서 스쳐 지나간 여학생들의 모습, 그리고 포스터 속의 화사한 여자들 모습 등이 자꾸만 저의 머릿속을 어지럽게 했습니다. 하지만,

저의 고민을 털어놓을 마땅한 상대는 그 어디에도 없었습니다. 상담은 고사하고 고마운 충고 하나 제대로 들을 수조차 없었습니다.

제가 중학교 2학년 여름이었습니다. 드디어 일이 터지고 말았습니다. 여름방학이 시작된 지 얼마 안 되는 때였습니다. 저는 그 무렵 하루에 한 번씩 자위행위를 하고 있었습니다. 할머니가 시장에 나가고 집에 아무도 없으면 저는 방문을 살그머니 잠근 채 방안에서 쾌감의 시간을 가졌습니다. 그것은 짜릿하면서도 결국 공허함을 동시에 안겨 주었습니다. 저는 자주 그 행위를 했습니다. 그러던 어느 날 드디어 그 일이 발각되고야 말았습니다. 작은방 모서리에 바짝 몸을 붙인 채 그 날도 저는 쾌감의 세계로 몰입하려고 마음과 육체의 준비를 하고 있었습니다. 물론 앞문은 닫았으나 밖으로 통하는 부엌문은 날씨가 더워 닫지 않은 채 저는 그 행위에 탐닉하고 있었습니다. 그런데 갑자기 부엌문 틈으로 빤히 저를 쳐다보는 기분 나쁜 불길한 눈길이 느껴졌습니다. 정말이지, 얼마나 놀랐는지 모릅니다. 바로 옆집 형사의 아들이었습니다. 저보다 네 살 아래인 그는 저의 모습을 문구멍 속으로 들여다보더니, 아무 말도 안한 채 그저 히죽히죽 기분 나쁘게 웃기만 하며 제 집으로 냉큼 사라졌습니다.

그때의 그 황당함이란… 그 후배가 소문을 내지 않을까 하는 불안감으로 저는 그의 눈치를 살펴야 했습니다. 그로 인한 정신적 고통은 며칠 동안이나 이어졌습니다. 소문이 날까 봐 두근거리는 가슴을 안고 저는 한동안 알 수 없는 공포감, 불안감에 떨어야 했습니다. 다행히 그는 저의 낯 뜨거운 그 비밀에 대하여 소문을 내지 않았습니다. 그의 태도에 저는 얼마나 마음 속으로 고마워했는지 모릅니다. 그 일이 있은 후 저는 자연히 그 행위의 횟수를 줄이는 등 스스로 자제하게 되었습니다.

그러나, 저는 그 행위를 오랫동안 중단하지 않은 채 혼자만의 쾌감의 시간을 즐겼습니다. 할머니와 주위 모든 사람들 몰래 은밀하게 저는 그 행위를 계속했습니다. 그러면서 자연히 성에 대해 점점 더 눈을 떠가게 되었습니다.

오! 천지신명이시여.

어찌하여 저를 그렇게 비정상적인 방법으로 사춘기의 위기를 넘기게 하셨습니까. 그러나 다행히 저는 아무 탈 없이 성에 대한 위기를 스스로 자제하면서 원만하게 잘 넘겼다고 생각합니다.

제가 부산에서 고등학교를 다니고 있을 때였습니다. 저는 토요일 오후에 집에 와서 저녁때 영화를 보러 갔습니다. 그 당시 영화는 대부분 애정물(에로물)로서 남녀의 사랑이 주된 줄거리였습니다. 청소년 관람불가 영화였지만 저는 성인표를 끊어 극장에 들어갔습니다. 많은 사람들이 극장 안을 가득 메우고 있었습니다. 앉을 자리가 없어 자연히 일층 뒤편에 서서 영화를 보게 되었습니다. 비좁은 인파 속에서 그냥 선 채로 열심히 영화를 관람하고 있었습니다. 그런데, 슬그머니 뒤에서 화장품 냄새를 풍기면서 한 여인이 저의 몸에 바짝 몸을 밀착시키고 있었습니다. 저는 얼굴마저도 제대로 돌릴 수 없었습니다. 화끈거리는 얼굴로 그냥 서 있기만 했습니다. 긴 머리카락이 느껴지는 순간 난생처음 맡아보는 야릇한 화장품 냄새가 코를 찔렀습니다. 그 여자가 몸을 너무 제 쪽으로 밀착하는 바람에 저는 온 몸이 달아올랐습니다. 영화보다는 제 뒤쪽에 붙은 여인의 행동에 더욱 신경을 쓰는 꼴이 되었습니다. 그녀의 거친 숨소리가 제 귀에까지 닿았습니다. 어느덧 제 아래쪽은 촉촉이 젖어 있었습니다. 덩달아 제 기분마저도 붕 뜬 채로 화끈 달아오를 정도가 되었습니다. 그날 밤 뜬눈으로 밤을 새운 것은 두 말할 나위도 없습니다.

어찌하여 저를 그렇게 시험하셨습니까.

어찌하여 저를 그렇게 내버려두셨습니까.

제가 부산 동래고등학교에 다닐 때였습니다. 하루는 학교를 마치고 하숙집에 오니 고향에서 친하게 지냈던 친구가 마루에 앉아 있었습니다. 반갑기도 했지만, 한편으론 웬일인가 걱정도 되었습니다. 그는 그냥 놀러 왔다고 했지만 저는 마음이 놓이지 않았습니다. 그는 중학교를 졸업하고 그의 형 덕택으로 울산에 있는 공장에 취직을 했는데 한 직장에 오래 근무하지 못하고 이곳저곳으로 옮겨 다녔습니다. 아마 성실치 못한 그의 생활태도가 주요 원인인 것 같았습니다. 다시 말해서 그는 사회생활을 일찍 시작했기 때문에 그 당시 저보다 훨씬 빨리 사회의 어두운 곳까지 알고 있었습니다. 그때 벌써 그는 술까지 마실 줄 알았습니다. 그는 내가 지난 일요일에 그려 준 약도를 손에 쥐고 있었습니다. 하여튼, 객지에서 고향 친구를 만나는 일은 그렇게 반가울 수 없었습니다. 방에서 이런저런 이야기를 하다가 그는 저에게 재미있는 곳이 있다면서 외출을 권유했습니다. 그 때 아마 서면 방향의 버스를 함께 탔던 것으로 기억합니다.

어느덧 주위는 어둠이 깔리기 시작한 초저녁이었습니다. 거리에는 네온사인 불빛이 하나둘 들어오고 있었습니다. 버스가 서면 로터리를 조금 못 미쳐서 정류장에 서자, 그는 철길을 건너 어두운 골목길로 저를 데리고 갔습니다. 그는 아마도 여러 번 그런 곳을 찾은 듯해 보였습니다. 저는 점퍼를 입었지만 까까머리였습니다. 제가 하는 여러 가지 행동이 아직도 학생 티가 물씬 날 수밖에 없었습니다. 하지만, 그는 전혀 그렇지 않았습니다. 허름한 간판이 달린 가게 안으로 들어가니 몇몇 젊은 여자들이 우리를 반갑게 맞았습니다. 참으로 이상한 분위기였습니다. 모든 여자들이 짙게 화장을 한 얼굴에 야한 복장 일색이었습니다. 그런데, 동행한 그 친구는 기분이 좋은지 홀 좌석에 앉아 삼십대 초반의 주인 여자와 허심탄회하게 농담을 주고받으며 손목을 잡는 등 마치 가족 같은 분위기였습니다. 곧이어, 술과 안주가 들어오고 여자들이 우리 옆에 앉았습니다. 그날 가게 불빛은 너무나 자극적으로 홀 안을 비추고 있었습니다. 저는 그때 술을 마실 줄 몰랐기 때문에 콜라를 마셨습니다. 하지만, 저는 안절부절못한 채 극도로 불안한 상태였습니다.

천지신명이시여! 한번 생각해 보십시오.

제 생전에 그런 야릇한 분위기는 난생처음이었습니다. 그렇게 어색한 상태로 오래 앉아 있다 보니. 자연히 어떤 집인지 대충 감이 잡혔습니다. 그곳은 바로 부산에서도 유명한 홍등가인 삼백번지 적색구역이었습니다. 물론, 미성년자는 절대로 출입할 수 없는 엄연한 통제구역이고 제한구역이었습니다. 제가 앉아 있던 곳은 한 마디로 돈으로 여자의 육체를 즐기는 유명 사창가였습니다. 친구는 옆에 앉아 있던 그 이십 대 초반의 여자와 뒷방으로 갔습니다. 저는 계속 홀에서 우두커니 앉아 있어야 했습니다. 과연 그 뒷방에서 무슨 일이 벌어졌는지 저는 홀로 상상해 보았습니다. 30분 후에 그는 다시 홀로 나와서 술을 마시면서 기분 좋게 웃었습니다. 그는 그때 벌써 성인들의 환락에 푹 빠져 있었습니다. 그는 자기가 그곳 여자들을 여럿 안다고 자랑했습니다. 몸이 잘 빠진 여자가 어디에 있다는 등, 묻지도 않은 일들을 떠벌리며 마치 엄청난 비밀이라도 밝히려는 듯 한동안 수다를 떨었습니다. 한 마디로, 그는 이미 저와 너무나 다른 세계에 살고 있었습니다. 어쨌거나, 그날의 모든 경비는 그가 다 지불했습니다. 밖에는 비가 내리고 있었습니다. 이곳저곳 가게 앞에서는 거의 벌거벗다시피 한 여자들이 지나가는 행인들의 소매를 붙잡고 늘어졌습니다.

어찌하여 어린 저를 그곳까지 인도하셨습니까.

그러나 모든 것이 제 잘못이었습니다. 횡설수설하는 그를 부축하여 겨우 부전역까지 데리고 가서 고향 열차에 태웠습니다. 두말 할 것도 없이 저는 몸과 마음까지 물에 빠진 생쥐 꼴이 되고 말았습니다. 하숙집으로 가는 시내버스에 몸을 싣고 저는 유리창에 뿌려지는 빗물을 바라보며 기분이 너무나 참담했습니다. 가게에서 저를 자꾸 쳐다보던 십대 후반의 노란 원피스를 입은 그 키 작은 아가씨의 앳된 모습이 자꾸 유리창에 아른거렸습니다. 그리고 저를 향해 이상한 미소를 짓는 것만 같았습니다. 그 일로 인하여 저는 한동안 머릿속이 너무나 혼란스러웠습니다. 사생활이 그토록 문란했던 그 친구는 그 후 결혼한 지 수년 후에 현대의학으로는 고칠 수 없는 불치병에 걸려 기어이 세상을 떠났다고 들었습니다.

저는 그 친구의 명복을 진심으로 빌었습니다.

이제는 다른 사연을 천지신명님께 고백하겠습니다.

초등학교 2학년 1학기 때쯤으로 기억합니다. 저의 반 교실은 전망이 좋은 이층에 있었습니다. 그때 담임선생님은 키가 크고 마른 체구를 가진 분이었습니다. 일층에서 공부하다가 이층으로 올라와서 밖을 내다보는 즐거움은 어린 저희들에게 너무나 큰 것이었습니다. 그때가 오십 년대 후반이었다고 생각합니다. 교실과 복도 나무 바닥은 저희들이 자주 초칠을 하고 돌로 문질러서 반짝반짝 윤이 났습니다. 지붕은 다이아몬드 형 슬레이트였습니다. 하여튼, 지은 지 꽤 오래된 일제 때 건물이었습니다. 그리고 그 교실 바로 앞에는 대강당이 있었습니다. 강당은 꽤 넓어서 학예회 발표 등 학교에서 큰 행사가 있을 때는 으레 강당 안에서 행사를 열게 되었습니다. 그 강당은 6 · 25 전쟁 중에는 수많은 국군장병들을 응급 처치해주던 야전병원으로 국방부 산하 의무사령부에서 사용한 적도 있었습니다. 그래서 한때는 공포의 대상이기도 했습니다. 그 강당 밑바닥 속에는 고무다리가 있다, 잘려 나간 팔이 이리저리 널렸다는 등 — 말 그대로 강당괴담이 퍼져 어린 저희를 괴롭히기도 했습니다. 그런데도 불구하고, 그 강당은 저희에게 여전히 즐거운 여가공간으로 자리 잡고 있었습니다. 학년이 오르자 친구들과 담임선생님도 바뀌어 어린 저희에게 여러 면에서 생소한 일들이 일어나고 있었습니다. 저희 담임선생님은 오랫동안 교편생활을 하신 분이셨습니다. 요즘도 그렇지만 초등학교 담임선생님들은 무엇보다도 반 학생들의 생활실태를 정확히 파악하는 것이 가장 중요한 업무일 수밖에 없었습니다. 특히, 학생들의 생활정도, 보호자의 사회적 지위 등에 대해 소상히 꿰고 있어야 했습니다. 그런데 그때 저의 생활기록부상의 가정형편은 너무나도 빈약했습니다.

'할머니와 어렵게 생활하고 있음. 성격은 양순. 아버지 전사. 어머니 사망.'

누가 봐도 다른 친구들과는 비교도 안 되는 극빈 아동의 생활기록부였습니다. 그러한 저의 어려운 가정형편을 담임선생님은 이미 정확히 파악하고 있었습니다. 자연히, 이렇다 할 배경이나 재산도 없고, 부모도 안 계신 힘없는 전쟁고아의 생활실태가 그분의 눈에 그렇게 좋게 보였을 수 없었을 것입니다. 그 분은 저의 집에 가정방문을 한 번도 오지 않았습니다. 학기동안 다정한 말씀을 단 한 마디도 저에게 해주지 않았습니다. 저에 대한 모든 자료가 그분의 머리에 나쁘게 각인된 결과가 아니었나 생각합니다.

어느 날의 국어시간이었습니다. 담임선생님이 호명한 급우 한 명이 자리에서 벌떡 일어나서 국어 교과서를 열심히 읽어 내려가고 있었습니다. 그때

제 뒤에 있던 친구가 제 걸상을 미는 바람에 걸상이 교실바닥에 미끄러지는 작은 소리가 났습니다. 그러나 그 소리는 대수롭지 않은 것이었습니다. 통상 생길 수 있는 경미한 소리였습니다. 그런데도 담임선생님은 갑자기 화를 내시면서 저를 앞으로 불러냈습니다. 교실 안이 갑자기 찬물을 끼얹은 듯 조용했습니다. 급우들 모두 선생님과 저를 번갈아 응시하기 시작했습니다. 그때 얼마나 놀랐는지 모릅니다. 정말이지 간이 콩알만 해졌습니다.

그때였습니다. 담임선생님이 사나운 눈길로 저를 응시하기 시작했습니다. 저를 교단 앞으로 나오라며 또 다시 고함을 쳤습니다. 그러고 나서 담임선생님은 다짜고짜 저에게 여러 급우들이 바라보고 있는 가운데 무지막지한 구타와 폭언을 하기 시작했습니다. 무슨 소리를 했는지는 전혀 기억할 수 없습니다.

그때 겨우 아홉 살이었던 어린 저에게 무슨 힘이 있었겠습니까. 그런데도 담임선생님은 그 우악스러운 두 팔로 회초리를 휘두르며 사정없이 저를 때렸습니다. 그때 담임선생님은 마치 제가 무슨 중범죄자라도 되는 것처럼 심하게 대했습니다. 그 분의 눈은 흰자위만 보였습니다. 저는 아무 소리도 못한 채 그분에게 무자비한 폭행과 폭언을 일방적으로 당해야만 했습니다. 그러나 그 광경을 바라보고 있던 그 누구도 말리지 않았습니다. 30여분 동안 저는 담임선생님의 그 억센 손에 이끌려 이리저리 교실 바닥에 뒹굴면서 말 그대로 만행을 당했습니다.

참으로 어처구니없는 노릇이었습니다. 그때 그 교실 안에서 그런 무지막

지한 일이 버젓이 자행되고 있었습니다.

언젠가 저는 그분의 묘소를 참배할 것입니다. 그 분의 영전에서 저는 반드시 물을 것입니다. 왜 그때 당신께서 저에게 그토록 잔인한 체벌을 가했는지 반드시 물을 것입니다. 만약 그 분께서 침묵할 경우에는 저는 단호하게 그 분의 영전에서 절규할 것입니다.

"저는 당신이 계시는 저승에 가서라도 그때 당신께서 저에게 가한 그 잔혹한 행위에 대하여 꼭 해명을 듣고 그 원인을 분명히 규명할 것입니다."

이것이 과연 저의 당돌한 행동입니까. 이렇게 하는 것이 스승에 대한 도리가 아닌 줄은 저도 잘 압니다. 그러나 저는 반드시 이렇게 해야 된다고 생각합니다. 나라가 누란에 처했을 때 조국과 민족을 구하시고자 산화하신 분의 후예를 그렇게 무지막지하게 대할 수 있습니까. 그것은 분명히 그분께서 저의 생활실태를 악용한 결과라고 저는 지금도 생각하고 있습니다. 지금도 그러한 제 생각에는 추호의 변함이 없습니다. 지금 저는 그때 그 분의 행동을 준엄히 심판하고 싶을 뿐입니다. 다시는 저와 같은 불행한 일이 일어나지 않도록 할 것입니다. 그러한 비교육자가 이 땅에 다시는 발을 붙일 수 없도록 하겠습니다.

오! 천지신명이시여.

맞습니다. 그분이 말한 대로 저는 이 땅의 전쟁 호로자식입니다. 그 당시 전쟁고아인 저희 유자녀를 바라본 모든 국민들의 시각이 바로 그 네 글자였습니다. 오랫동안 꼭꼭 숨겨온 저의 마지막 자존심이 이제 완전히 들키고 말았습니다. 이렇게 해서야 어떻게 국가가 바로 서겠습니까. 이 자녀들의 아버지는 누구입니까. 바로 이 국가와 민족을 위해 자신의 몸을 초개와 같이 던진 바로 조국의 수호신이 아닙니까.

그런데 현실은 어떠합니까. 그런데 조국의 눈부신 발전상과 어울리게 과연 무엇이 그리 통크게 달라지고 화끈하게 변했다는 것입니까.

어찌하여 일부 몰지각한 국민으로 하여금 그런 몹쓸 언행을 감행하게 그대로 놓아두셨습니까. 정말 이래도 되는 것입니까. 너무나도 힘겨운 시절이었습니다. 너무나도 서글픈 시절이었습니다.

국력은 모든 힘의 원천입니다. 그렇다면, 바로 그 힘은 과연 어디서 나오는 것입니까. 단연코 국민에게서 나오는 것입니다. 바로 국민의 힘이 곧 국력입니다. 국민의 힘이 강할 때 국방력은 튼튼해지고, 민족은 발전하는 것이 아닙니까. 그런데 국방의 원동력이 되는 전몰군경의 유가족을 이렇게 홀대하는 국가가 어찌 외세를 격퇴하겠습니까. 그렇습니다. 국가의 선제적 보훈시책 구현은 꼭 필요합니다. 그래서 저는 국가에서 국민에게 해줘야 할 그 많은 일들 중에서도 특히 정신교육을 강조하고 싶습니다. 나라 사랑하는 정신교육을 체계적이고 장기적인 목표 하에 꼭 실현해야 한다고 확신합니다.

오! 천지신명이시여.

저의 집 골목길을 벗어나면 대로변에는 많은 가게들이 즐비하게 늘어서 있었습니다. 구둣가게, 잡화상회, 유리가게, 목재상, 철물점, 병원, 제과점, 가구점, 금은방, 인장점, 식당, 건축상, 시외버스 정류장, 미제 통조림 등을 파는 구멍가게 등 — 실로 세상에서 있을 만한 것은 다 있고 구할 수 있을 만한 것 또한 언제든 쉽게 구할 수 있었습니다. 대충 기억나는 가게들만 손을 꼽아도 한참 걸릴 것입니다. 하지만, 그 많은 가게 가운데 제가 자주 가는 곳은 두서너 군데밖에 없었습니다. 바로 잡화상과 미제 통조림을 파는 가게였습니다. 잡화상의 상호는 화신상회였습니다. 그 집 주인 딸은 초등학교 한 해 선배였습니다. 제법 예쁘장하게 생겼었습니다. 그 상회에 일상생활의 필요한 생활용품이나 학업에 필요한 물품 등을 사러 갈 때였습니다. 제가 일부러 큰돈을 주면 그 주인아주머니는 거스름돈을 바꾸기 위해 방안으로 들어갔습니다. 그때 저는 그 찰나를 이용하여 마루 오른쪽에 있는 롯데 껌통을 윗옷 안쪽에 감쪽같이 집어넣었습니다. 그 당시 롯데껌은 아이들이 너무나 씹고 싶어했던 것이었습니다. 저는 그 많은 껌통을 가지고 와서 다락방에 숨겨둔 채 여러 날을 두고 씹고 또 씹었습니다. 단물만 빼먹고 버리고, 단물만 빼먹고 버리고… 보통 때 같으면 그 껌이 입 안에서 없어질 때까지 씹고 또 씹었겠지만, 그 껌을 몰래 가지고 온 그날 이후 일 주일 동안 정도는 저에게 사뭇 기쁜 날이 계속 되었습니다. 그래서 저는 그 집에 갈 때마다 여러 번 나쁜 행동을 저질렀습니다. 그런데 단 한 번도 들키지 않았습니다. 늦었지만, 제 잘못을 솔직히 인정하겠습니다. 제가 잘못했습니다. 그 집에서는 너무나 많은 잡화품목으로 인하여 재고파악 같은 별다른 조치를 취하지 않았던 것 같습니다.

그때의 저의 그런 소행은 너무나 잘못된 것이었습니다. 이렇게 넙죽 엎드려 저의 잘못을 솔직히 다 인정합니다. 그때 밖에서는 찬바람이 불고 있었습니다. 아주 추운 겨울날이었습니다. 나쁜 행동은 첫째 겁이 나게 만듭니다. 자연히 알 수 없는 두려움에 떨게 만듭니다. 그래서 저는 그런 나쁜 행동을 한 후에는 며칠 동안 마음은 물론이고 정신마저도 불안하고 불편해지게 마련이었습니다.

그리고 또 고백하겠습니다.

초등학교 2학년 때였다고 생각합니다. 아마도 학기 초였던 것 같습니다. 저희 반에 친구 한 명이 있었습니다. 저는 그 친구의 말대로 그냥 무심코 나쁜 짓을 저지르게 되었습니다. 그 일은 대낮에 일어났습니다. 아주 대담하게 감행된 일이었습니다. 중앙시장 포목점에서 주인이 잠시 자리를 비운 틈을 이용해서 그 친구와 저는 재빨리 돈주머니를 움켜쥐었습니다. 한데, 아뿔싸! 바로 그 가게는 저희 학교 여학생의 어머니가 운영하는 가게였습니다. 저희 둘은 바로 붙잡혀서 담임선생님께 불려가게 되었습니다.

오! 천지신명이시여.

제가 왜 그 지경까지 갔습니까. 제가 왜 그토록 험한 짓에 빠져들어야 했습니까.

저는 그런 일이 있은 후 그 친구와는 사실상 거리를 두게 되었습니다. 그리고 학업에만 전념했습니다. 제가 나아갈 길, 저의 위치, 그리고 저의 잘못된 모든 일들에 대하여 혼자 곰곰이 생각했습니다. 어릴 때의 저의 잘못들을 솔직히 다 고백하겠습니다. 결코 어려운 가정환경 때문이 아니었습니다. 모든 것이 오로지 저 하나의 잘못 때문이었습니다. 하나, 다시 생각하면 진실로 천만다행한 일이었습니다. 담임선생님은 할머니께 그 사실을 이야기하지 않았습니다. 할머니께서 만일 그 사실을 일일이 다 아셨다면 그 얼마나 놀라셨겠습니까. 만일 즉시 다 아시게 되셨다면 그 충격이 말로 표현할 수 없으셨을 것입니다. 저는 그때의 그 일로 인해 심적 갈등은 물론이고 참회와 후회의 눈물을 참으로 많이 흘렸습니다.

지금까지 제가 어릴 때 겪었던 위험하고 아슬아슬했던 순간순간들을 되돌아보며 일일이 다 고백했습니다. 늦었지만, 진심으로 용서를 빕니다. 부디 널리 헤아려 너그럽게 용서해 주시기 바랍니다.

지난 그 힘들고 어려웠던 시절에 일어났던 일련의 일들을 이제 오십 년이 지나서야 하나 남김없이 몽땅 다 고백했습니다. 하지만, 용서를 받건 못 받건 저의 가슴 속에서는 주마등처럼 불쑥불쑥 나타나게 될 것입니다. 생각할수록 너무나도 가슴 아픈 일들이었습니다.

오! 천지신명이시여.

제가 오늘 말씀드린 모든 것을 저는 영원히 잊지 못할 것입니다. 지금 생각하면 그 모든 것들이 오로지 전쟁 때문이었습니다. 민족의 비극인 6 · 25 전쟁 때문에 다른 가정들처럼 단란할 수 없었습니다. 전쟁으로 인해 저희 가족의 모든 희망은 일순간에 뜬구름처럼 사라지고 말았습니다. 어디 저희 가족뿐이었겠습니까. 이 땅의 저와 같은 수많은 유자녀들이 다 함께 겪어야 했습니다, 슬픈 사연을 간직한 채 묵묵히 살아가고 있는 유자녀들 모두가 그렇게 고달픈 가시밭길을 맨발로 걸어야 했습니다.

저만은 그들의 심정을 잘 이해합니다. 대다수 젊은 어머니들은 곧은 모정 하나로 버티며 오로지 가문과 자식을 지켜내기 위해 그 어려운 환경 속에서도 절대 굴하지 않았습니다. 한서봉의 어머니처럼 시장터에서 억척같이 삶을 일구며 사신 분들이 부지기수였을 것입니다. 정말 장하신 어머니들이셨습니다. 정말 감동적인 모정이셨습니다. 국민 모두가 한마음으로 뜨거운 박수를 보내야 될 것입니다. 그러나 어쩔 수 없이 가문을 등진 채 자식들과 헤어져야 했던 분들도 물론 적지 않았을 것입니다. 전쟁으로 인하여 생긴 비극이었습니다. 전쟁으로 온 산하가 무너져 내리자 개개인은 너무도 연약할 수밖에 없었습니다. 혈육 간의 생이별이 어떻게 세월이 지난다고 다 아물겠습니까.

하얀 강보에 싸인 채 잠들어 있는 어린 형제자매의 얼굴 위로 떨어지던 어머니들의 뜨거운 눈물을 생각합니다. 우두커니 서있는 어머니의 모시 치마를 마구 잡아당기던 고사리손들을 생각합니다. 외가에 다녀온다는 어머니를 하염없이 기다리던 철부지 형제자매들을 생각합니다. 어두운 뒷골목을 이용해 옆집으로 사라지신 어머니의 그 그림자를 찾아 헤매던 어린 형제들을 생각합니다. 밖에서 한창 뛰놀다가 어두워진 저녁 무렵 마루턱에 걸터앉아 하염없이 어머니를 기다리던 어린 형제들을 생각합니다. 모두가 전쟁 탓이었습니다. 모두가 슬픔이고 눈물이고 한숨이었습니다. 그리고 그런 일들은 알게 모르게 민족 전체의 아픔으로 남게 되고 지울 수 없는 상처로 아로새겨지게 되었습니다.

그 시절 어머니들은 노란 보자기 하나를 가슴에 꼭 껴안으신 채, 저희 형제들의 눈물어린 모습을 먼발치에서 지켜보고 계셨습니다. 어머니의 얼굴은 눈물로 온통 뒤범벅이셨습니다. 말 그대로 여윈 온 몸으로 울고 계셨습니다. 흰 고무신을 신은 어머니들은 떨어지지 않는 발걸음으로 어린 형제들이 울고 있는 정반대 쪽의 어둠속으로 그렇게 새벽안개처럼 홀연히 사라지셨습니다. 한 많은 청상과부들의 그림자들만 민족의 가슴마다에 깊은 흉터로 남겨지고 말았습니다. 십팔 세의 꽃다운 어머니들이셨습니다. 인생을 아직 시작하지도 않은 채 전쟁의 날벼락에 힘없이 나뒹굴어진 비운의 또 다는 주인공들이셨습니다. 누가 감히 먼저 돌을 던질 수 있겠습니까. 누가 감히 먼저 가벼운 입술을 놀려 간신히 묻어둔 상처들을 끄집어내겠습니까. 다시는 일어나지 말아야 할 민족 모두의 비운이고 비극이었습니다.

오! 천지신명이시여. 대답해주십시오!

호로자식의 애끓는 아우성만으로 과연 온 세상을 눈물바다로 만들 수 있겠습니까. 바로 통곡의 사자使者가 그 시절에 그렇게 이 땅의 산하를 뒤흔들고 있었지만, 그 누구 하나 이런 기막힌 비극에 대해 제대로 된 대책 하나 제시한 적이 없었습니다. 다들 그런 아픈 상처는 해당 가정의 일일뿐이라고 눈감아 버렸습니다. 뚫어진 방문 구멍으로 찬바람이 들어오는 냉방에서, 분뇨냄새가 풍기는 화장실 옆에서, 흙먼지가 휘날리던 울타리 한쪽 구석에서, 이 골목 저 골목 남의 집 대문 앞에서, 소똥 냄새나는 삼촌 집 헛간 옆에서 — 이리저리 나뒹굴어 있어도 그것은 그저 개개인의 아픈 사연이고 힘든 숙명일 뿐이었습니다. 가족과 가문이 힘겹다며 물러선 일을 나라마저도 등을 지고 국민마저도 모른 척 고개를 돌렸습니다. 말 그대로 범판으로 쫓겨난 바람결이고 바위에 떨어진 새알이었습니다.

밤이나 낮이나 그때 저희 형제들은 웅크리고 앉은 채 울먹이다가 지쳐서 그대로 잠들곤 했습니다. 잠에서 깨어나 또다시 울면서 엄마를 찾고, 엄마를 불렀지만, 엄마의 그 다정한 모습은 그 후 영원히 볼 수 없었습니다. 그때 마당에서는 뙤약볕이 쏟아지고 있었습니다. 그때 뒷산 회나무 꼭대기에서는 매미 두 마리가 번갈아가며 목이 쉬도록 울어대고 있었습니다. 저희 형제자매들은 친척 집을 전전해야 했습니다. 할아버지 할머니 등에 업혀 슬픔과 그리움과 외로움을 한꺼번에 삭혀야 했습니다. 그러나 아무도 선뜻 받아주지 않았던 기구한 운명의 저희 남매들은 소나기가 쏟아지던 언덕바지로 그렇게 눈물을 훔치며 힘없이 걸어가고 있었습니다. 더욱이나, 저희 형제들의 몫이었던 가옥과 전답은 가까운 친척, 먼 친척들이 슬그머니 가로채갔습니다. 전쟁으로 부모를 잃게 되자 나중에는 결국 입은 옷마저 벗겨지게 되고 신은 신발마저 뺏기게 되었습니다.

참으로 어처구니없는 또 다른 비극들이 연이어 벌어지고 있었습니다. 인간세상 속의 생지옥이 고스란히 드러나고 있었습니다. 인간 내면의 흑심들이 전쟁을 틈타 하나둘씩 고개를 내밀기 시작했습니다. 그리고 그런 사이에 어린 것들은 보호의 손길을 몽땅 잃은 채 아무도 거들떠보지 않는 허허벌판으로 무작정 내몰려야 했습니다.

그러나 천지신명님의 지고하신 뜻이라면 저를 성추행의 표적으로 삼았던 사방관리소 그 급사 형도, 저를 사창가로 데리고 갔던 그 친구의 어처구니없던 소행도, 제 앞에서 씨받이로 성을 상품화시켰던 그 노부부도, 어두운 골목길 가로등 아래서 벌어졌던 두 남녀의 불륜의 현장도, 저의 열악한 가정실태를 악용했던 담임선생님의 교육방식도, 저를 도둑의 구렁텅이로 내몰려고 했던 친구도, 저희 형제들의 재산을 가져간 친척들의 몰염치한 그 작태도 — 저는 이제 다 용서하고 싶습니다. 아니, 벌써 저는 그들을 모두 용서했습니다. 왜냐하면 그들의 잘못이기 이전에 그 당시 제 처지가 그들이 그렇게 행동하도록 만들었다고 생각하기 때문입니다.

그러나 과거에도, 현재에도, 그리고 앞으로도 영원히 용서 못할 일이 꼭 한 가지 있습니다.

그것은 바로 저와 우리 남매를 이렇게 만든유월의 그 전쟁입니다. 저는 결단코 그 전쟁만은 용서할 수 없습니다. 그리고 저는 이 전쟁을 이 세상이 끝날 때까지 저주하면서 살아갈 것을 신명님께 굳게 맹세합니다.

오! 천지신명이시여.

용서하십시오. 제발 용서하십시오.

이렇게 당신께 엎드려 지난 세월 제가 저질렀던 잘잘못에 대해 눈물을 흘리며 회개합니다. 그리고 이 땅에 슬픈 전쟁 호로자식은 우리 세대로 끝맺도록 당신께서 특별히 인도해 주십시오.

이제야 제 마음이 좀 후련합니다. 그동안 저의 이런 이야기를 그 누구에게도 하지 않았습니다. 아니, 그 누구에게도 쉽게 고백할 수 없었습니다.자연히, 저의 어린 가슴은 반세기를 거치며 그 긴 세월에도 불구하고 여전히 가장 쓰리고 아픈 상처로 남게 되었습니다. 저 홀로 부풀어 오르고 곪아터지다가 오늘에 이르러서야 비로소 고백과 회개의 마지막 절차를 거치게 되었습니다.

제 고백을 다 들어주시고 저의 아픈 과거를 다 이해하시고 어루만져 주신 천지신명이시여.

저는 파란만장했던 지난 역사를 오늘 동해에 모두 쏟아내고 이제 새로이 가족과 함께 여생을 평화롭고 정의롭게 살아가겠습니다. 그리고 여건이 허락된다면 소금과 촛불의 의미를 가슴에 되새기면서 저보다 더 불우한 이웃을 위해, 그리고 어두운 사회 구석구석을 환하게 밝히기 위해 열심히 헌신봉사하고 싶습니다. 제가 가고자 하는 이 길은 할머니와 아버지에 대한 의무이자 저의 시대적 책무라고 믿습니다. 중국 명나라 유학자 왕양명(王陽明)선생은, "사람은 반드시 자기 자신을 아끼는 마음이 있어야만, 비로소 자신을 완성할 수 있다."고 했습니다.

저에게 자신을 아끼고, 그리고 자신을 이겨낼 수 있는 힘을 주십시오. 그리하여 제 자신을 완성할 수 있도록 도와주십시오.

이제 저 멀리 엷은 구름사이로 일출이 서서히 보이기 시작합니다. 한겨울인데도 한기가 전혀 느껴지지 않을 정도로, 동해의 파도마저도 마치 호수같이 너무나 잔잔하기만 합니다.

아! 알겠습니다. 바로 천지신명께서 저의 이 슬픈 고백을 다 들어주시고, 그리고 힘껏 도와주시려고 일부러 숙연한 분위기를 만드시는 것입니다. 신묘한 조화에 다시 한 번 감사드릴 뿐입니다. 조선 순조 29년, 이희현(李羲賢) 함흥판관(咸興判官)의 부인인 연안(延安) 김씨(金氏)가 귀경대(龜景臺) 일출 장면을 그린 「동명일기(東溟日記)」가 아니더라도 — 천지신명께서 지금 만드시는 이 일출의 장엄한 모습은 예나 지금이나 우리 인간들에게 소원을 성취해주는 무한한 뜻이 담겨 있다고 저는 분명히 믿습니다.

이제 제가 그 동안 인생의 극한상황에서 느낀 것들을 하나로 모으겠습니다. 이 시대 전쟁 호로자식인 제가 나아갈 십계훈을 제시하려고 합니다. 이를 모두 실천하여 밝고 활기찬 반도의 호로자식으로 거듭 태어날 수 있도록 당신께서 인도해주십시오. 그리고 도와주십시오.

『과음하며 건강관리를 소홀히 하는 호로자식이 아니라, 취미생활과 발전적인 사고로 참인간이 되게 하소서.

실망으로 남의 험담을 자주하는 퇴행적인 호로자식이 아니라, 백절불굴의 정신무장으로 칭찬에 앞장서는 참인간이 되게 하소서.

아버지의 나라사랑하는 정신을 망각하는 호로자식이 아니라, 아침, 저녁 두 번씩이라도 아버지의 영정 앞에서 추모할 줄 아는 참인간이 되게 하소서.

도박심리에 빠져 요행이나 바라며 말초신경의 헛된 쾌락이나 좇는 허황된 호로자식이 아니라, 기념관, 박물관, 도서관, 체육관을 찾으며 여가를 선용하는 참인간이 되게 하소서.

가족들과의 대화에 소홀한 호로자식이 아니라, 가족들에게 사랑을 듬뿍 베풀고 가정의 소중함을 뼈아프게 느낄 줄 아는 참인간이 되게 하소서.

자녀의 결혼식장에서 옛날을 생각하며 마냥 울먹이는 호로자식이 아니라, "그래, 가문과 할아버지, 그리고 아버지를 생각하며 행복하게 살아다오."라고 당당히 말하는 참인간이 되게 하소서.

자신이 걸어온 역경으로 인하여 무심해지고 무뚝뚝해진 호로자식이 아니라, 곧잘 유머를 즐기면서 힘차 보이는 등 마음과 표정을 잘 다스릴 줄 아는 참인간이 되게 하소서.

좌석에서 제 고생담만 늘어놓는 호로자식이 아니라, 남의 어려움을 경청하며 도와줄 길을 찾는 참인간이 되게 하소서.

남에게 대접받기만 바라는 호로자식이 아니라, 형편이 허락하는 한 어른을 공경하는 참인간이 되게 하소서.

비참한 사궁(四窮)의 생활을 못 헤어나는 호로자식이 아니라, 인생의 큰 즐거움인 오복(五福)의 의미에 더 가까워지는 참인간이 되게 하소서.

새천년의 문턱에서 조국과 민족, 그리고 저희 자신을 위하여 천지신명 앞에서 이 땅의, 그리고 대륙의 호로자식들을 대표하여 만세를 삼창하겠습니다. 부디 저의 이 염원이 이루어지도록 도와주소서. 가장 진실한 마음으로 간절히 빕니다.

대한민국의 무궁한 발전을 위하여, 만세!

대한민국의 영원한 평화를 위하여, 만세!

모든 전쟁 호로자식들의 진정한 안식을 위하여, 만세!』

혼인성사전(婚姻成事傳)

1971년 1월 5일. 나는 그날을 잊지 못한다. 바로 내가 고등학교를 졸업하고 첫 출근한 날이기 때문이다.

울산광역시 지방공무원 5급을류 공개경쟁 채용시험에 최고득점자로 합격, 울산광역시 울주군 온양면사무소 근무를 발령받고 공무원으로서 첫 출근한 역사적인 날이 바로 그 날이었다.

출근 전날 또한 잊을 수 없다. 공무원이 되었다는 반가운 소식을 듣고서 할머니는 흐뭇해하시면서 먼저 나의 손을 이끌고 시내 기성복 양복점에 가셨다. 내 치수에 맞는 양복 한 벌과 넥타이 두 개를 고르시더니 나를 앞세우시고 보무도 당당하게 집으로 향하셨다.

할머니는 집에 도착하자마자 방금 사온 기성복을 나에게 입힌 후 맬 줄도 모르는 넥타이까지 매라고 하셨다. 나는 옆집 아주머니까지 모셔다가 겨우 넥타이를 맸다. 그리고는 작은 거울을 마주한 채 할머니 앞에서 빙글빙글 맴을 돌며 한껏 폼을 잡았다.

그 추운 겨울 밤 문풍지 들썩이는 소리를 들으며 할머니와 나는 설레는 마음으로 밤잠을 설쳤다. 나는 군수로부터 난생 처음 받아보는 임용장을 받고서 근무지로 향했다. 그 당시 할머니와 나는 시내에서 생활하고 있었기 때문에 근무지까지 가려면 버스를 타고 흙먼지가 풀풀 흩날리는 비포장도로를 한 시간 남짓 달려야 했다. 나는 할머니의 배웅을 뒤로하고 출근길에 올랐다.

청색 마이크로 작은 버스가 어느덧 면사무소 앞에 닿았다. 추운 바람을 맞으며 차에서 내려 면사무소 안으로 난생 처음 들어섰다. 날씨 탓인지 민원인은 전혀 보이지 않고 직원들만 난로 곁에 옹기종기 모여 담소를 나누고 있었다. 검은 테 안경을 쓴 총무계장에게 임용장을 보이고 직원들에게 인사를 마친 후 마련해 준 의자에 앉으니 새삼 할머니 모습이 주마등처럼 스쳐지나갔다. 손자가 공무원시험에 합격했다고 친구분들에게 그토록 자랑하시던 할머니셨다. 부모 없이 자란 손자가 혹시나 나쁜 길로 들어서지 않을까 노심초사하시던 할머니셨다. 내가 중학교를 마친 후 동래고등학교 부근에서 하숙을 할 때 외에는 서로 떨어져 자본 일이 없었기에 할머니에 대한 나의 그리움은 아주 남달랐다.

동해남부선 열차를 타고 등교하는 손자를 위해 한겨울 새벽 네 시에 머리맡에 어김없이 준비해 두시던 그 정성어린 밥상, 그 무덥던 한여름 밤의 더운 바람을 쫓기 위해 부채질을 쉬지 않으시던 그 견줄 수 없는 사랑, 신기하게도 아픈 배를 낫게 해주시던 그 주름진 거친 약손 — 첫 출근인데도 내 머릿속, 내 가슴 속은 온통 할머니 생각뿐이고 할머니에 대한 고마운 마음뿐이었다.

당시 우리 집은 할머니와 나, 그리고 허름한 슬레이트집이 한 채 있을 뿐 생활은 모든 면에서 지극히 단조로웠다. 따라서 당시 우리 집 형편상 가장 시급한 과제가 바로 나의 혼인이었다.

할머니는 내가 고등학교를 졸업할 즈음, 우리 집에 놀러오는 사람이나 친구분들에게 거의 똑같은 말씀만 하시고 계셨다.

"저놈이 취직만 되면 얼른 장개부터 보내야 될낀대. 그거 참 걱정이네."

걱정과 홍보가 반반씩 섞인 말씀이셨다. 할머니 소원대로 내가 취직이 되었으니 자연히 할머니 일생 최대의 일은 바로 당신의 마음에 쏙 드는 귀여운 손부를 맞아들여 손자와 짝을 지어주는 성스러운 과업뿐이었다. 그만큼 나의 혼인 문제는 할머니에게는 희망이자 다소 걱정스러운 일이었고, 나에게는 알 수 없는 미래에 대한 강렬한 호기심의 대상 같은 것이었다. 나 또한 아내가 배웅을 해주는 상상에 빠져들곤 했다. 나 혼자 가꾸는 옷단장보다는 아내가 옷도 입혀주고 넥타이도 골라 매어 주었으면 좋겠다는 이상야릇한 상상에 젖어들기도 했다. 그럴 즈음 드디어 우리 집안에 운명의 처녀가 그렇게 동화처럼 찾아들었다.

내가 면사무소로 출근한 지 일 주일쯤 되었던가.

나는 그때 주로 현지에서 농민들의 업무를 수행하는 산업계에서 근무하고 있었다. 1월 주요추진업무는 바로 관내에 산재해 있는 관정을 정비하고 도색하여 다가오는 농번기 때 일어날지도 모를 한해에 대비하는 일이었다.

그날도 나는 담당 부락에 출장 갈 생각으로 면사무소 안에서 출장 준비를 하고 있었다. 그런데 그때 저 멀리 면사무소 광장 안으로 운명의 한 여자가 걸어오고 있었다. 키는 나보다 조금 큰 것 같았다. 눈이 유달리 큰 그 여자는 청색 트렌치코트 차림으로 면사무소 안으로 들어오고 있었다. 그리고 호적계로 가더니 민원서류를 청구하고 있었다. 나는 그 순간 온 몸에서 피가 솟구치는 감정을 억누를 길이 없었다.

외롭고 적막한 우리 집안에 르네상스의 신기원을 열어 줄 것 같은 어떤 섬광이 나의 가슴을 세차게 때렸다. 그녀가 서류를 들고 면사무소 밖으로 나갈 때까지 나는 그냥 자리에 서 있었던 것 같다. 그녀가 나간 후 조용히 호적계장에게 다가가서 방금 다녀간 그녀에 대해서 넌지시 물었다. 계장은 빙그레 웃으시면서 첫마디에 자신이 중매를 서줄 수 있다는 투로 말하는 것이 아닌가. 나중에 안 일이지만 당시 호적계장은 그녀와 친척뻘이었기 때문에 그녀의 집안에 대해서는 소상히 알고 계셨다.

그날 이후 나의 생각은 온통 그녀로 꽉 차있었다. 며칠 후 흙먼지를 뒤집어쓰며 담당부락에서 출장을 마치고 자전거를 타고 오는데, 저 멀리 비포장도로 앞에서 여자 둘이서 다정스럽게 걸어가고 있었다. 인적이 드문 시골길이었기 때문에 멀리서도 나는 첫눈에 그녀라는 사실을 쉽게 알 수 있었다.

나는 재빨리 자전거를 샛길로 몰아 그녀가 오는 길목에서 심호흡을 하면서 조용히 기다리고 있다가 그녀가 가까이 오자 대뜸 이렇게 말했다.

"저, 저, 죄송하지만 저쪽 친구는 먼저 가시면 고맙겠는데요."

그녀의 친구를 떼어 보내고 단둘이 이야기하고 싶었던 나의 이 대담무쌍하고 무례한 행동이 지금 생각해도 그저 아찔할 뿐이다. 나는 그녀와 함께 시골길을 걸어오면서 다짜고짜 할 이야기가 있으니 내일 토요일 두 시경 남창 강둑으로 나와 주면 고맙겠다고 일방적으로 통보한 후 사무실로 돌아왔다.

찬바람이 불던 그날의 매운 날씨마저도 나의 젊은 열혈 앞에서는 그저 무기력하게만 느껴졌다. 그날 나는 이상한 희망과 무한한 가능성에 젖어 알 수 없는 비상(飛翔)을 하고 있었다. 어떤 확신 같은 것이 내 마음 속을 온통 지배했다.

그날 저녁 무렵 나는 저간(這間)에 일어났던 일련의 과정에 대하여 할머니께 차근차근 다 말씀드렸다. 그 순간 나는 할머니의 얼굴에서 걱정과 반가움이 교차되는 것을 읽을 수 있었다.

자나 깨나 가문을 염려하신 할머니셨다. 할머니는 아직도 어리기만 한 내가 여자 보는 눈이 짧아 혹시나 일을 그르칠까 봐 걱정하고 계셨다. 일이 잘못 진행되고 있지나 않은지 염려하시며, 그날 밤늦게까지 그녀에 대하여 꼬치꼬치 캐물으셨다.

"그래, 데리고 살 사람은 내가 아니고 너니까 알아서 하거라."

할머니는 오래 들으신 뒤에 그렇게 말씀하셨다. 그리고 긴 한숨과 함께 벽

쪽으로 돌아누우시던 할머니의 작은 어깨는 — 떨리는 문풍지 소리와 함께 내 마음을 한없이 짓눌렀다.

'드디어 떠나는구나. 드디어 네가 내 품을 떠나는구나.'

할머니는 아마도 그렇게 되뇌시며 벽과 씨름하고 계셨을 것이다.

어렵게 키워낸 손주 녀석이 아직 채 날개도 달기 전에 제 짝을 찾아나서는 것이 한편으로는 대견하기도 하지만, 다른 한편으로는 몹시 섭섭하시기도 하셨을 것이다. 그 당시에는 정말이지 할머니의 그런 복잡한 심경을 전혀 헤아리지 못했다. 죄송한 마음뿐이다. 한껏 들떠서 이것저것을 말씀드렸지만, 결코 할머니만의 그 특별한 심정은 백 퍼센트 다 읽어내지 못했다.

어쨌거나, 드디어 다음 토요일 일과를 마치자마자 나는 찬바람이 불어오는 그 성스럽게만 느껴지던 강둑으로 향했다. 그녀가 나오면 대체 무슨 말을 먼저 꺼낼까 마음을 졸이면서 약속시간 훨씬 전에 도착하여 대기했다.

아침에 정성껏 손질한 머리, 어젯밤에 황급히 구입한 줄무늬 넥타이, 제법 반짝거리는 끈 달린 날렵한 신발 — 나는 그렇게 기성복의 옷매무새를 한껏 단정히 한 채 그녀가 나타날 방향을 응시하고 서있었다. 그렇게 양보의 미덕으로 두 시간 가량 기다렸지만, 기어이 그녀는 나타나지 않고 찬바람만 언덕 위로 휑하니 불어왔다.

그때 그 일을 생각하면 지금도 약속을 어긴 그녀의 행동이 얄미울 때가 한 두 번이 아니다. 그 사건이 있은 후 나는 속으로 그녀에 대하여 집중적으로 연구를 거듭했다. 그 결과, 이런 대사(大事)는 나 혼자 끙끙대는 것보다는 바로 그 믿음직스러운 호적계장님께 간청하는 길이 첩경임을 뒤늦게 깨닫게 되었다.

나의 진솔한 사연을 다 들으신 후 계장님께서는 고개를 끄덕이시면서 솔선해서 자신이 중매라는 대임大任을 수행하시겠다고 하셨다. 쥐구멍에도 볕 들 날이 있다더니, 내게는 계장님의 그런 응낙이 바로 볕드는 날이었다. 면사무소 호적계장 직책은 예나 지금이나 아주 특별했다. 관내 면민들의 여러 가지 민원들, 즉 출생신고, 사망신고, 그리고 주민등록 업무 등 면민과 가장 가까운 위치에서 그 분들의 각종 민원을 처리해주기 때문에 많은 면민들에게는 신뢰의 표상이요, 면에서는 유지 중의 유지이셨다.

그날 저녁의 등잔 불빛은 유달리 빛났다. 그렇게 환하게 나의 마음 속까지 비출 수 없었다. 그만큼 든든한 후원자를 확보하였으니 사랑의 여신은 이제 곧 내 편이라고 내심 속단까지 하게 되었다.

며칠 뒤 계장님은 면장실로 나를 조용히 부르셨다. 설레며 다가앉으니 그동안 있었던 자신의 중매 활동부터 소상히 공개하셨다. 결론적으로 그녀 집안의 허락을 받아냈다는 반가운 소식이셨다.

그때의 그 희열! 아아, 세상을 다 얻은 심정 바로 그것이었다.

할머니와 내가 그 얼마나 손꼽아 기다렸던 가문의 염원이었던가.

아! 1971년 4월 9일.

그 날을 어찌 잊을 수 있으랴. 그해 따뜻한 봄날, 할머니 일생 최대의 소원이 드디어 성취되었으니…

『예기(禮記)』에 이르기를, “부부의 결합인 혼례는 자손만대의 시작이다. 다른 성씨 집안과 혼인하는 것은 먼 사이를 가까이 하고, 혈연관계 구별을 엄중하게 하기 위한 것이며, 예물을 정성껏 보내고 착하고 진실된 말만 하는 것은 신부에게 이쪽의 정직함과 신의를 알려주기 위함이다.”라고 하였다.

할머니와 나는 신부 측과 협의하여 정성을 다하여 예물을 보내고, 신부 쪽에서도 우리에게 예물을 보내면서 양가 어른들이 서로 의논하여 혼인 날짜를 정하였다. 그리고 우리는 신부 쪽이 원하는 구식예법(舊式禮法)으로 많은 분들의 축복을 받으며 혼례식을 올렸다. 따뜻한 봄볕 아래서 손부의 큰절을 받으시던 할머니의 환한 그 얼굴이 지금도 너무 생생하다.

“할매요! 그마이 기분이 조은교. 나도 정말 좋심더. 인자 새벽밥도 하지 마시고 출근 때 내 뒤통수에 대고 조심해서 다녀오너라는 말씀 안하셔도 됨더. 시장도 보지 마시고 그냥 집에서 푹 쉬시소. 이제 내 신부가 다 알아서 해줄낌더. 그동안 내 키운다고 너무너무 고생했심더. 할매요. 정말 고맙심더.”

그날 나는 할머니께 22년 동안 진 마음의 빚 일부나마 간신히 갚아 드렸다는 생각에 눈시울이 한없이 뜨거웠다.

그날 나는 꿈에서도 보고 싶은 아버지와 어머니를 생각했다.

그리고 사랑하는 여인과 함께 걷게 될 새로운 인생길을 아련한 꿈 속인 듯이 가슴 설레며 바라보고 있었다.

이 세상에 태어나 내가 처음으로 선택한 이성이다,

나와 함께 인생의 길을 걸어갈 든든한 반려자이다.

첫선을 보러 왔을 때 내 할머니의 시린 가슴 속을 그토록 포근하게 감싸 주었던 그녀의 특별하기만 한 첫인상은 — 지금도 그저 꿈결 같기만 하다.

그저 모든 것이 고마울 따름이다.

그저 모든 것이 한없이 고맙고 가슴 벅찰 따름이다.

그날 할머니께 큰 절을 올리던 그녀의 양 어깨 위에는 따스한 봄 햇살이 유난히 강렬하게 비추고 있었다.

초여름 날의 사부곡(思父曲)

지난 오월 마지막 토요일은 쾌청한 초여름 날씨였다.

시내에는 생동하는 계절의 모습이 아름답게 펼쳐지고 있었다.

연인과 함께 걸어가고 있는 사람들, 한강에서 뱃놀이 하는 가족들의 모습, 거리를 질주하는 수많은 차량 행렬, 가로수에서 흩날리는 꽃가루, 멀리 바라다 보이는 병풍 같은 산야….

지하철에서 내려다보이는 넉넉한 시내 풍경들이었다. 동작역에서 내려 구름다리를 건너오니 앞으로 있을지도 모를 추모행사에 대비하여 예행연습을 하는 듯 국군군악대의 은은한 화음이 바람결에 들려왔다. 자주 찾는 국립현충원 길목이지만, 오늘의 내 심정은 그 어느 때보다도 남달랐다. 지난 몇 달

동안 나를 번민하게 한 일들이 제법 많았기 때문이리라.

아! 나의 아버지!

이 담벼락을 다 지나면 이 울타리 안 그 깊은 곳에 계실 나의 아버지. 얼굴도 보지 못했고, 목소리도 듣지 못했고, 그 넓은 가슴에 안겨 보지도 못했던 꿈 속의 아버지. 그 아버지가 나를 반기신다.

아버지는 암울했던 일제강점기(日帝强占期)인 1922년 울산에서 농사를 지으시던 유일조(劉日祚)와 김장이(金章二) 사이에 이대 독자로 태어났다. 아버지가 태어나신 해인 임신년은 국내적으로도 실로 어려운 시기였다. 일제강점하에서 주권이 없었던 우리 국민들의 한 맺힌 심정이 온 산하(山河)에 메이리치고 그 어려운 가운데서도 뜻있는 국어 학자들이 주동이 되어 조선교육령이 공표되었으며, 이어 문예지「백조(白鳥)」가 창간되기도 했다. 애국열사 김익상선생 등 대한민국 임시정부 유격대가 상해 황포탄에서 일본 다나카 대장에게 폭탄을 던졌으나, 미수에 그친 사건이 일어나기도 했다. 7월 장마철에는 전국 각지에서 폭우로 인한 극심한 수해가 일어나 수많은 이재민이 발생하기도 하였다. 그 이외에도 국내적으로 많은 항일사건과 자주독립사건이 일어났으며, 국제적으로도 다사다난했다.

신사년인 1941년에 발발한 태평양전쟁에서도 일제는 패주를 거듭했으며, 연합군의 공세에 밀리고 있던 일제는 조국의 청년들과 처녀들을 전쟁으로 몰아넣고 있었다. 한 마디로, 최후의 발악이었다. 그런 와중에 아버지는 동네 청년들과 함께 죽음의 남양열도로 떠나지 않으면 안 되었다. 아버지가 배속되어 간 곳은 아마도 남양열도 어느 일본 육군 소속부대였던 것 같다. 그 곳에서 일본이 연합군에게 무조건 항복을 선언하기까지 3년여 동안 아버지는 사지에서 죽음의 고비를 수없이 넘겨야 했다. 죽음의 정글 속, 쏟아지는 미군의 편대 기총사격. 한 번은 기습을 가한 미군 전투기에서 쏟아지는 기총소사의 탄환이 바로 아버지의 옆을 스쳐 죽음의 고비를 겨우 넘기기도 했다.

1945년 8월 15일.

드디어 일본이 항복하고 조국은 광복이 되었다. 일본이 항복함에 따라 선친과 많은 분들이 강제징병, 강제징용으로 인한 죽음의 정글에서 마침내 빠져나올 수 있었다. 그 후 귀국한 아버지는 마침 교편생활을 하고 있던 집안의 먼 친척동생으로부터 특별교육을 받은 후 1947년 대한민국 건국의 경찰관이 되셨다.

경찰관이 된 후 얼마 되지 않아 할머니의 성화에 못 이겨 그해 봄 본관이 원주(原州)인 십 오세의 원옥잠과 혼인하였다. 그리고 아버지는 민족 최대의 비극인 6 · 25전쟁 발발 한 해 전인 1949년 3월 23일 경북 경주군 안강읍 두류리에서 빨치산 20명과 교전하던 중 직원 두 명과 함께 장렬하게 순국하셨다.

나는 이 세상에 태어나자마자 다른 아이들과는 달리 네 가지의 의미가 나를 기다리고 있었다. 유복자(遺腹子), 삼대독자(三代獨子), 대한민국 6 · 25 전몰군경 유자녀(遺子女), 호로자식(胡虜子息).

나는 지금도 이 네 가지 의미를 가슴 깊이 되새기면서 막중한 시대적 사명

감과 가문에 대한 책임, 그리고 인생에 대한 소중한 철학을 지니고 있다.

동작동 서울현충원 담벽을 한참 걸어가니 노상에서 아주머니들이 꽃다발과 몇 가지 음식물을 팔고 있었다. 나는 구운 오징어 한 마리와 막걸리 두 병을 비닐봉지에 사 넣고 정문으로 들어섰다. 정문바로앞 중앙에 위치한 민관군의 믿음직한 청동 혼연일체상, 잘 가꾸어진 잔디, 꽃과 수목들, 여기저기서 들려오는 새소리들이 나의 마음을 제법 새롭게 일으켜 주었다. 충혼탑 입구에 비치된 비망록에 '삼가 아버지 영전에 명복을 빕니다. 유대지.' 라고 기재한 후, 충혼탑 아래 위패봉안소 석실 안으로 들어섰다.

수십 명의 유가족들이 각자 위패 앞에서 꽃병과 꽃송이, 그리고 준비해 온 음식들을 석좌에 올려놓고 명복을 빌고 있었다. 나도 선친의 성함이 뚜렷이 새겨진 경찰관 위패 앞에 준비해 온 음식을 정성스럽게 올려놓고 눈을 감고 조용히 명복을 빌었다.

석실을 나오니 수많은 호국영령들의 비문이 나의 마음을 무겁게 짓눌렀다. 따사로운 햇볕을 피해 그늘진 수목 아래 잔디에 앉아 방금 선친께 따라 올린 맥주를 한 잔 마시니 만감이 교차했다. 하늘에는 뜬구름이 덧없이 흘러가고 있었다. 수목 사이로 들려오는 이름 모를 산새들의 지저귀는 소리가 내 주변을 맴돌며 한가로운 한때를 함께 했다. 어느덧 나는 살며시 잠이 들었는데, 어디선가 선친의 목소리가 비몽사몽간에 들려오고 있었다.

• 아버지: 「애야, 요즘 생활하기가 좀 어떠하냐. 네 할아버지, 할머니, 어머니

도 여기 모두 함께 계시니 어디 이야기 좀 해줄 수 있겠니?」

• 대지: 「아이고, 아버지. 이렇게 아버지를 뵙게 되니 정말 눈물이 납니다. 그냥 가족들과 함께 별 탈 없이 살아가고 있지요. 집안일에 대해서는 내자와 항상 의논하니까 가정이 늘 화목하지요.」

• 아버지: 「당연히 그래야지. 암, 그래야 하고말고. 그런데 너는 나를 한 번도 보지 못했거늘 어떻게 단번에 이 애비를 알아볼 수 있었느냐?」

• 대지: 「참 아버지도! 저는 아버지의 아들입니다. 제가 비록 아버지의 모습을 한 번도 보지 못했지만 다 알 수 있어요. 그리고 저는 누구보다도 아버지께서 태평양전쟁, 6 · 25전쟁을 거치신 슬픈 사연을 잘 알고 있지요. 아버지께서 생전에 남겨주신 그 사진들을 저는 자주 바라보지요. 그래서 아버지 모습을 알아요. 아버지 지금 모습은 1949년 3월에 전사하시기 전 모습이네요. 그때 마지막으로 찍으신 사진을 보관하고 있어요, 아버지!」

• 할머니: 「그래 애야! 고맙고 고맙구나. 내가 네 곁을 떠나온 지도 이제 보니 여러 해가 되었구나. 한 번도 내 제사와 조상님들 차례를 소홀히 하지 않고 그날 그 시간에 맞게 차려주니 우리들은 너희 내외의 갸륵한 정성에 탄복하고 있단다. 정말 고마운 일이야. 내가 너를 키운 보람이 있어. 네 할아버지께서도 얼마나 대견해하시는지 모른다. 고맙다, 대지야!」

• 대지: 「할매요, 할매께서는 시방 무신 이야기를 하능교. 할매께서 이승에서 오랫동안 안 계셨던들 제 인생이 과연 어찌되었겠습니까. 아마 상상도 할 수 없이 먼 아래로 추락했겠지요. 할머니! 할머니께서 생전에 그토록 좋아

하시던 그 멍게를 수산시장에서 볼 때마다 항상 할머니 생각을 하지요. 그리고, 그 당시 가정형편 때문에 할머니께 전복 한 번 푹 고아드리지 못한 것이 천추의 한으로 남아있습니다. 정말 죄송합니다. 할머니 생전에 제가 못다한 불효를 다 용서해 주세요. 이렇게 머리 숙여 사죄드립니다. 다시 인연이 되어 모시는 그 날이 오면… 그 날이 오겠지요? 못 다한 효도를 반드시 할머니께 다할게요.」

- 어머니: 「얘야, 너의 정성이 참으로 갸륵하구나. 비록 우리의 지금 인연이 이승에서 저승으로 떨어져 있지만 언젠가는 함께 자리할 날이 올 거야. 그리고 항상 우리는 네 가족들의 안녕과 건강을 빌고 있어. 항상 가문과 가족 구성원 각자가 잘하고 있어야 된다. 내 말, 명심해다오.」
- 대지: 「아! 어머니! 대지는 꿈속에서 몇 번 뵈온 적이 있어요. 까마득한 일이지요. 제가 어머니 가슴을 쓰다듬으며 어리광을 피웠던 그 짧았던 시절이 겨우 생각나네요. 어머니, 불쌍하신 어머니, 며느리 효도 한 번 받아보지 못하시고 저희들과 헤어졌으니 얼마나 안타까우세요. 어머니 어머니 며느리 말이죠, 집안일 잘하고 있어요. 그리고, 무엇보다 가족들이 병원에 갈 일이 없어 정말 다행이지요. 단지 치아가 좋지 않아 아침 저녁식사 후에는 구강 관리에 특히 신경 쓰고 있지만 그렇게 심각한 정도는 아니에요. 너무 걱정 마세요.」
- 할아버지: 「손자야, 나는 네가 우리 가문을 지키고 있다는 이야기를 듣고 참으로 놀라웠단다. 아마 천지신명이 도와주신 게야. 네 할머니와 혼인한 지

십년도 채 되지 않아 나는 병으로 세상을 등지게 되었단다. 너의 할머니가 얼마나 고생을 많이 했겠느냐. 지금도 나는 늘 그 점을 미안하게 생각하고 있다. 그때는 우리나라가 너무 어려웠어. 암, 그랬지. 그런데 얘야, 이 할애비가 걱정스러운 것은 바로 가문의 후손 문제다. 얼마 전에 이곳에 들어온 네 할머니에게 얘기 많이 들었단다. 그래 무슨 대책이라도 있겠느냐?」

- 대지: 「저는 할아버지를 잘 모르지요. 전 정말 할아버지를 모르지요. 부산에 계시는 고모에게서 이야기를 들었어요. 불쌍하게 돌아가셨다고요. 할아버지, 지금 시대는 그때와는 달라요, 제도와 규범이 많이 발전되어 걱정 없어요. 국가에서 이제 남녀를 평등하게 대우하고 있어요. 놀라시겠지만 딸도 호주상속권이 있도록 관련 법률을 개정한 지가 언젠데요? 놀라셨죠? 말하자면 여성에게도 적극적으로 사회 각 분야에서 자신의 능력을 최대한 발휘할 기회가 부여된 거지요. 할아버지 시대에는 상상할 수 없는 일이지요. 불초소생이 조상님 영전에 뜨거운 열정으로 효도를 해드리고 이 가문을 길이길이 빛나게 하는 길은 바로 저 네 딸을 잘 성장시켜 각자 인생의 반려자를 만나게 해주는 것이라고 저는 굳게 믿고 있습니다. 다행이 성장한 딸들이 저희 부부의 뜻에 부합되도록 열심히 노력하고 있어요. 언젠가 저 딸들 모두가 우리 가문에 태어난 것을 자랑스럽게 여기도록 할 거예요.」
- 아버지: 「얘야, 참으로 너의 이야기를 듣고 있노라니 저승에 있는 우리의 마음이 한없이 든든하구나. 내 비록 네 곁을 오래전에 떠나오면서 너에게 아무것도 남겨 준 것이 없어 항상 미안한 생각을 가지고 있단다. 여기 계

신 할머니께 이야기 들으니, 너희 가족들이 인생의 정도를 걸어 오늘에 다다랐다니 어찌 대견한 일이 아니냐? 만고에 너희 부부가 대견스럽구나! 대견스러워! 내 비록 네 앞에 형체를 나타낼 수 없을지라도 네가 난국에 처할 때 한줄기 빛이 되어 네 가슴을 항상 비추리라. 얘야, 그리고 내가 너에게 인생행로에 지침이 될 몇 가지를 제시할 테니 잘 새겨들어야 한다.

첫째, 어떠한 난관이 닥쳐오더라도 결코 좌절하지 말고 인내심을 갖도록 해라. 이승의 생활은 바로 갈등과 모순의 연속이다. 단지 너의 인생은 다른 사람보다 고난이 먼저 왔다는 것이 조금 다를 뿐이다. 너는 그 불 속 같은 고난도 무쇠 같은 정신력으로 참으로 잘 견디어 내었어. 장한 일이야! 고진감래(苦盡甘來)의 깊은 의미를 잘 새겨서 네 인생의 후반기도 열심히 살아다오.

둘째, 가문의 중요한 대사(大事)는 반드시 네 처와 의논하여 결정하여라. 여기 계신 할머니께 네 행동에 대하여 많은 이야기를 듣고 내가 얼마나 분노한 줄 아느냐! 이제 너는 혼자의 몸이 아니다. 이 가문의 총 책임자로서 막중한 책무가 너의 양 어깨에 있지 않느냐?

'돌다리도 두드려 보고 건너라'는 옛 사람들의 말을 깊이 새겨야 될 것이야. 네 처도 훌륭한 사고력과 처세능력을 가지고 있다고 들었다. 어떤 방면에서는 너보다 더 나은 부분도 얼마든지 있을 수 있어. 이렇게 부부간에 합의하여 결정된 가문의 일은 실수가 드물어. 설혹 결과가 잘못되었다고 하더라도 그 해결책을 쉽게 구할 수 있을 뿐 아니라, 그 아픔도 두 사람이 나누니 깊지 않다. 이 점을 꼭 명심하거라!

셋째, 항상 올바른 정신력과 사고를 가지고 일상생활에 임하거라. 지금 시대는 우리가 살았던 50년대 전후와는 너무나 의식구조가 다르잖느냐. 건강한 정신은 바로 불의를 배격하고 정의의 길을 걸어야 된다는 뜻이야. 그것은 하루아침에 이루어지는 것이 아니야. 부단한 자기성찰과 배움을 통해 정신적인 건강을 찾고 규칙적인 생활 리듬을 통해 건강한 신체적 균형을 유지해야 될 것이야. 이 곳 저승에서 하루에도 수많은 생명들이 질병으로, 사고로 자신의 수명을 온전하게 마치지 못한 채 들어온단다. 자신의 생명은 각자가 지켜야만 천수가 주어지는 게지. 특히 음주와 자동차 사고는 조심해야 되고말고. 그래야 된다. 얘야, 알겠지?」

• 대지: 「아버지, 오늘 너무 좋으신 말씀을 하셨어요. 그리고 조상님들도 너무 반가웠어요. 아무 걱정 마시고 그냥 지켜봐 주세요. 비록 지금은 경제적으로 제가 약간 어려운 지경에 있으나, 이 생명 다할 때까지 조상님들을 추모하고 정의와 가문을 위하여 저는 신명을 다 바쳐 전심전력할 것입니다. 그 옛날 한국보훈병원 진료부원장님이셨던 이은호(李銀鎬) 박사님을 제가 수년간 모신 일이 있어요. 학식과 인생 경험이 풍부하신 분이셨는데, 저에게 각별한 지도를 해주셨어요. 그분께서 어느 날 저에게 부처님 말씀에 관한 책을 한 권 주셨어요. 책 내용이 너무 훌륭해서 저는 여러 번 탐독했어요. 그 내용 가운데 여섯 바라밀 불경의 한 구절이 생각납니다. "세상에서 가장 불행한 사람은 고독한 사람이고, 또 가장 불쌍한 사람은 드높은

인생의 목표를 가지지 못한 사람이다." 저에게 깊은 감명을 준 내용이지요. 저는 남다른 고난을 겪으며 인생을 살아왔다고 생각하고 있습니다. 그 불경 내용같이 저는 희망을 가지고 앞으로 드높은 이상을 향해 더욱 정진할 것입니다. 저는 고독한 사람도, 그리고 불쌍한 사람도 더 이상 되고 싶지 않기 때문이지요.」

- 아버지:「암, 그래야지. 그래야 하고말고. 오늘 네 이야기를 들으니 정말 흡족하구나.」

- 대지:「그런데 아버지 꼭 한 가지 여쭤 볼 게 있어요. 아버지께서 빨치산 부대원과 교전하실 때 적당히 싸우시고 후퇴하셨더라면 얼마나 좋았겠어요? 그리고 지서에 오셔서 인력과 장비 부족으로 부득이 작전상 후퇴했다고 현지 상황을 상부에 보고하면 되지 않았겠어요? 저에게는 그것이 천추의 한으로 남아 있습니다. 우리나라와 세계 전사(戰史)에 작전상 후퇴가 얼마나 많이 기록되어 있는지 아십니까? 아버지! '작전상 후퇴.' 얼마나 멋진 작전입니까? 수많은 전쟁터에서 장군들과 지휘관들이 그때그때 사용했던 역전의 전투기법이지요. 아버지! 제 말이 들리지 않습니까? 왜! 왜! 그들과 결사항전(決死抗戰)하셨어요? 그때 아버지가 아니었어도 전황(戰況)은 크게 바뀌지 않았어요. 아버지! 아버지! 왜 그렇게 가족을 두고 가셨어요? 원망스럽습니다! 원망스럽습니다! 그 후 할머니, 그리고 어머니께서도 그 충격으로 온갖 고초를 겪으시다 돌아가셨어요. 그리고 우리가문은… 우리 가문은…」

• 아버지:「대지야 네가 좀 흥분한 것 같구나. 나에 대한 너의 그 원망도 내가 달게 받으마. 암, 일리가 있는 이야기야. 그러나 얘야, 이제 내가 하는 이야기를 잘 듣고 나서 판단해다오. 원, 자식두. 웬 성질이 그렇게 급하기는… 그때의 대한민국 경찰은 바로 나라를 세우는 중차대한 건국의 경찰이었어. 지금같이 15만 경찰관이 최첨단 수사 장비를 가지고 범죄와의 전쟁을 치루는 시절이 아니었단다. 한마디로 나라의 흥망이 우리들 손에 달려 있었다고 해도 과언이 아니었지. 그때 경찰인력은 상대에 비해 열세였고 모든 기구와 장비도 너무나 열악하고 어려웠던 시절이었어. 그리고 만약 네 말대로 우리가 그때 작전상 후퇴했다고 하자. 아마도 그들은 절호의 기회로 알고 계속 전진했을 거야. 자연히 죄 없는 많은 양민들이 그들의 손에 살상되는 것은 물론이고, 파출소나 각종 공공건물이 그들의 손에 들어갔겠지. 그렇게 되면 사태는 걷잡을 수 없는 지경에까지 치닫게 되었음은 말할 것도 없지. 다행히 그때 우리의 교전 소식을 듣고 인근 군경 합동토벌대가 그 주변을 장악하여 그들이 소탕했단다. 얘야! 이제 이 애비의 말을 알아듣겠니? 바로 나는 대한민국 건국의 경찰로서 책무를 충실히 수행했고, 그 사실을 이 아버지는 아들인 너에게 자랑스럽게 말할 수 있구나.」

• 대지:「아버지 그동안 아버지에 대한 서운한 생각이 이제 말끔히 씻어졌습니다. 그리고 정말 아버지에 대한 저의 편견을 깊이 뉘우칩니다. 아버지! 아버지의 그 자랑스러운 마음은 우리 가족은 물론 저를 아는 주위 분들에게도 자랑스럽게 이야기하겠습니다. 방금 아버지께 당돌하게 말씀드린 저

를 너그럽게 이해해 주세요.

아버지! 아버지!」

그때 갑자기 옆구리가 따끔거렸다. 손을 넣으니 제법 머리가 큰 개미 한 마리가 오징어 냄새를 맡고 와서 나의 속살을 물고 있었다. 벌떡 자리에서 일어나 보니 꿈이었고 하늘은 여전히 청명했다. 할아버지, 할머니, 그리고 부모님과 나는 꿈 속의 대화가 여전히 나의 머릿속에 맴돌고 있었다. 국립현충원 정문을 나서니 한강의 시원한 바람과 국군군악대의 화음이 나를 감쌌다.

극장 회상(回想)

내가 어릴 때 가장 호기심을 끈 장소는 바로 울산극장이었다.

그 당시 내 고향에는 그 극장 한 곳밖에 없었다. 그나마 그 극장은 지은 지 꽤 오래되어 한창 영화를 관람하고 있는 중에도바닥에서 삐거덕거리는 소리가 들릴 정도로 낡은 이층 목조 건물이었다. 그리고 초기에 상영된 영화는 대부분 흑백이라서 선명도나 화면크기 등 여러 가지 면에서 요즘 영화보다는 너무나 낙후되어 있었다. 하지만, 그 극장은 시내 중심가에 있었고 더욱이 당시에는 읍민들의 위락이 열악한 상태였기 때문에 극장은 늘 초만원을 이룰 정도로 대성황이었다.

이 극장에서는 영화 상영뿐만 아니라 간혹 연극도 공연했다. 그럴 경우 극장은 구경 오는 사람으로 인산인해를 이루었다. 그 만큼 그 극장은 읍민들의 사랑을 듬뿍 받았다. 그때 극장 출입구에서 입장권을 받고 있던 키가 크고 이마에 주름살이 움푹 팬 소위 기도 아저씨와 새 영화 포스터를 시내 이곳저곳에 붙이러 다니는 젊은 청년들이 나에게는 한없이 운 좋은 사람으로 보였다.

왜냐하면 아무리 극장에 인파가 몰려와도 그들만은 영화를 쉽게 볼 수 있었다. 그리고 영화가 교체될 때마다 공짜로 새 영화를 볼 수 있었다.

당시에는 저녁 무렵부터 극장 밖으로 유행가를 계속 내보내고 있었는데 영화 상영은 그 유행가가 중단됨으로써 시작되었다. 외부로 울려 퍼지는 그 큰 스피커 음향이 민원의 대상이 안 된 이유는 바로 그 유행가가 일반 가정에서는 쉽게 들을 수 없는 신곡들이었기 때문이다. 영화 상영은 저녁식사를 마칠 시간인 대략 저녁 8시쯤 시작하였고, 밤 열시 조금 넘어 종료되었다. 그 당시 인기영화 제목이 생각난다.

『목숨을 걸고, 단종애사, 이차돈의 사, 지옥문, 돈, 마부, 오부자, 나는 살아야 한다, 호동왕자와 낙랑공주, 돌아오지 않는 해병, 홀쭉이와 뚱뚱이 논산훈련소에 가다, 장화홍련, 화랑관창, 심청전, 인조반정, 원술랑, 모녀기타, 황토길, 서울로 가는 길…』

그리고 영화에 자주 나오던 스타들도 생각난다.

『김진규, 최무룡, 허장강, 이민자, 문정숙, 김승호, 신영균, 김혜정, 이빈화, 양훈(뚱뚱이), 양석천(홀쭉이), 구봉서(막동이), 김희갑(합죽이), 황해, 엄앵란, 신성일, 이예춘, 김지미, 곽규석(후라이보이), 장동휘, 도금봉, 조미령,

조석근…』

오십 년대 후반에서 육십 년대 초반 한 시대를 풍미했던 이 분들 가운데 많은 분들이 이미 고인이 되었거나 나이가 들어 스크린에서는 더 이상 그 모습을 볼 수 없게 되어 인생의 무상함을 느낀다. 나는 인기영화 포스터가 거리 담벼락에 붙으면 그날 초저녁에는 잠을 자지 않고 할머니 머리맡에서 계속 웅크리고 앉아 무언의 시위를 하기 마련이었다. 할머니께서는 처음에는 이런 나를 모른 척하시면서 머리 끝까지 이불을 뒤집어쓰고 누워 계신다.

할머니께서는 자지 않고 계속 조르는 나를 안쓰럽게 생각하셔서 쌈지에서 결국 5원을 내주신다. 그러면 방금 유행가 소리가 멈춘 사실을 안 나는 눈에 불을 켜고 쏜살같이 극장 앞으로 달려가 표를 끊어 입장했다. 다행히, 대한뉴스를 상영한다든지 예고편을 상영하고 있으면 안심이 되지만, 본 영화를 상영하고 있으면 보지 못한 앞 장면 때문에 아쉬움이 얼마나 컸던지…

그런데 영화를 보면서 나는 두 가지 허탈감을 느끼는 습성이 있었다. 하나는 영화 상영 초기에는 그토록 재미있던 내용들이 거의 끝나가고, 결국 '끝'이라는 큰 활자와 함께 극장 천장에 백열등이 환하게 켜질 때이다. 추운 겨울 그 자리에서 일어나 귀가할 때의 그 공허함이야 말로 참으로 컸다.

또 한 가지는, 대부분의 영화가 주인공들이 승리를 한다든지 상대방을 무찌르고 정복하는 것으로 끝나는데, 간혹 어떤 영화에서는 마지막 장면에서 주인공이 적의 총이나 칼 등에 맞아 죽곤 하였다. 그런 장면이 나오면 나는 그 주인공의 최후 모습 때문에 한동안 우울한 생각에 휩싸이기도 하였다. 나는 그때 모든 영화 속의 주인공은 반드시 승리자로 막을 내려야 속이 후련했다. 얼마 후 그 극장에서는 주간에도 영화를 상영하게 되었다.

자주 할머니께 용돈을 달라고 할 수 없었던 나는 목제 문틈 사이로 조그만 두 손을 이리저리 모으면서 어렴풋하게 보이는 장면을 한 순간이라도 더 보려고 얼마나 발버둥을 쳤던가.

간혹 영화가 채 끝나기도 전에 뒷문을 열기 때문에 그 뒷문 틈 사이로 쏟아져 나오는 인파 속을 마치 물고기가 하천을 타고 거슬러 올라가듯이 재빨리 그 속으로 들어가 마지막 장면을 겨우 즐긴 일도 있었다.

나는 그렇게 힘들게 영화를 봐야 했는데 내 또래 친구들은 너무 달랐다. 아비지, 어머니 손에 이끌려 정문으로 당당하게 들어가는 모습을 물끄러미 바라보는 나의 심정은 실로 형언하기 힘들었다. 내가 그런 식으로 영화에 너무 집착한 나머지 겪게 된 씻을 수 없는 사건이 두 가지 있다.

어느 초겨울, 서부활극 영화가 상영된 일이 있었다.

인디언 토착민과 백인 개척민이 벌이는 미국건국 초기 내용의 작품으로 광활한 대륙이 퍽 인상적이었다. 그들 사이의 갈등을 묘사한 내용으로 스릴 넘치는 포스터를 보고서 나는 벌써부터 동네 친구들과 함께 이 영화를 꼭 보리라고 단단히 벼르고 있었다.

거리에서는 제법 찬바람이 신작로로 휘몰아치고 있었다. 그런데 그날따라 할머니께서는 장사 수입이 신통치 않으셨는지 유행가 앰프 소리가 끝날 때까지도 용돈을 주시지 않고 기어이 진짜로 주무시는 것이 아닌가.

나는 실로 난감하기만 했다. 그래서 마당에서 기다리고 있던 골목 친구 몇 명과 함께 비상대책을 세우기로 했다. 그 극장 옆에는 엉성한 철조망과 탱자나무가 서로 엉켜 경계를 이루고 있었고 그 안은 공터였다. 그 사이로 들어가면 개구멍만한 구멍이 극장 안으로 통한다는 사실을 우리는 평소 잘 알고 있었다.

우리는 체구가 작았기 때문에 한 명씩 순서대로 가슴을 졸이면서 극장 안으로 들어갔다. 친구들이 차례로 철통같이 망을 본 것은 두말할 필요조차 없었다.

그리하여 우리는 그날 공짜로 그 서부활극 영화를 실컷 감상할 수 있었다. 하지만, 한동안은 참 불안했다. 알 수 없는 불안감이 어린 우리를 짓누르고 있었다.

또 한 가지 사건은 초등학교 이학년 여름에 일어났다. 영화 제목은 '이차돈의 사死' 라고 분명히 기억한다. 신라 법흥왕 15년에 불교를 전파하려고 승려 이차돈이 최후의 형장에서 흰 피를 내뿜어 마침내 순교함으로써 법흥왕을 감화시켜 불교를 신라에 전파시킨다는 줄거리였다.

마침 그날 나는 학업을 마치고 혹시나 싶어 극장 쪽으로 갔다. 그런데 그날따라 늘 입구를 지키던 그 기도 아저씨도 보이지 않았고 극장 밖에도, 그리고 출입구 안쪽에도 사람들이 보이지 않았다. 시간상으로는 영화 상영이 중반을 훨씬 넘었었다.

나는 순간적인 충동을 억제하지 못하고 주위를 살핀 뒤 그만 입구 안쪽으로 쏜살같이 몸을 숨겼다. 그리고 어두운 이층 계단을 지나 모퉁이 한 구석에서 두근거리는 가슴을 진정시켰다.

그런데 잠시 후 나의 몸을 억센 남자의 두 손이 갑자기 감싸는 것이 아닌가. 나는 그만 혼비백산하여 그가 이끄는 대로 입구 쪽으로 이끌려갔다. 밝은 곳에서 그를 쳐다보니 바로 극장 사장의 아들이었다. 나는 전에 약간 안면도 있는 터라 그에게 무조건 잘못했다고 사과했다. 그런데도 그는 나의 사과를 무시하고 한참 쳐다보더니 나의 온 몸을 주먹으로 마구 구타하면서 온갖 욕설을 퍼부어댔다. 그리고 어린 나를 마구 다그쳤다. 나는 계속 잘못을 빌고 용서를 구했으나 그는 막무가내였다. 그때 그는 이십대 후반의 건장한 체구였다. 가슴, 등허리, 팔, 다리…. 그때는 너무나 그가 원망스러웠다. 그러나 지금은 잘못된 나의 행동에 대한 엄중한 질책이라고 생각하면서 그를 어느 정도 이해할 수 있게 되었다.

오십 년이 지난 지금도 나는 극장에 관한 이 두 가지 사건을 생생히 다 기억하고 있다. 이제 내 고향에는 그 극장도 불경기로 다른 용도로 사용하고 있고, 그 개구멍도 없어졌다. 그때 그 기도 아저씨도 보이지 않는다. 하지만, 극장에 대한 이런저런 회상은 나에게 잊을 수 없는 추억으로 짙게 남아 있다. 내 고향은 이제 열 개가 넘는 극장들이 연일 인파를 모으고 있다.

아저씨, 나는 후레자식이 아닙니다

"야! 이 후레자식 놈이 감히 우리 애를 때려?" 초등학교 2학년이던 그해 여름, 뒷집에 살던 김씨 아저씨가 충격적인 말을 내뱉었다. 이 말과 함께 억센 그분의 팔이 내 등을 몇 차례 내리치더니 뺨까지 때렸다. 어린 나는 속수무책으로 눈물만 흘릴 수밖에 없었다. 되돌아보니 벌써 52년 전의 까마득한 일이다. 사정은 이랬다. 그분의 둘째 아들은 나보다 세 살 아래였다.

그날 나는 뒷방문 쪽으로 누워 있었고 그 애는 우리 집 뒷골목을 끼고 자기 집으로 가는 중에 엉성한 나무울타리 틈새로 나를 보고 놀려댔다. 동생뻘 되는 녀석이 놀리는데 어찌 가만히 있을 수 있겠는가. 화가 나서 그 녀석을 붙잡으러 뒤쫓아 가는 길에 당시 우체국에 근무하던 그 애 아버지와 맞닥뜨렸다. 그분은 아마 평소 나에 대한 이미지가 안 좋았던지 사건 전말도 따져 보지 않은 채, 막무가내로 나를 그렇게 다그쳤던 것이다.

왜 그분이 그런 막말을 나에게 했을까. 어린 나이에도 내가 아버지와 어머니가 없기 때문에 아무렇게나 대한다는 생각이 들었다. 내 아버지가 계셨더라면 과연 그분이 나를 그렇게 대했을까. 내 아버지는 경주경찰서 안강지서장으로 근무하던 1949년 3월 경주시 안강면 두류리 전투에서 전사했다. 6 · 25 전쟁 발발 한해 전인 그해엔 빨치산들의 활동이 극심했다고 한다. 아버지는 애국청년단 2명과 관내를 순찰하다 산속 초가집에 들러서 잠시 휴식을 취하고 있었는데 인근 산속의 빨치산과 내통하고 있던 그 집 주인의 밀고로 들이닥친 20여명의 빨치산 부대원과 총격전을 벌이다 순직했다. 지금은 국립서울현충원 경찰묘역에 위패를 모셨지만, 당시에는 경황이 없어 노천에서 화장한 탓에 유해조차 제대로 수습하지 못했다고 한다. 그리고 8개월 뒤에 내가 태어났다. 나는 삼대독자이자 유복자이고 전몰군경 유자녀이다.

그 후 어머니도 내가 세 살 때 돌아가셔서, 나는 할머니 슬하에서 자랐다. 할머니는 틈날 때마다 아버지 얘기를 해주셨다. 아버지가 목숨을 걸고 싸웠던 전투 덕분에 인근에 주둔해 있던 군경이 합동으로 빨치산들을 모두 토벌할 수 있었고, 경주시 안강면민들이 무사할 수 있었다는 것이다. 할머니는 울산 중앙시장에서 멸치 행상을 하며 손자를 키웠다. 아버지와 어머니를 잃고 할머니 손에 크면서 내가 겪은 수모가 한두 번이었겠는가. 아버지는 나라를 위해 생명을 바친 고귀한 분이라고 아무리 되뇌어봤자, 돌아오는 건 결국 '아비 없는 자식'이라는 차가운 냉대뿐이었다.

이제 내 나이도 환갑을 넘겼다. 40년 가까운 직장생활을 마감하고 지금은 대한민국전몰군경유족회에서 근무하고 있다. 얼굴 한 번 보지 못한 아버지이지만, 나이가 들수록 점점 더 그리웠다. 1994년 강원도 고성 통일전망대에서 백령도에 이르는 휴전선 155마일을 20일에 걸쳐 도보로 걸은 것도 아버지를 향한 그리움 때문이었다. 휴전선 도보여행엔 동갑내기 아내가 함께 했다. 아내의 손위 처남도 6 · 25 전쟁에 참전했다가 부상을 당하여 오른쪽 팔을 평생 사용하지 못하다가 10년 전 세상을 떴다. 보훈가족인 아내와 나는 그 후로 17년째 매년 휴전선과 38선을 따라 자동차와 자전거로 달리면서 전쟁의 참혹함과 평화의 소중함을 알리고 있다. 작년 6월엔 마라톤으로 38선 인근을 완주하기도 했다. 6 · 25 전쟁 발발 50주년이던 지난 2000년엔 미국으로 건너가서 뉴욕부터 워싱턴, 샌프란시스코, LA 까지 13개 주, 총연장 4000㎞의 북미대륙 38선을 자동차로 달렸다. 10일간 달리면서 전 세계에 한반도의 평화를 알리는 행사를 가졌다.

내가 걸어온 삶을 기록한 이 글은 첫째, 아버지에 대한 진한 그리움을 남기고 싶어서이다. 그리고 또 하나는 전쟁의 참화와 가족의 소중함을 전후(戰後)세대에게 전달해 주기 위해서이다.

유월이 다가오면 나는 더욱 가슴앓이를 한다. 아버지가 목숨 바쳐 지킨 대한민국은 세계 10위권 경제대국으로 성장했지만, 그 후손들도 그에 걸맞은 대접을 받고 있는 것일까.

정부는 최소한 호국보훈의 달을 맞을 때만이라도 진일보한 정책을 반드시 내놓아야 할 것이다. 그리하여 내가 50여 년 전에 당한 서러운 일들이 다시는 안 생기도록 해야 할 것이다. 다문화 시대가 눈에 띄게 심화되어 국회 의석까지 할당하는 지경인데, 보훈가족 유자녀들에게 사회적인 편견이 없는 제대로 된 통큰 프로그램 하나를 왜 아직 선보이지 못하는 것인지 — 그저 안타깝고 답답할 따름이다. 하루 빨리 만족스러운 대책을 국민 앞에 당당히 내놓는 일이 바로 전국의 현충원에 누워 계시는 호국영령(護國英靈)들에 대한 국가의 마땅한 도리일 것이다.

"아저씨, 저는 후레자식이 아닙니다. 당신과 당신 가족, 그리고 대한민국 국민을 위해 산화하신 호국영령의 자식입니다."

52년 전 그때 외쳐보지 못한 항변을, 지금 다시 외쳐본다.

(※ 2011년 6월 1일 조선일보 에세이 특종)

할머니의 새벽 훈육(訓育) 100가지

새벽은 여명이요, 희망의 빛이다. 이 시간은 만물이 하루를 준비하는 엄숙한 순간이기 때문이다. 다시 말해, 사람에게는 하루를 생각하는 시간이요, 다른 동물과 식물들도 그날을 위해 서서히 행동을 개시하는 시간이다. 참으로 이 시간은 하루 가운데 가장 중요하다.

이 무렵은 동녘이 아직 밝지 않아 깨끗하고, 정숙하며, 그리고 고요가 흐른다. 그래서 옛 성현들은 이 시간을 그렇게 칭송했나보다.

중국 춘추시대의 대유학자인 공자는, "일생의 계획은 어릴 때에 있고, 일년의 계획은 봄에 있고, 하루의 계획은 새벽에 있다. 어려서 배우지 않으면 늙어서 아는 것이 없을 것이요, 봄에 밭을 갈지 않으면 가을에 거둘 것이 없을 것이요, 새벽에 일찍 일어나지 않으면 그 날을 판단할 수 없을 것이다."

라고 하였다.

그리고 중국 명나라 말기 홍응명(洪應明)은 노장사상과 불교사상을 섞어서 설명한 수양서인 『채근담』에서, “사람은 잠자리에 들기 전과 깨어난 뒤에 머리가 가장 맑다. 이때 자기를 반성한다면 많은 이로움이 있을 것이다”라고 하였다.

그래서 옛날부터 많은 사람들이 이 시간을 이용해서 기도와 예불을 하고, 자기 성찰을 하며, 열정을 불태웠는지도 모른다. 그런데 나의 어린 시절 새벽은 다른 친구들과 많이 달랐다. 바로 할머니가 손자에게 훈육(訓育)하시는 숙연한 시간이었기 때문이다.

그 말씀은 평소 나의 느슨한 생활태도에 관한 것이 대부분이었다. 그리고 그 주요내용들은 할머니의 생활 주변에서 담아온 세상만사 모든 이야기가 포함되어 있었다. 그것은 넓고, 그리고 심오했다. 무엇보다도 그 시간은 아무런 격식이 필요 없었다.

봄, 여름, 가을에는 홑이불 속에서, 그리고 겨울에는 두툼한 솜이불 속에서 나는 그대로 눈을 감은 채 할머니의 말씀을 들어야만 했다. 아무리 내가 정신적 육체적으로 발버둥을 쳐봐도 나는 할머니의 그 말씀을 피할 수 없었다. 할머니는 나의 경청준비 여부에 관계없이 특별한 날을 제외하고는 비가 오나 눈이 오나 매일 나에게 새로운 소재를 가지고 말씀하셨다. 할머니가 말씀을 하시는 동안 나의 온 정신은 그 내용에 자연히 몰입할 수밖에 없었다. 그리고 그 내용은 나로 하여금 때로는 진한 감동을 느끼게도 했다. 때로는 사랑과 분노 같은 상반된 감정을 드러내게도 했다.

오십여 년 전, 그 세월의 강을 뛰어넘어 산전수전을 모두 겪으신 할머니가 손자에게 하신 그 수많은 잔소리(?)를 이름하여 나는 감히 「할머니의 새벽 훈육(訓育)」이라고 명명하고자 한다.

솔직히 말하자면, 그 당시 할머니가 나에게 하신 그 말씀들은 간혹 잔소리 같이 들리기도 하고, 한없이 귀찮게 여겨지기도 했다.

그러나, 그 말씀 한마디 한마디가 나로 하여금 불의를 배격하고 정의의 편에 서게 해준 채찍질이었다. 오늘의 나를 가능하게 하고, 오늘의 우리 가족을 있게 해준 한없이 소중한 가르침이었다고 생각하면 나도 모르게 가슴이 아려오고 눈시울이 붉어진다. 때로는 뜨거운 회한의 감정이 북받쳐 오르기도 한다.

악성(樂聖)이라 일컬어지는 독일의 작곡가인 베토벤(Ludwig Van Beethoven)은, "훌륭한 부모 슬하에 있으면 사랑에 넘치는 체험을 얻을 수 있다. 그것은 먼 훗날 노년이 되더라도 없어지지 않는다."고 했다. 그러나 불행하게도 나는 부모의 사랑을 전혀 경험하지 못하고 성장했다. 그런 나에게 「할매훈육(訓育)」은 참으로 특별한 것이었다. 부모로부터 받아 보지 못한 교육에 대한 보충교육인 셈이었다. 「할매훈육」은 그처럼 내게는 소중한 징검다리였다. 나는 그 다리를 통해 비로소 새로운 지평선으로 나갈 수 있었다.

세월은 흘러 이제는 그때와 너무 다르다. 할머니는 가시고 이제 그 목소리만 내 귓전에 맴돌고 있다. 일찍 느껴 보지 못했던 할머니의 말씀 가운데 기억나는 내용 백 가지를 어렵게 집대성했다. 그 과정에서 나는 다시 한 번 할머니의 인생철학이 서린 그 남다른 생활의지를 읽을 수 있었다. 나는 할머니의 말씀을 기억해 내고 기록하는 작업에 각고의 노력을 기울였다. 옛날처럼 새벽에 일어나 정신을 가다듬고 할머니의 영혼과 무언의 대화를 나누며 나는 때늦은 참회의 눈물을 백지 위에 수없이 흘려야만 했다.

왜 내가 이런 눈물을 흘려야만 하는가. 그것은 할머니의 소중한 그 말씀을 올바로 새겨듣지 못한데 따른 죄책감이 너무나 컸기 때문일 것이다. 참회의 아픔이 이다지도 깊고 아플 줄이야. 나는 할머니의 말씀을 단순히 기억하고 옮겨 적은 것이 아니다. 할머니의 영혼과 대화하며 후회로 점철된 나의 철부지 시절을 뒤늦게나마 조금이라도 고쳐본다는 심정으로 임했다. 할머니에 대한 그리움과 나의 지난 날들에 대한 후회스러움이 묘하게 합쳐지면서, 나로 하여금 긴 세월을 거슬러 올라가 하나하나 제대로 기억해낼 수 있게 해주었다.

이 글을 쓰면서 독자 여러분께 한 가지 양해를 구할 것이 있다.

할머니의 말씀을 발음 그대로 옮기다 보니 한글 맞춤법에 어긋난 곳이 많이 있다. 심한 된소리, 방언, 그리고 일부 부적절한 표현이 바로 그것이다. 이러한 점이 독자 여러분의 평소 정서와 부딪쳐 어색하고 미흡하게 여겨지지 않을까, 걱정이 앞선다. 부족한 저를 아껴 주시는 뜻에서 너그럽게 이해해 주시기만을 기대할 따름이다.

"우리 가문이 다른 가문과 달라

손자 네 인생이 너무나 힘들 것이다.

내 이를 안타깝게 생각하여

여기 '할머니 훈육 백가지'를 남기니

자자손손 생활지침서로 활용하여

가문을 크게 진작시켜다오."

할머니 훈육 첫째 장

머할라꼬 자꾸 반티추노? 오늘 반티에 아무것도 없다카이 그라네. 내가 맨날 머 사오까. 가실 파는 사람이 오늘은 일찍 시마이 했뿟뜨라.

왜 함지박 모퉁이를 또 뒤지느냐. 오늘은 네가 평소 즐겨 찾는 참외 등 과일이나 과자를 사오지 못했단다. 어떻게 너는 매일 먹을 것만 찾느냐? 하여튼, 오늘은 간식 파는 가게가 다른 날보다 일찍 마쳤더라.

저녁 무렵에는 할머니가 시장터에서 장사를 마치고 함지박을 머리에 이고 집으로 돌아오신다.할머니가 돌아오실 시간이 다가오면 나는 친구와 놀면서도 눈길은 계속 할머니가 오실 골목 어귀를 주시하고 있었다. 그때 할머니가 골목 안으로 들어오시는 모습이 보이면 나는 친구들과 하던 놀이를 중단한다. 그리고 할머니에게로 달음질쳐서 할머니의 치마폭을 끌어안는다. 왜냐하면 할머니의 함지박, 그 속에는 계절 따라 참외, 수박, 고구마, 산딸기, 토마토 등 과일은 물론 과자 등 내가 좋아하는 먹을거리들이 반드시 들어 있기 때문이었다. 할머니가 마루에 그 함지박을 놓자마자 나는 함지박 모서리로 손을 집어넣는다. 그러면 나의 손길을 즐겁게 해주던 여러 가지 간식들이 그곳에서 나를 반긴다. 그리고 나는 그것을 할머니께서 바라보시는 마루에 앉아 맛있게 먹는다.

할머니는 내 모습을 바라보시면서 얼마나 흡족해 하셨을까? 할머니는 매일 아침 나에게 약간의 용돈을 주셨는데, 나는 그것을 대부분 빨리 탕진해 버렸기 때문에 지녁 무렵 할머니의 함지박 간식은 어린 나에게 절대적인 위안, 바로 그것이었다. 간혹 할머니가 간식을 못 사 오실 때 나는 크게 실망한다. 이런 내 모습을 보시고 할머니는 나를 위로하셨고, 다음날에는 꼭 간식을 넉넉히 함지박에 넣어 오신다.

〈아버지! 할머니의 함지박 모퉁이는 그때 나의 큰 즐거움이었어요. 세상에서 제일 맛난 것들이 가득했어요. 어린 저는 그 함지박 속을 겨냥하여 온종일 기다렸지만. 할머니는 저의 기뻐하는 모습만 그리며 온종일 꿈을 꾸시듯이 기다리셨겠지요. 고마운 할머니. 그리고 고마운 함지박. 아아, 지금은 다 어디로 갔을까요, 아버지!〉

할머니 훈육 둘째 장

학교갓따 왔시머 퍼떡 밴또부터 정지에 내노치,

저노무 손은 무슨 일을 한번 시키먼 안듣는다카이.

무슨 소새끼 혼신이 들린나 까마귀 개기를 쳐묵었나.

수업을 마치고 집에 오면 맨 먼저 도시락부터 부엌에 내어놓아야지. 그래야 내가 설거지를 쉽게 해서 내일 등교 준비하는 데 지장이 없겠건만, 마냥 가방에 도시락을 넣어 두면 어떻게 하려고 하느냐. 내가 이런 이야기를 여러 번 했는데도 너는 내 말을 잘 듣지 않으니 답답한 노릇이다.

나는 초등학교 때에는 도시락을 가지고 다니지 않았다. 점심때 집에 와서 먹거나 중앙시장을 찾아가서 할머니가 사주신 음식을 먹었다. 그러나 중학교에 입학하니 자연히 학교도 멀고 오후까지 수업이 계속 있었기 때문에 도시락이 필요했다.

내가 중학교에 입학하자마자 할머니는 시장에서 노란 알루미늄 도시락을 사오셨다. 그때 도시락은 요즘같이 보온이 되지 않았고, 형태도 밥과 반찬만 넣는 지극히 단순한 형태였기 때문에 점심을 먹을 때는 꼭 찬밥을 먹게 마련이었다.

할머니가 즐겨 싸주시던 반찬은 콩잎, 장아찌, 멸치볶음, 그리고 김치…

김치를 가지고 가는 날은 가방 바닥에 김치 국물이 흥건히 묻어 있을 때가 자주 있었고, 그 냄새가 며칠 동안 가방 안에서 풍겨 나오기도 했다.

겨울철에는 갈탄 난로가 설치되어 교실 안에 온기가 있었다. 점심시간이 되기 전에 많은 친구들이 교대로 도시락을 난로 위에 얹었다가 조금 따뜻해지면 점심을 먹었는데 재미가 있었고 먹기도 쉬웠다. 하교 후 집에 와서 나는 친구들과 놀러 다니느라 깜박 잊어버리고 도시락을 부엌에 내어놓지 않은 일이 자주 있었다. 그러면 늦게 오시는 할머니는 나의 이러한 행동을 여러 번 목격하시고 시정을 지시하셨는데, 나는 그때마다 이 일을 사소하게 생각했는지 곧 잘 잊어버리고 할머니의 애간장을 태웠다.

〈아버지! 그 누군가 제 곁에 꼭 계셨어야 했습니다. 할머니 홀로 애간장을 태우실 때만이라도 누군가가 제 곁을 꼭 지켜주셨어야 했습니다.〉

할머니 훈육 셋째 장

우리 아는요, 지가 알아서 공부하지요, 누가 시키가 하능기 아임더. 이번에 학교 전체 아들 중에서 진보상을 탔따아잉교. 그런데

내가 모리고 도배한다꼬 그 상장 우에다가 발랏뿐는데 참 아까바죽겠네. 아이고 내가 몬산다카이

손자는 공부를 솔선해서 하지요. 공부하라고 간섭하지 않아도 자발적으로 잘하고 있답니다. 그리하여 6학년으로 진급할 때 전교생 가운데 두 명만이

수상하는 진보상을 탔어요. 그런데 그 소중한 표창장을 벽에 붙여 놓았는데, 도배지를 그 위에 발라 버렸으니. 어휴, 늙은 내가 잘못한 일이지요. 그 상장이 참으로 중요한 건데.

나는 공부를 혼자 했다. 초등학교 때 성적은 대충 이러했다. 4학년까지는 60명 가운데 40등정도. 그런데 5학년이 되어반 10등 안으로 진입하는 등 성적이 크게 향상되었다. 아마 그 당시 공부를 잘하는 친구들과 예습, 복습을 철저히 했기 때문이 아닌가 생각한다. 그리하여 나는 당시 담임선생님의 추천으로 교무회의에서 결정하여 전교생 1,500명 가운데 두 명만 수상하는 진보상(進步賞)의 영예를 안게 되었던 것이다. 전 교직원과 친구들이 참석한 조회 시간에, "5학년 1반 유대길!" 하는 선생님의 호명 소리를 듣고 난생 처음으로 수많은 시선을 온 몸에 받으며 교단 앞으로 뛰어나갔다. 그리고 떨리는 가슴을 억제하고 교장선생님으로부터 상장과 부상을 받았다. 이 세상에 태어나 처음 받아 본 큰 상장이었다. 따라서 나는 이 상장에 대한 애착이 남달랐으며 그때의 잊을 수 없는 수상의 기쁨을 항상 간직하고 있었다. 그날은 학기가 시작되기 전인 초봄이라고 기억한다. 해맑은 하늘, 교정의 그 초록빛 수목들이 그날 나의 눈에 너무나 예쁘게 보였다. 부모님이 살아계셨다면, 살아계셨다면 — 나는 그날 크게 환영 받았을 것이다. 온 식구들이 모여앉아, 아니 온 친척들을 초청하여 수상에 따른 기쁨과 귀여움을 독차지 하였을 것이다. 그러나 나는 그날 얼굴 가득 흡족한 미소를 지으셨던 할머니의 모습만으로 만족해야 했다. 할머니는 그 후 친구분들이나 먼 친척분들에게 나의 수상소식을 여러 차례 말씀하셨을 것이다.

그날 나는 그 상장을 내 공부방 벽에 정성스레 붙여 놓았다. 그런데 도배하던 어느 날 그 상장 위에 그냥 벽지를 발라 버렸으니…

그래서 나의 소중한 상장은 그렇게 벽지 속에 묻히고 말았다. 모처럼의 진기한 기록이 그만 역사 속으로 사라져 버린 것이다.

〈아버지! 가문의 큰 영광이었어요. 어머니! 정말 자랑스러운 일이었어요.〉

할머니 훈육 넷째 장

이노무 손아. 우짤라꼬 이 할매 말을 이마이도 안듣노. 또 숫께또 타러 거기 갈끼가. 안갈끼가. 아이고 이 옷 이거 안자 어짤라카노

손자야, 왜 이 할머니 말을 이렇게도 듣지 않느냐. 겨울철 스케이트 타러 그곳에 또 가려느냐. 그리고 이 젖은 옷은 대체 어떻게 해야 되느냐.

겨울철마다 나와 친구들이 마냥 즐겼던 놀이 가운데 최고는 바로 스케이트 지치기였다. 스케이트를 재미있게 즐기려면 우선 두 가지가 선행되어야 그 묘미가 극대화 될 수 있는데, 한 가지는 스케이트를 지치는 장소와 또 한 가지는 스케이트의 장비이다.

당시 스케이트 타는 명소로는 현재 울산극장 뒤편이었다. 당시에는 미나리 논으로 수심이 얕을 뿐만 아니라, 시내중심가에 위치하여 시내 곳곳의 친구들로 북새통을 이루었던 곳이다. 또 한 곳은 바로 강둑건너 태화강유역이었다. 수심이 깊었을 뿐만 아니라 구역이 광활하여 나름대로 많은 친구들이 즐겼던 곳이다. 아무튼, 우리는 시내 미나리 논과 태화강유역을 번갈아 오가며 겨울을 만끽했다.

스케이트 종류로는 발바닥에 장착하여 서서 달리는 스케이트와 앉아서 즐기는 일명 숫껫또가 있었다. 어린 친구들은 숫껫또를, 선배들은 스케이트를 즐겨 탔다.

밤하늘에 기러기가 편대를 이룬 채 날아가는 겨울이 오면 두 곳은 겨울놀이를 즐기는 친구들로 인산인해를 이루었다. 나도 친구들과 어울려서 땀을 흘리면서 이 놀이를 즐겼다.

어린 내가 직접 만드느라 얼마나 힘들었는지 모른다. 못, 망치, 철사, 나무판 등 준비할 것도 참 많았다.

날씨가 추우면 얼음판이 녹지 않아 숫껫또 타기에 좋았다. 기온이 상승하는 날에는 얼음판이 녹아서 수껫또가 미나리 논에 빠지는 경우가 종종 발생했다. 그럴 때는 정말 황당하기도 하고 어린 나로서는 감당하기 너무 벅찼다. 젖은 바지를 겨우 둑으로 옮겨서 여럿이 불을 지펴 말릴 수 있었지만, 깊은 곳에 빠지는 날에는 어쩔 수 없이 젖은 바지 그대로 걸어서 귀가해야 했다.

나의 이 몰골을 보시고 할머니께서 한탄하신 장면이시다.

그 추운 겨울 날씨에 뻘에 젖은 바지를 빨래하시고, 그리고 그것을 햇볕에 말리는 그 과정을 상상해보시라!

할머니에게는 너무나 고된 하루였으리라. 어리석고 철이 없던 그 시절 내 행동을 깊이 반성하고 후회한다.

〈아버지! 죄송합니다. 조손 가정의 어려움을 좀 더 일찍 깨닫고 고사리손으로라도 할머니를 도와드렸어야 했는데, 저는 그때 너무 어리기만 했습니다.〉

할머니 훈육 다섯째 장

밥하고 반찬 정지에 대강 챙기나이시까네, 니가 찾아 무거라.

오늘 날씨 대기 더부머 새미물에 밥말아 무그먼 시원하다아이가.

점심과 반찬을 부엌 찬장에 준비해 두었으니 네가 찾아 식사하도록 하여라. 오늘 같이 더운 날씨에는 시원한 우물물에 밥을 말아 먹으면 영양가 여부는 관계없이 네가 식사하기에 쉬울 게야.

할머니는 내가 학교에 가고 나면 곧 중앙시장에 나가셔서 멸치를 파신다. 따라서 내가 학교수업을 마치고 집에 오는 시간은 12시 전후가 된다. 간혹 내가 할머니에게 갈 경우도 있지만 집으로 곧장 올 때가 많다. 그런데 집에 오면 아무도 없다.

할머니는 미리 밥 한 그릇을 항상 가마솥 안에 넣어 두셨고, 반찬은 찬장에 넣어 두고 나가신다. 반찬은 김치와 된장 또는 멸치볶음이 대부분이었다.

집에 도착하자마자 나는 부뚜막에 반찬과 밥을 준비해서 어두운 부엌에서 혼자 식사를 한다. 이럴 때 간혹 쥐들이 두 눈을 반짝이며 내가 밥 먹는 모습을 찬장 아래에서 빤히 쳐다볼 때도 있었으나, 나는 관심이 없었다.

겨울철에는 찬바람이 문틈으로 마구 들어온다. 그 앞을 오가는 사람들의 시선을 받으면서 식사를 했다. 여름철에는 시원한 우물물에 밥을 말아 먹는 일이 종종 있었다. 매일 먹는 반찬과 밥이었지만, 나는 식사를 거르지 않고 제때 꼬박꼬박 찾아 먹었다. 먹는 것은 나에게 또 하나의 즐거움이기도 했다.

〈아버지! 저 혼자 먹는 식생활이 습관화되어 점심은 준비 단계부터 설거지까지도 어린 제가 다 했어요. 정말 잘했지요, 아버지!〉

할머니 훈육 여섯째 장

아이고 치버라. 오늘 바께 날씨 대기 칩떠라.

구들목에 니 입을 내복 너어나시까네,

조금 대피지면 갈아입고 학교가라. 내 장에 갔다오께.

오늘은 기온이 급속히 떨어져 바람이 세차게 부는 등 전형적인 겨울날씨다. 그래서 이불 속 따뜻한 아랫목에 너의 내복을 넣어 두었다. 지금 꺼내 입으면 차가우니까 1시간 후쯤 꺼내 입도록 하거라. 그러면 따스함이 너의 체온을 감싸줄 것이다. 그리고 학교에 가거라. 나는 지금 시장에 간다.

할머니의 또 다른 생활의 지혜를 엿볼 수 있는 대목이다.

겨울에는 한 달에 대략 한 번 정도 속내의를 갈아입었다. 그 당시 세탁은, 특히나 겨울철 세탁은 엄두도 못내는 힘든 작업이었다. 할머니는 가마솥에 물을 가득 붓고 장작개비로 물을 데워서 손이 시리지 않도록 세탁을 하셨다. 어린 내가 보기에도 너무나 힘들어 보이는 작업이었다. 그럼에도 불구하고 할머니는 손자를 위해 내복을 세탁해서 옷장 속에 차곡차곡 넣어 두셨다. 차가운 옷장의 옷을 마구 꺼내 금방 입으면 얼마나 손자가 추워할까 걱정하시며… 할머니의 지혜와 자상함을 그 누가 당하랴.

〈아버지! 그때는 겨울나기가 너무 힘겨웠어요. 무엇보다도 제 어린 가슴이 너무 춥고 쓸쓸했어요!〉

할머니 훈육 일곱째 장

곶감은 앞에 놓고, 떡은 옆으로 나라카이 그라네.

그리고 나물은 밥그릇 옆에 놓고, 산적은 그 옆에 나라앙카나.

그리고 향을 먼저 피워라. 맨날 해도 그것도 모리나.

자 인자 물 올리놓고 절은 두 번씩 세 번 해라.

그리고 방문은 조금 열어놔라. 구신이 와서 묵꾸로.

제삿상에 곶감은 앞줄에 놓고 떡은 옆으로 놓도록 해라. 그리고 콩나물, 고사리 등 나물류는 밥그릇 앞에 놓고 쇠고기산적은 왼쪽에 두어라. 그러고 나서 향을 피우거라. 조상님 영전에 그토록 많은 해를 거듭하여 모셨건만 아직도 제물 놓는 위치도 모르다니 한심스럽구나. 자, 준비가 다 되었으면 조상님 영전에 두 번 엎드려 공손히 추모의 절을 해야지. 그리고 방문을 조금 열어 조상님들이 쉽게 집안으로 들어와서 음식을 잡수시도록 해야 된다.

생전에 할머니는 제삿날과 명절 차례상에 밥을 다섯 그릇 가지런히 놓았다. 할머니는 이 날이 다가오면 수일 전부터 장터에서 필요한 품목을 손수 구입하신다. 다소 값비싼 생선은 칼로 손수 장만하셔서 햇볕이 잘 드는 곳에 두어 말리셨다. 각종 과일과 나물류 등 제사에 올릴 음식 재료 등을 사전에 넉넉하게 준비하셨다. 정성을 다해 제수용품을 준비하셨다. 그런데 당일 제주(祭主)인 나는 각종 제물(祭物)의 정확한 위치를 몰라 엉거주춤 서 있었다. 그러면 할머니는 내 등 뒤에서 하나에서 열까지 가르쳐 주신다. 당신께서는 모든 위치를 훤히 아시건만 어린 손자는 어찌 저렇게 조상님 모시는 게 소홀할꼬. 조상님에 대한 그 분의 열성은 대단하셨고, 그리고 심혈을 다 기울이셨다.

혼인을 한 후에는 처가 대사를 대신하고 있다. 여전히 제주인 나는 제물의 위치를 잘 모르고 있다. 내가 생각해도 한마디로 한심한 일이다. 언제 쯤 나도 할머니와 처처럼 능수능란하게 조상님을 잘 모실 수 있을까.

〈아버지! 관혼상제의 예법을 제가 어찌 다 알겠어요. 혹시라도 아버지, 어머니께 누가 될까, 가끔은 더럭 겁이 나기도 합니다.〉

할머니 훈육 여덟째 장

아무말이나 시버리다가 큰일난다카이. 무신 말이든지 조심성이 있어야지. 할말이 있고 못할 말이 있는기라. 무신 조디를 그리 놀리다가 큰일나제.

상대방과 대화를 하더라도 항상 조심스럽게 해야 된다. 더욱이 남의 이야기, 상대방의 험담을 할 경우에는 참석자의 면면을 훑어보고 이런 말을 하면 다른 후유증이 없는지도 염두에 두어야 할 것이다. 무턱대고 조심성 없이 아무 말이나 함부로 하다가는 결국에는 좋지 못한 일이 벌어지게 마련이다.

주자가훈(朱子家訓)에 이르기를, "남의 험담을 하는 사람은 경망한 사람이고, 이와 더불어 맞장구를 치는 사람은 비겁한 사람이며, 이를 엿듣고 전하는 사람은 간사한 사람이다." 라고 하였다. 말의 중요성을 가리킨 내용이다.

우리 집 건너편에 삼십대 초반의 아주머니 한 분이 계셨다. 아주머니의 하루일과 중 제일 중요한 것은 이 집 저 집 다니면서 온갖 동네 이야기를 전하는 일이었다. 이 아주머니 때문에 부근 사람들은 서로 자주 다투기도 하였다. 사태가 자신에게 불리해지면 자신은 그런 말을 하지 않았노라고 우겨대지만 번번이 그런 일이 발생하여 주위 사람들을 괴롭혔다.

이런 사태를 보신 할머니는 항상 말조심, 입조심을 하여 남에게 폐가 되는 일이 없도록 주의를 환기시켰다.

〈아버지! 입조심, 행동조심, 금전조심은 인생살이에 꼭 필요하지요. 앞으로도 명심하고 또 명심하겠습니다.〉

할머니 훈육 아홉째 장

너거 애비가 살아있었으면 얼매나 조켄노. 그노무 빨갱이놈들이….아이고, 그때는 그 동네 빨갱이들이 득실득실했거든…. 얼마나 효자였다고,

아이고, 내가 인덕이 업실라카이 다 그런 거 아이가. 니는 신 벗어놓은 데도 못 따라간다. 헤엄도 울매나 잘쳤다고. 그리고, 인물도 울매나 조았다고 머 한 개 버릴끼 있나.

네 아버지가 살아 있다면 기쁜 일이 우리 가문에 매일 일어 날 텐데… 북한군 소속 빨치산 부대원들이 6 · 25전쟁 발발 한 해 전인 그 해 전국적으로 날뛰면서 수많은 양민들을 죽이고 괴롭혔지. 그때 너의 아버지가 그들과 교전하던 중 전사했단다. 참으로 하늘이 울고 땅이 통곡할 일이지. 우리 가문

에 네 아버지만한 효자가 또 있겠느냐. 효심 지극하고 모든 면에서 모범생이었지. 우리가 부덕하여 이 지경까지 왔구나.

1949년 3월 23일, 경상북도 경주군 안강읍 두류리 산골짜기에서 경북경찰국 경주경찰서 안강지서장 유귀용 경위와 일행 두 명은 빨치산 이십명과 교전 중 전원 순직하시니… 인근 주민들은이 두류리전투로 인하여 안강읍민들이 무사했다고 한다. 아, 나의 아버지! 할머니와 나의 운명은 그렇게 해서 결정되었다. 스위스의 교육학자인 페스탈로치(Pestalozzi)는, "가정의 단란함이 이 세상에서 가장 빛나는 기쁨이다. 그리고 자녀를 보는 즐거움은 사람의 가장 거룩한 즐거움이다."라고 하였다. 할머니께서는 가정의 기쁨과 자식의 즐거움을 모두 빼앗긴 채 긴 인생을 살아오셨다.

할머니는 일상생활을 통하여 감내하기 어려운 일이 닥쳐오면 눈시울을 적신 채 담뱃대에 풍년초를 태우시면서 마루턱에 앉아 흰 연기 사이로 인생의 넋두리를 늘어놓으셨다.

아마 그런 날은 대개 가랑비가 처마 끝에 모여 방울방울 떨어지고 있었을 것이다.

〈아버지! 할머니는 왜 시도 때도 없이 아버지 이야기를 꺼내며 제 속마음을 아프게 했는지 모릅니다. 괜히 아버지 그리워하는 마음만 더 불쑥불쑥 일어나게 했지요. 하지만, 아버지처럼 되라는 말씀이라 속으로는 싫지 않았어요. 그럼요. 싫기는커녕 갑자기 제 옆구리가 아버지 손길로 뜨거워지곤 했지요.〉

할머니 훈육 열째 장

아이고 이노무 손아. 니도 장개 한번 가바라.

저거 마누라한테 쏙 빠지지 말고. 저노무 손은 장개가면

여자한테 꼼짝 못 할끼다. 내 말 틀림 없을끼다. 안자 보라머.

손자야, 네가 혼인 적령기가 되어 언젠가는 결혼할 날이 있을 거다. 내가 보건데 너는 심성이 약해서 아마 처에게 눌리는 공처가 신세를 면치 못할 것 같다. 사내대장부로서 기상을 가지고 가장으로서 체통을 살려야 될 것이다. 내 짐작이 맞을 게야.

할머니의 일생최대 소원은 바로 가문을 이어갈 손부를 맞아들이는 일이었다. 그 대업은 그 분이 가장 학수고대하는 일이었고, 자나 깨나 가문의 이 중차대한 일에 대하여 항상 염려하셨다. 그분께서는 오랜 기간을 통하여 하나에서 열까지 나에 대해서 훤히 아셨다. 따라서 그 분은 여러 가지 정황으로 판단해 볼 때 내가 혼인하면 아마 처의 말만 듣고 쩔쩔매는 공처가 신세가 될 것으로 오판하신 것 같다. 그러나 그 당시 혼인은 나에게 머나먼 일로 생각되었고, 간혹 어떤 여성이 과연 나의 짝이 될까 상상을 하기도 했다. 구약성서에 이르기를, “네가 젊어서 취한 아내를 즐거워하라. 그는 사랑스러운 암사슴 같고, 아름다운 암노루 같으니 너는 그 품을 항상 족하게 여기며, 그 사랑을 항상 연모하라.”고 하였다.

그 후 이십대 초반에 남보다 일찍 혼인을 하고 한 가정을 이루었다. 나는 내자에게 당하지도, 그렇다고 내자를 일방적으로 몰아붙이는 그런 무모한 행동도 하지 않고, 한결같이 암사슴과 암노루를 사랑하는 심정으로 생활하고 있다. 가정의 대소사도 우리 부부는 함께 매우 진지하게 협의하여 가정을 민주적으로 화기애애한 분위기 속에서 꾸려 나간다.

〈아버지! 며느리가 많으면 무엇 합니까. 참한 며느리 한 명이 우리 가문을 반석 위에 올려놓을 것입니다.〉

할머니 훈육 열 첫째 장

천장에 무신 지새끼들이 저마이 만노. 저소리 더러보라카이.

아이고 잠도 안오네. 우짜면 좋노.

방 천장에 무슨 쥐새끼들이 저렇게 모여 떠들고 다니는지 모르겠다. 밤새도록 저렇게 시끄럽게 굴면 오늘 밤 우리는 어떻게 잠을 자겠느냐. 안면(安眠) 방해도 유분수지 참으로 한심한 일이구나.

옛날 방 천장은 철사로 가로세로 엮고, 그 위에 신문지나 문종이에 풀칠을 한 후 한 번 바른다. 그리고 약간 건조시킨 후 천장을 도배했는데 참으로 힘겨운 작업이었다. 따라서 한 번씩은 그 쥐구멍만 때우는 정도로 작업을 마쳤는데, 문양이 맞지 않아 보기 흉할 때가 많았다. 쥐들이 지붕 사이로 기어들어가서 찍찍거리면서 천정이 마치 제 운동장인양 마구 뛰어다니니 어찌 시끄럽지 않겠는가. 그 쥐 소리 때문에 우리는 자연히 잠을 설치지 않을 수 없었다. 그래서 이튿날 작심하신 할머니는 시장에서 돌아오실 때 쥐약을 사오셨다. 쌀에 쥐약을 타서 깨진 사기그릇 몇 개에 나누어 담아 이 골목 저 골목 어귀에 두고 천정에도 두었다. 며칠 후 제법 큰 쥐들이 장독대와 마당 구석에 죽어 있었다. 그런데 이웃동네 S씨네 개 한 마리가 며칠 후 쥐약을 먹고 죽었다는 소리에 할머니와 나는 아무 말도 하지 못한 채 며칠간 조용히 지낼 수밖에 없었다.

〈아버지! 아버지가 계셨더라면 그 쥐들이 감히 시끄럽게 했겠어요? 당연히 조치가 있었겠지요. 빨치산을 토벌하신 아버지이신데, 그깟 쥐새끼들이 대체 무슨 골칫거리였겠어요.〉

할머니 훈육 열둘째 장

그 집 며느리는 시상에 서울에서 대학교까지 나왔다케도

반찬 하나 올케 못한다 카더라. 대학교 암만 나오면 모하노.

머리에 던기 있어야제.

안씨댁 큰며느리는 서울에서 일류대학교를 우수한 성적으로 졸업했다고 하더라. 그런데도 요리 솜씨가 없어 그 흔한 된장찌개 하나도 구수하게 못 끓인다고 하니, 참. 여자가 일류대학교를 졸업했으면 가사일도 일류로 해야지. 바로 실사구시의 정신이 필요한 게지. 암, 그렇고말고.

그 당시 여성이 서울의 명문대학교를 졸업한다는 것은 흔한 일이 아니었다. 마침 신혼의 안씨집 며느리가 용모도 단정하고 여성으로서 최고학부를 수료했다. 그런데 된장찌개 하나도 맛깔스럽게 잘 끓이지 못해 그 집 시어머니가 장터에서 음식을 사먹으며 푸념 섞인 말을 하신 걸 누군가가 엿듣고 할머니께 얘기해 준 모양이었다. '최고학부 졸업장보다도 살림을 잘하는 것이 더 중요하다. 무엇보다도 음식을 맛깔스럽게 요리하는 것이 중요하다.'는 것이 — 할머니가 보시는 신부의 첫째 덕목임을 상가시킨 내용이다. 그런데, 그 말씀 가운데는 그 신부에 대한 일부 편견도 다분히 내포된 것 같다.

훗날 할머니는 손부를 맞아들였을 때 아마 이런 생각을 가졌으리라. '여성으로서 살림 잘하고 음식 맛나게 하고 신랑 의견을 추종하는' 그런 손부 상을 마음에 두셨을 것이다.

〈아버지! 단 한 번만이라도 며느리의 음식상과 주안상을 받으셨더라면, 저와 처가 그 얼마나 기뻤을까요.〉

할머니 훈육 열 셋째 장

저노무 손은 딸아들 앞에서는 무신 말도 한마디 모타거든.

부껄음을 우째 저마이 타는 공 모리겠따.

손자는 왜 여자 앞에만 서면 저렇게 맥도 못추고 고개를 숙이고 기피하는지 모르겠다. 여성도 사람이거늘 뭘 그렇게 부끄러움을 타느냐. 대범하게 행동하면 되지.

나는 어릴 때 사람들 앞에 서는 것을 무척 힘들어했고, 무엇보다도 부끄러워했다. 더욱이 여성들, 특히 또래의 여자들과 감히 대화한다는 일은 상상도 할 수 없었다. 왜 그랬을까. 가정환경이 자연히 나를 그렇게 만들었던 것 같다. 초등학교 2학년 때까지는 여학생과 짝꿍이 되어 책상을 함께 사용하며 가깝게 지냈다. 하지만, 그 후 여자 친구들과는 함께 어울릴 기회가 전혀 없었다. 항상 여자들과는 거리를 두었고 그것이 자연히 나의 의식구조를 지배하게 되었다. 지금 생각하면 그때는 여성관에 대해 잘못 생각하고 있었던 것 같다. 그러나 요즘은 초등학교 동창회에서 여자 친구들과 스스럼없이 온갖 야한 농담까지 하고 있으니, 세월의 무상함을 절실히 느낀다.

〈아버지! 저에게 여동생이 한 명이라도 있었더라면, 아니 사촌 여동생이라도 좀 있었더라면 과연 저의 사춘기 시절이 어떠했을까요.〉

할머니 훈육 열 네째 장

아이구! 덥다. 니도 덥제. 내하고 디에 가자.

내가 등물쳐주께. 아이구 시원체. 무신 날씨가 이마나 덤노.

사람 죽이는 날씨다. 안자 됐다.

오늘은 정말 무더운 날씨구나. 너도 더울 게야. 이런 무더운 날씨에는 집 뒤에 가서 우리 함께 서로 등물을 쳐주는 게 제일이지. 어떠냐. 이 할미가 등물 쳐주니 시원하지. 참으로 오늘은 무더운 날씨다. 너는 마쳤으니 나도 등물 좀 쳐다오.

그분은 집 뒤편 장독대에 제법 큰 옹기를 네 개 두셨다. 보통 크기의 옹기에는 간장, 된장, 김치 등을 담아 두었다. 그리고 그늘진 곳에는 순수하게 식수용 용기를 뚜껑을 덮어 보관하셨고, 뙤약볕에는 큰 옹기를 두어 각종 허드렛물을 사용할 수 있도록 뚜껑을 덮지 않았다.그 당시 집에는 수도시설이 없어 뒷집에 가서 수돗물을 떠오든지 아니면 앞 사방관리소 안쪽에 가면 우물이 있었는데 그곳에 가서 물을 길어 와서 옹기에 가득 채우셨다. 그래서 생활하는 데 물이 부족한 경우는 없었다.

그 더운 여름날 수업을 마치고 집에 와 부뚜막에서 점심을 먹으면서 할머니께서 미리 준비해 두신 그 시원한 냉수를 한 그릇 마시면 뱃속까지 시원했다.

어느 날 할머니와 함께 집 뒤에서 등물을 서로 쳐주었는데 햇볕에 둔 그 옹기의 물이 미지근하여 등물치기에 안성맞춤이었다. 말하자면 준비된 온수라고나 할까.

〈아버지! 제가 아버지 등을 밀어드리고, 아버지께서 제 등을 밀어주신다는 그 생각은 바로 제 꿈이겠지요.〉

할머니 훈육 열다섯 째 장

소바우에 또 불나따 카더라. 무신 불이 와 자꾸 나노.

아이고 불난 집 인자 우짤라카노.

우정동 어느 가정집에 또 화재가 발생했구나. 이런 겨울철에 자주 화재가 발생하니 안타까운 일이 아닐 수 없다. 조심해야지.

우정동, 옛날 속칭 소바우라고 부르던 그 동네의 가옥구조는 대부분 초가집이어서 겨울철에는 자주 화재가 발생하여 인근 주민들이 불안해하기도 했다. 화재가 발생하면 우리 집 앞에 있던 소방서에서 빨간 소방차가 사이렌 소리를 내며 현장으로 달려간다. 그리고 완전무장한 소방관들이 호스를 신속히 풀어 강력한 수압을 이용, 화재현장에 물을 뿜어댄다. 불길이 잡히면 모두가 그제야 안도의 숨을 내쉰다. 가정에서의 불은 대부분 누전이나 아이들의 불장난이 주원인이인 경우가 많았다.

우리 집 바로 앞에 있는 소방서에는 아주 높은 망루가 세워져 있었다. 소방관들이 그 망루에서 교대로 24시간 근무를 했는데 망원경을 이용하여 먼 곳까지 살필 수 있었다. 그런데, 그 망루를 밑에서 쳐다보면 현기증이 일어나 금방 눈알이 핑핑 돈다.

그 후 그 망루는 시청 홍보용 스피커가 설치되어 공지사항을 안내하다가, 많은 고층 건물들이 들어서면서 망루로서의 역할을 다하지 못하여 자연히 철거되었다.

〈아버지! 그때 밤하늘의 불길을 보며 아버지의 손길이 더욱 그리웠습니다.〉

할머니 훈육 열여섯 째 장

태화강에 또 사람이 빠져 죽었다 카더라. 용검수 안에 무신 기신이 있는갑떠라.우째 자꾸 사람덜이 빠져 죽넝공 모리겠다.

더운 여름철 태화강에서 수영을 하던 고등학생이 또 익사한 소식을 들었다. 태화강 가운데 가장 수심이 깊은 용검수 안에 매년 사람을 잡아들이는 귀신이 있는지, 이상하게도 이맘때만 되면 한 두 명의 아까운 생명이 죽어가니 정말 조심해야지. 무서운 일이야.

고향의 태화강은 먼 범서면 선바위 쪽에서 발원하여 시내 중심가를 도도히 흘러 기름진 밭을 형성한 후 학성공원 옆을 지나 명촌동을 거쳐 울산만 동해로 흘러간다. 우리에게 이 강은 계절 따라 즐거움과 낭만, 그리고 추억이 진하게 배어 있는 곳이다. 이곳에 고향을 둔 우리 모두는 이 강을 잊을 수 없다. 특히 여름방학이 시작되면 우리는 하루 종일 그곳에서 멱을 감으며 즐겁게 뛰놀았다. 맑은 물, 깨끗한 모래밭, 수초가 우거진 강가, 조개와 물고기들… 그 당시 강 가운데는 섬밭이 있고 앞강과 뒷강으로 나뉘어 있었다. 앞강은 수심이 얕고 뒷강은 깊었다. 지금 태화교 위쪽으로는 더욱 수심이 깊어 그곳에서 매년 익사 사고가 한두 건씩 발생하기도 했다. 그곳은 물빛 자체가 시퍼렇다. 용검수라는 곳은 무명베 열 자를 넣어도 바닥이 닿지 않을 정도로 수심이 깊고, 더욱이 그 아래에는 괴물이 존재한다는 소문이 파다하게 퍼지기도 했다. 그러나 나는 친구들과 함께 할머니 몰래 그 용검수에서 헤엄을 치고 놀았다. 내 나름대로는 헤엄을 잘 친다고는 하나 그렇게 뽐낼 정도는 아니었다. 그때 내가 얼마나 자만했는지 지금 생각하면 아찔할 뿐이다. 할머니가 익사 사고를 나에게 들려주면서 바로 그곳이 손자의 '절대 수영 금지구역' 임을 강력하게 경고했건만 나는 할머니의 그 말씀을 지키지 않았다.

만약 할머니가 내가 그곳에 가서 헤엄을 쳤다는 사실을 알았다면 분명히 할머니의 적절한 대책이 뒤따랐을 것이다. 이제 고향의 강은 친환경적으로 변했다. 시민들의 사랑을 받으며 정부의 4대강 살리기 사업을 선도하고 있다. 지자체장의 역할이 얼마나 중요한가를 여실히 보여주는 대목이다.

〈아버지! 그때 아버지께서 저를 분명히 도와주셨다고 저는 지금도 굳게 믿고 있습니다.〉

할머니 훈육 열일곱 째 장

무신 거지 혼신이 들린나. 속에 거지가 들어안잔나. 거기 뭐꼬.

무신 엄식을 그래 쳐묵노.

무슨 음식이든지 천천히 먹어야 건강에 좋다. 그리고 그렇게 해야 예의바른 것이고. 그렇게 허겁지겁 예의 없이 음식을 먹으면 주위의 많은 사람들이 민망해할 뿐이다.

할머니는 시장에 나가시기 전에 반드시 당일 내가 사용할 용돈, 그리고 계절에 맞는 과일, 고구마 등 간식거리를 주고 가신다. 그러나 나는 그 용돈과 그 음식들을 요령 있게 적당히 먹어야 하는 데도 그냥 시도 때도 없이 먹어치워 버린다. 자연히 용돈과 군것질이 쉽게 바닥이 나기 일쑤였다.

그날 옆집 아주머니 한 분이 호박떡무침을 준비해서 할머니께 가지고 오셨다. 배가 고팠던 나는 그냥 그 호박떡무침을 할머니가 오시기 전에 다 먹어치웠다.

저녁 무렵에 할머니는 이 이야기를 들으시고 자신도 맛보지 못한 그 호박떡이 없으니, 그에 대한 서운함과 나의 무례한 행동을 한꺼번에 꾸짖으신 것이다. 예의범절을 일깨워 주신 그 분의 음성이 들리는 듯하다.

〈아버지! 그때 할머니께 음식을 먼저 드리지 못한 저의 못된 소행을 깊이 뉘우칩니다.〉

할머니 훈육 열여덟 째 장

나무 가슴에 못받는 일은 하지 마라. 나미 잘못되면 내한테 손해가 될 수 있다. 모든 이우시 잘 대는기 좋타 아이가.

이웃 사람들에게 피해를 주지 말고 항상 인정으로 대하되 남의 불행을 위로해 주고 남이 기쁜 일이 있을 때는 항상 함께 기뻐해 주는 심성을 키워야 된다.

사회생활을 하는 데 무엇보다 중요한 것이 대인관계이다. 남의 기쁨이 나의 기쁨이요, 남의 불행은 함께 나누는 그런 도량이 있어야 한다. 항상 이러한 생각으로 남을 대하는 그분의 인생행로는 곧 어린 나에게도 큰 영향을 끼쳤다.

나는 이웃의 누구에게도 해가 된 일을 한 적이 없다고 자부할 수 있다. 바로 할머니께서 평소 그 분들에게 진심으로 대해 주셨기 때문이리라.

절대 다른 사람에게 불편부당한 잘못을 끼치지 말고 정도를 걷도록 일러 주신 말씀이다. 그런데, 요즘 사람들의 인간관계를 보자. 과연 정의와 인정이 넘치는 사회라고 할 수 있겠는가. 근거 없는 유언비어, 당국에 진정서 제출을 상습적으로 해대는 사람들이 얼마나 우리 주변에는 많은가.

〈아버지! 이웃과 더불어 살면서 저에게 은혜를 베푸신 분들을 결코 잊지 않을 것입니다.〉

할머니 훈육 열아홉 째 장

아이고! 더러버라. 저 모가지에 때낀 거 좀 바라. 목깐통에 퍼떡 갔다오라 앙카나. 그마이 목깐통에 가기 실버서 어짤라카노.

현재 너의 목이나 신체 부위에 비위생적으로 때가 많이 끼어 있는 것 같다. 빨리 준비하여 가까운 목욕탕에 가서 온 몸을 깨끗이 씻고 오도록 해라.

난생 처음 대중목욕탕에 간 때가 과연 언제였을까. 기억이 나지 않는다. 유년기 때에는 할머니가 솥에 물을 데워서 집 부엌에서 목욕을 했다. 내가 차차 성장하여 초등학교 1학년 때쯤이 아닌가 생각한다. 부모님이 안 계셨기 때문에 자연히 할머니께서 준비해 주신 수건과 작은 비누를 가지고 호기심 어린 마음으로 대중목욕탕 문을 열었다. 그 당시 대중목욕탕은 시내에 두 곳이 있었다. 울산탕과 옥천탕이 그것이다. 나는 친구네가 경영하는 울산탕에 간 것 같다. 문을 여니 많은 어른들이 수증기 속에서 벌거숭이로 있었다. 나는 조심스럽게, 그러나 다소 쑥스러운 마음으로 옷가지를 광주리에 담고 번호표를 움켜쥐었다. 마루에는 내 나이 또래의 친구들이 아버지와 함께 웃으며 장난치고 있었는데, 나는 그 광경이 무척이나 부러웠다. 탕 출입문을 열자 뜨거운 김이 가슴에 닿았다. 어른들과 아이들이 욕탕 밖에서 열심히 때를 밀고 있었다. 나는 욕탕 안에는 들어가지 못하고 욕탕 밖에서 난생 처음 뜨거운 목욕물을 끼얹었다. 그리고 할머니께서 마련해 주신 비누로 머리도 감고 수건에 비누칠을 하면서 몸 구석구석을 밀었다. 결국, 나는 욕탕 안에는 발을 들여놓지 못하고 말았다. 어린 나에게 욕탕 물의 온도는 너무 뜨겁게 느껴졌다. 주변을 둘러보니 또래 친구들은 아버지들이 등을 밀어주고 있었다. 그러나 나는 등을 밀지 못했다. 짧은 손으로는 도저히 등 쪽으로 손을 뻗는 것이 불가능했기 때문이다.

자연히 나는 때를 온전하게 다 밀지 못했다. 대충 목욕을 마치고 집에 오면 할머니께서는 손등과 몸 몇 군데를 점검하시는데 그 분의 마음에 들지 않으신 것 같았다.

그러나 어찌하랴. 어린 나 혼자 어떻게 때를 완전히 밀 수 있으랴. 그래서 그 당시에 나는 목욕탕에 가는 것을 그리 좋아하지 않았다.

여름철에는 강가에서 헤엄을 치면서 자연히 목욕을 대신할 수 있었지만, 서늘한 가을이 오면 목욕탕에 가지 않을 수 없었다. 냉탕에서나, 뜨거운 열탕 속에서 저토록 오래 앉아 있는 이유는 무엇일까. 나는 그때는 어른들의 건강관리법을 이해하지 못했다.

어린 내게 대중목욕탕을 혼자 찾는 일은 점점 큰 짐이 되고 있었다. 그러나 차차 성장하면서 목욕이야말로 건강관리와 피로회복의 첩경임을 알게 되었다.

〈아버지! 그때나 지금이나 저는 나 홀로 남탕에 갑니다. 딸애들은 집사람과 같이 가고요.〉

할머니 훈육 스무 번째 장

우짜던동 작게 묵고 가는 똥을 싸거라.

자신의 역량에 맞게 행동하되 지나친 욕심은 금물이다.

모든 일에는 각자 능력과 한계가 있다. 자신의 능력에 맞게 매사에 임해야 실패가 없다. 자신의 능력을 과신하고 과욕을 부려 일을 추진한다면 나중에는 반드시 돌이킬 수 없는 엄청난 파국을 일으킬 수 있다.

가을이 지나고 초겨울이 다가오는 어느 날이었다.

먼 친척 아주머니가 우리 집에 오셨다. 그분은 간혹 시장터에서 자주 할머니와 대화를 나누셨던 삼십대 후반의 아주머니였는데 남편은 불구자로 자녀 둘과 함께 오일장을 다니시면서 옷 파는 일을 하셨다.

그래서 돈을 제법 모아 마침 중앙시장 부근에 작은 가게를 임대해 점포 장사를 하려는 생각으로 할머니를 찾아오신 것 같았다. 그러나 그 당시 그분의 생활은 그리 넉넉한 편이 아니었다. 아마 주위로부터 돈을 빌려서 가게를 내신다는 이야기를 듣고서 할머니는 신중을 기해야 된다는 말씀을 하셨던 것 같다. 좀 더 시간이 지난 후 자기자본이 축적되었을 때 가게를 운영해야 안전하다는 충고의 말씀이셨다.

〈아버지! 돌다리도 두들겨 보고 가야 하지요.〉

할머니 훈육 스무 첫째 장

코잔디 눌리고 바라. 거기 니찬는 물건이 있다아이가.

매일 머하노.

콧잔등을 손으로 누르고 정면을 직시하면 찾고자 하는 물건이 보인다.

아주 가까이 있는 물건, 다시 말해 눈으로 바로 보면 있는 물건을 쉽게 찾지 못하고 우왕좌왕하는 내 모습을 질책하신 내용이다. 초등학교 때 소풍은 최대의 기쁨이었다. 소풍 가는 날 아침 충분한 음식을 마련해서 보자기에 싸서 준비한 후 빠뜨린 물건이 없나 살펴보니 모자가 보이지 않았다. 그래서 나는 출발시간이 다가오는데 이 방 저 방을 다니면서 모자를 찾느라 허둥대고 있었다. 마침 부엌에서 나오시던 할머니가 내가 이 방 저 방 헤매는 모습을 보고서 바로 책상 위 벽 가까운 곳에 걸려 있는 내 모자를 찾아 주셨다. 무슨 일이든지 다급하게 행동하지 말고 자중해서 행동하면 모든 것을 쉽게 찾을 수 있다는 뜻으로 말씀하신 것이다.

나는 일생을 통해 무언가 찾는 데 수많은 시간을 낭비했다. 뭔가 제대로 찾은 일은 없었고 순탄하게 되는 일도 별로 없었다. 왜 그랬을까. 그것은 바로 내가 정신을 한곳에 집중하지 않았기 때문이다. 어릴 때 할머니가 장터에 나가시고 난 후 집에는 아무도 없었다. 그래서 무언가 놀이를 하며 시간을 보내야만 했다. 마땅한 상대는 정해져 있지 않았다. 대부분 동네 친구들이었다. 나는 이들과 함께 어울리기 위해 각종 기구를 찾았다. 그러나 잘 되지 않았다. 나는 이렇게 찾는 데 많은 시간을 보낼 수밖에 없었다.

〈아버지! 이제 집사람이 모든 것을 잘 챙겨주고 있어요. 그러나 저도 매사에 조심하겠습니다.〉

할머니 훈육 스무 둘째 장

니가 자꾸 내 시키는 말을 안덜으면 나는 절에 갓뿔끼다.

무신 인간이 그마이 말을 안듣노.

니 혼자 밥을 해 묵떤지 굼떤지 내사 모르겠따.

손자 네가 내 말을 계속 듣지 않을 경우 부득이 나는 입산수도 하러 절에 간다. 이제부터 나는 너의 생활에 전혀 관여하지 않겠다. 밥을 네가 혼자 해 먹든지 아니면 굶든지 내가 알바 아니다.

할머니가 그날 대단히 노하셔서 나에게 말씀하신 내용이다. 자신의 각종 지시사항을 숙지하지 않을 경우 손자와는 생이별도 불사하겠다는 강력한 경고장이다.

그분은 생활에 긴요한 말씀을 나에게 시간과 장소를 초월해서 해주셨다. 그런데 나는 할머니의 그 말씀을 제대로 이행하지 못했다. 잊어버리거나, 아니면 하기 싫어서 그렇게 되고 말았다.

이런저런 이유로 인하여 그분을 노하게 한 것 같다. 더욱이 절에 가신다는 말씀은 나에게 엄청난 최후통첩이었다. 만약 할머니가 내 곁을 떠나신다면 나는 누굴 믿고 누구와 함께 어떻게 살아가야 하는가. 눈앞이 캄캄할 뿐이었다.

정말 한 번은 할머니가 대단히 노하셔서 장롱 속에서 주섬주섬 옷가지를 싸시며 눈물까지 흘리신 적이 있다. 마침 주위 아주머니들이 달려와 만류해서 그 일은 그쯤에서 중단 되었지만 내게는 실로 충격적이었다.

그 후 나는 그분의 말씀을 잘 이행하려고 노력했다. 할머니와 떨어져 산다는 사실은 나의 인생이 파멸의 구덩이로 떨어진다는 것과 같았다. 얼마나 답답했으면 그렇게 말씀하셨을까.

〈아버지! 할머니의 호된 질책을 아버지께서 간신히 막아주셨지요.〉

할머니 훈육 스무 셋째 장

거기 뭐꼬. 좀 대강 놀고. 아이고 마리에 이 문지좀 바라.

내가 저노무 손 때문에 못 산다카이.

집안 꼴이 말이 아니구나. 친구들과 노는 것도 좀 자제해라. 마루에 먼지가 너무 많구나. 내가 너 때문에 너무 힘이 든다.

나는 할머니가 장터에 가시고 집에 없는 시간에 항상 주변 친구들과 신나게 뛰어논다. 더욱이 겨울철에는 찬바람이 불어도 개의치 않고 뛰어논다. 우리 집 마당은 온 동네 친구들의 놀이터였다. 20여 평이 되는 공터는 할머니께서 봄부터 가을까지 계절 따라 갖가지 작물을 심어 효율적으로 관리하셨다. 상추, 옥수수, 토마토, 오이, 무, 배추, 시금치, 콩 등이 철따라 자라고 있었다.

그런데 겨울철에는 특별히 작물을 심지 않고 그냥 놀리는 경우가 대부분이었다. 만약 요즘같이 고소득을 올릴 수 있는 영농법이 개발되었다면 할머니는 겨울철에도 그냥 두지 않았을 것이다. 이 기간이야말로 우리 친구들에게는 더 없이 좋은 기회였다. 공터에서 공도 차고 나무창도 던지고 정말 신나게 놀았다. 덩달아 동네 개들까지 이곳저곳 구석에서 뛰어다니면서 똥까지 싸댔다. 자연히 먼지는 마루에 그대로 쌓였다.

장터에서 늦게 집에 들어오시는 할머니가 이 광경을 보시고 어찌 짜증이 나지 않았겠는가. 그러나 할머니는 귀여운 손자의 체력이 향상되고, 우의가 다져진다는 사실을 아마 모르셨을 것이다.

〈아버지! 친구들과 함께 체력을 단련시킨 것입니다. 아마도 할머니께서 단단히 오해를 하셨던 것 같습니다.〉

할머니 훈육 스무 넷째 장

아이고 댓심더. 이만하면요. 아이고 내가 생각해서 마이 준검더.

또 바라, 저란다카이. 시방 이루꾸 얼메나 올랐는지 아능교. 한번 장에 가서 물어보소. 내가 머 거짓말하는 줄 아능교. 와 말을 그마이 안민능교.

이만큼 드리면 그 가격에 멸치는 충분히 준 겁니다. 더욱이 우리 집에 자주 오는 당신에게 어찌 내가 박대하리요. 현재 시장에 나가서 실물시세를 직접 살펴보세요. 요즘 멸치 소매가격이 인상되어 저로서도 어려움이 대단히 많습니다. 내 말 믿고 이 점을 감안해 주셔야지요.

할머니는 시장터에서 갖가지 멸치를 파셨다. 그런데 미처 시장에 나가지 못한 아낙네들이 집에 와서 멸치를 사 가는데 대개 아침과 저녁나절이었다. 멸치 함지박은 바깥 마루에 있었기 때문에 아침식사를 하다가도 할머니는 방문을 열고 나가신다. 할머니는 그들이 요구하는 금액만큼 멸치를 종이에 담아 주신다. 그러면 상대방은 한 움큼이라도 더 가져가려고 한다. 분명히 금액만큼 멸치를 충분히 주었는데도 자꾸 조르니, 할머니의 마음이 얼마나 답답했으랴. 할머니는 항상 멸치 시세를 잘 아셨다.

당시에는 음식 맛을 돋우는 조미료 산업이 발달되지 않았기 때문에 멸치가 유일한 조미료인 셈이었다. 백여 년 전 제주도를 중심으로 행어라고도 불린 멸치는 남해안을 비롯한 일본, 중국 연안 해역에 널리 분포되어 있는 경골어류 멸치과에 속하는 수산물 중 하나다. 멸치는 잔뼈까지 다 먹기 때문에 다른 생선과 달리 영양분을 골고루 섭취할 수 있다. 칼슘의 왕이라고도 불리는 멸치는 어린이에게 대표적인 영양식이다.

멸치는 신우염, 신결석, 신장염 등 신장이 약하고 양기가 부족한 사람과 부인의 산후 지절통(肢節痛)에도 탁월한 효능이 있다. 주로 플랑크톤을 잡아먹고 사는 멸치는 3~7월경 산란하며, 부화 직후에는 2~3mm에 불과하지만, 1년 만에 100~120mm 크기의 성어로 성장한다. 수명은 1년이다.

멸치는 지금도 무공해 식품으로 최고의 칼슘 효용가치를 가지고 있는 생선이 아닌가. 할머니는 오래전부터 이 무공해 멸치를 판매하시어 가계를 꾸려 나가셨다. 나는 방안에서 할머니의 경제 원리를 마음에 새겨들었다.

가감승제(加減乘除)의 기초도 모르셨던 할머니가 멸치를 구입, 판매하여 수익을 올릴 때까지 그 과정을 어떻게 대처했을까.

정말 숙연한 마음이 들 뿐이다.

〈아버지! 생활력 강하신 할머니의 얼굴에서 아버지를 그려보았습니다.〉

할머니 훈육 스무 다섯째 장

또 오줌쌌제. 내가 정말 못산다카이. 무신 아가 저런 아가 다있노. 이 이불하고 우째 다 말루노. 아이고, 찌렁내야.

이번에도 또 이불에 방뇨를 했구나. 또 이 일을 어떻게 할 것이냐. 이불 말리려면 힘이 많이 든단다. 그 참 오줌 냄새가 독하구나, 독해.

그때 잠결에 화장실에서 소변을 보는 꿈을 꾸다가 번번이 이불에 오줌을 싸는 사건이 생기곤 했다. 그러면 할머니는 이 사실을 아시고 나를 야단치신다. 그런데 할머니는 이런 일이 있어도 다른 아이들 같이 키를 뒤집어 씌워 옆집에 소금을 꾸러 보낸 일은 한번도 없었다. 나의 소행을 질타하시면서 그 이불을 빨랫줄에 너시는 일로 내 자존심을 상하게 했지만, 다른 뒤탈은 없었다.

차마 귀한 손자에게 그런 가혹한 형벌만은 하지 않으려는 할머니의 배려가 아니었을까. 하여튼 그때 나는 이 일로 인하여 마음의 상처를 입지 않았다. 그런데 할머니의 수고는 대단했다. 물론 한두 번쯤은 이불 호청을 뜯어내고 요를 세탁해야 했다. 보기도 흉했고 무엇보다 악취가 심했다. 이불을 세탁하고 다시 꿰매는 작업은 젊은 아낙네들에게도 힘든 일이었는데, 하물며 늘 고단하시기 마련인 할머니에게는 과연 어떠하셨을까.

〈아버지! 그때는 저도 어쩔 수 없었던 하나의 생리현상이었습니다.〉

할머니 훈육 스무 여섯째 장

인에 난닝구, 빤수, 다 가라 이버라. 부처님이 니 안에 옷때 무두 거 안다 아이가.부처님이 그거도 모리까바. 내 시키는 대로 해라카이 그라네니깡 내깡 머가 그마리 부끄럽노.

지금 네가 속에 입고 있는 런닝셔츠, 팬티 등 더러워진 내의를 새것으로 갈아입도록 해라. 사월초파일을 맞이하여 오늘 백양사에 가서 부처님전에 발원해야 된다. 그런데 속옷이 깨끗하지 못하면 부처님전에 큰 실례가 될 뿐만 아니라, 혹 화근이 될 수 있을지도 몰라. 너와 내가 이 방에 단둘이 있는데, 무엇이 그렇게 부끄러우냐?

우리 가문의 종교는 불교이다. 옛날부터 할머니는 가문의 길흉화복이 있을 때나 부처님 탄신일에는 반드시 가까운 성안동에 위치한 백양사에 가셔서 발원하셨다. 경건한 마음자세로 흰 치마저고리를 입으시고 대웅전으로 가셔서 향을 피우고 부처님께 엎드려 큰 절을 하셨던 할머니였다. 한 많은 이 세상에 태어나셔서 무엇을 부처님께 발원하셨을까.자신의 옆에 있는 어린 손자의 장래를 위해서 수없이 발원하시고, 또 하셨을 테지. 하여튼, 사월 초파일은 할머니에게는 마음의 큰 명절이었다. 단정하게 꾸민 손자를 앞세우고서 산사를 찾아나서는 할머니는 그날 백팔번뇌 이상의 그 무엇이 가슴에 찾아들었을 것이다. 어찌 그것이 한두 가지이겠는가. 봄바람을 맞으며 산사를 찾아 자신의 모든 번뇌를 훌훌 털어 버리고 싶은 소중한 시간이었을 것이다. 그날 나는 모처럼 찾은 대웅전 금빛 부처님 앞에서 할머니와 함께 큰 절을 여러 번 올렸다. 코 끝에 와 닿는 향냄새, 스님의 목탁소리, 그리고 대웅전 뒤 소나무에서 지저귀는 이름 모를 새들과 송진 냄새 등이 한데 어우러져 묘한 조화를 이룬 채 할머니와 나의 불심을 북돋우고 감싸주었다. 참으로 편안한 시간이었다. 할머니의 백팔번뇌와 나의 백팔번뇌가 크고 작은 보따리로 싸매진 채 어느덧 부처님 앞에 이르러 한 송이 연꽃과 한 쌍의 나비로 변화하는 듯했다.

〈아버지! 불심이 지극하신 할머니는 항상 아버지의 극락왕생과 가문의 눈부신 앞날을 위해서 그렇게 부처님 전에 간절히 발원하셨습니다. 아버지의 영혼과 저의 영혼이 하나로 이어져 가장 밝은 등불이 되고 가장 아름다운 꽃이 되라고 그렇게 빌고 또 빌었습니다.〉

할머니 훈육 스무 일곱째 장

오늘 정제 또 누가 들어왔구나 식은 밥이 하나도 없네.

그 인간 덜은 오기만 하면 넘 밥해 놓은 거 다 쳐묵고 간다카이.우짜머 존노. 아이고 니 밥 굴멍거 아이가. 쇳때 채울 수도 없고. 이 일을 우짤끼고.

오늘 분명히 부엌에 불청객이 무단 침입한 게 틀림없어. 내가 준비해 둔 식은 밥이 없어졌으니. 친척들이 집에 오기만 하면 어찌해서 그들은 손자 몫의 점심까지 먹어 버리는고. 참으로 답답하구나. 자물쇠를 단단히 잠그고 다닐 수도 없으니 참으로 답답하구나.

우리 집은 시내 중심가에 위치해 있었다. 그래서 오일장이 들어서면 원거리에 있는 면 친척들이 닭이며, 잎담배, 채소류 등 여러 가지 물건들을 팔기 위해 시내로 모여들었다. 간혹 그 분들이 오일장에 왔다가 우리 집에 와서 점심을 잡수신다. 그런데 밥이나 반찬이 모자랄 경우에는 부엌에 들어가서 가마솥 안에 넣어 둔 내 점심까지 먹고는 그냥 가버린다. 내가 도착하면 그들은 이미 없고 흔적만 남겨져 있다. 물론 내가 먹을 점심밥도 이미 없어진 뒤다. 결국, 내가 시장터에 가서 할머니께 이런 정황을 이야기하면 할머니는 친척들의 그릇된 소행에 대하여 강한 질타와 나에 대한 안쓰러운 위로의 말씀을 하신다. 그리고 골목 어귀에 있는 팥죽가게에 가서 점심을 사주신다. 그때는 우리 집에 자물쇠 하나 없었다. 할머니와 내가 조금만 신경을 썼더라면 오일장이 다가왔을 때 자물쇠로 부엌문 정도라도 단속해 둘 수 있었을 것이다.

〈아버지! 할머니께서 사주신 그 팥죽 맛은 너무나 환상적이었습니다. 하지만, 그리운 아버지가 문득 떠오르면 그 맛난 팥죽마저도 자꾸만 목에 걸렸습니다. 그래서 가끔씩 먼 하늘을 쳐다봐야 했습니다. 그래서 괜히 뜬금없이 두리번거려야 했습니다.〉

할머니 훈육 스무 여덟째 장

이 지푸라기 무까서 모가지에 감고 이 뜨신 단물 한 그릇 마시고 구들목에 누버 있어바라. 거거 틀림없이 꺼실끼다.

쪼개 있으면 여리 마 내릴끼다.

이 지푸라기를 작게 묶어서 목에 감고 내가 가지고 온 이 따뜻한 설탕물을 마신 후 안방 뜨뜻한 아랫목에 누워 있어라. 내가 알기로는 회충일 것이야. 이렇게 하고 조금 있으면 반드시 열이 내려서 차도가 있을 것이다.

할머니와 나는 다행히 평소 건강이 좋은 편이었다. 할머니는 매일 중앙시장에 가셔서 그 어려운 장사를 하셔도 병석에 누우신 적이 없다. 할머니의 건강은 태어나실 때부터 남달랐다고 생각한다. 새벽 4시경에 일어나셔서 음식을 장만하시고, 바느질을 하시고, 그리고 나에게 온갖 훈계를 하셨다. 아침 식사를 나와 함께 하신 후 내가 학교 가고 나면 중앙시장에 가신다. 시장터에서 많은 사람들과 대화하신 후 저녁 반찬으로 갈치, 고등어 등을 사신다. 그리고 손자에게 줄 간식까지 꼭 챙기신 후 귀가하신다.

이렇게 집에 도착하는 시간은 대략 저녁 5시경이다. 하절기에는 약간 여유가 있지만 동절기에는 그 시간쯤이면 벌써 어두워져있다. 집에 오셔서 저녁을 지어 나와 함께 식사하고 대충 하루에 일어난 일들을 이야기 하신 후 주무신다. 대략 밤 9시쯤일까. 이상이 대충 할머니의 일과셨다. 한 마디로, 근면 성실로 이어가시는 할머니의 하루 일정이었다. 우리 가정의 수입은 할머니의 멸치 판매 수익금이 전부였다. 그러니 할머니의 건강은 곧 우리 가정의 필수항목이고 재산목록 제1호였다. 할머니의 건강과 부지런함이 유지되는 한 나의 건강은 부수적으로 잘 지켜질 수밖에 없었다.

결과적으로 우리 두 사람의 건강은 생존과 직결되는 것으로 인식되고 있었다. 간혹 내가 몸이 아파 학교에 가지 못할 경우에는 할머니도 아예 시장에 나가지 않고 내 간병에 전념하신다. 눈물 어린 할머니의 간병은 나에게 큰 감동으로 가슴에 남아 있다.

내 곁에는 할머니 밖에 없었다. 그날도 내가 아프다고 하니까 마당 한구석에 나가서 지푸라기를 몇 개 가지고 오셨다. 그리고는 그것을 내 목에 감아 주시고 구하기 어려운 설탕을 인근 가게에서 사 오셔서 설탕물을 끓여 나에게 먹였다. 그리고 그 주름진 손으로 나의 아랫배를 살살 어루만져 주시면서 위로해 주셨다. 할머니의 약손 덕택으로 나는 별 탈 없이 저녁 무렵 자리에서 일어날 수 있었다. 그때 환호작약(歡呼雀躍)하시던 할머니의 환한 표정을 지금도 잊을 수 없다. 나는 아플 때마다 할머니의 그 가없는 사랑 덕분으로 자리에서 일어날 수 있었다.

〈아버지! 할머니의 그 약손이 지금도 너무 그립습니다. 그때는 그렇게 거칠게만 느껴지던 약손인데, 왜 아직도 그리 그립기만한지 모르겠습니다.〉

할머니 훈육 스무 아홉째 장

이노무 손아. 빨리 그 보재기카 보따리 사라카이 머하고 있노.

시방 대부뚝이 터진다 앙카나. 억시기 비가 오는갑따. 아이구 이 일을 우짜머 좋노. 퍼떡 니 가방부터 챙기라 앙카나. 아이고 시상에.

손자야. 신속하게 그 보자기로 각종 물건을 싸라. 지금 제방이 무너진다고 그러는구나. 참으로 비가 많이 올 것 같다. 정말 이 일을 어찌하랴. 빨리 네 가방에 교과서 먼저 챙겨라.

장마철이 다가오는 7, 8월경이 되면 항상 시내는 폭우로 물에 잠긴다. 그 당시에는 배수시설이 원활하지 못했기 때문에 비가 약간만 많이 쏟아져도 시내는 곧 침수되곤 하였다. 그러한 재앙은 연례적으로 찾아왔다. 그러면 할머니와 나는 물이 차기 전에 갖가지 살림도구, 특히 옷 몇 가지와 이불을 보자기에 싸서 먼 친척이 있는 고지대로 피신했다. 그 와중에서도 할머니의 피난목록 제1호는 내 책가방이었다. 다른 물건은 시중에서 구입이 가능했다. 하지만, 내 책은 시중에서 쉽게 구할 수 없었던 것 같다. 어쨌거나 할머니의 그런 정성으로 내 책가방은 늘 칙사 대접을 받았다. 책을 소중하게 여기시던 할머니의 평소 품성 탓도 있었다고 생각한다. 어떠한 천재지변이 닥치더라도 손자의 공부만은 결코 중단할 수 없다는 할머니의 강한 의지의 표현이었다고 생각한다. 할머니께서는 평소 나의 학교생활에 대한 관심을 밖으로 잘 나타내지 않으셨다. 나 또한 학교생활에 관한 한 할머니께 걱정을 끼쳐드리지 않으려 최선을 다했다. 하지만, 할머니께서 내심 제일 가문에 중요하게 생각한 것은 아마도 나의 학교생활이 아니었을까.

〈아버지! 할머니 덕분으로 그때 제 공책과 교과서는 안전할 수 있었어요. 그리고 영광스럽게도 늘 우리 집 재산목록 1호였어요.〉

할머니 훈육 서른 번째 장

개미 거거 묵어도 갠찬타카이 그라네. 그거 마이 묵으면 힘이 대기 세진대이. 내가 머 니한테 거짓말하까방. 까딱업따카이 그라네.

점심 때 솥 안에 넣어둔 밥 속에 아마 개미가 들어갔나 보구나. 그런데 개미는 위생상 우려할 것은 아니야. 그리고 오히려 그 개미를 밥과 함께 씹어 먹으면 연약한 너의 체질에 힘이 될 수 있을 것이다. 밥에 개미가 다소 들어 있더라도 개의치 말고, 그냥 먹어도 아무 문제없다.

내가 초등학교에 다니던 오십 년대 후반은 국가적으로나 가정적으로 경제가 아주 어려울 때였다. 그만큼 당시 살림살이는 의식주 해결 정도로 만족하는 수준이었다. 할머니께서는 나의 점심밥 한 그릇을 식지 않게 하려고 늘 가마솥에 넣어 두셨다. 그런데 그 당시 부엌은 구멍이 여러 군데 나 있어 바람과 먼지가 제멋대로 드나들었다. 더욱이나 부엌 바닥이 그냥 흙바닥이었기 때문에 여러 가지로 불편했다. 가마솥 뚜껑 틈새로 개미들이 이리저리 들어가서 제 세상처럼 멋대로 쏘다녔다. 밥 속을 많은 개미들이 헤집고 다닌 것은 말할 것도 없었다. 나는 이런 밥그릇을 보면 그 개미를 입으로 불고 젓가락으로 후벼낸 뒤 어렵게 그 밥을 먹는다. 할머니는 이런 이야기를 들으시고 혹시 그 귀한 밥을 먹지 않고 버리지나 않나 하는 노파심과 속이 상한 나를 위로해 주시기 위해서 '개미식용론'을 펴셨다.

그러나 나는 그렇게 많은 개미를 먹어도 체력은 크게 향상되지 않았다. 물론 다행스럽게도 배탈도 나지 않았다.

〈아버지! 개미 한 마리까지도 보양식이 되게 하신 조상님들의 음덕에 깊이 감사드립니다.〉

할머니 훈육 서른 첫째 장

이노무 손아. 말 좀 해라. 이불은 말라꼬 더퍼씨고 있노.

똥구멍으로 숨수지 말고 내가 어제 그마이 준 돈 다 우쨌노.

하루이틀도 아이고 우짤라카노. 안자.

손자야. 답답하구나. 속 시원히 말을 하려무나. 이 이불을 벗겨야 네가 바른 말을 하겠느냐. 잠자코 가만히 있지 말고 내가 어제 너에게 충분히 준 용돈의 사용내역을 솔직히 말해다오. 계속 이렇게 행동하면 어떻게 하느냐?

추운 겨울 새벽 다섯 시경. 할머니는 일찍 일어나셔서 전날 인근에서 들은 나의 갖가지 비행에 대하여 말씀하신다. 할머니로서는 아무리 생각해도 도저히 이해할 수 없는 노릇이었던 것 같다. 며칠 전 넉넉하게 지급한 용돈을 어느새 다 탕진하다니… 이런저런 몇 가지 사례들을 가지고 손자에게 직접 하문하는 것이 최상의 방책임을 인지하신 할머니셨다. 나는 할머니의 준엄하신 심판 앞에 원죄를 범한 죄인같이 아무 답변을 못하고 이불을 푹 덮어쓴 채 숨소리마저 죽이고 그냥 누워 있었다. 그때 내가 할 수 있는 최상의 비책은 바로 묵비권이 아니던가. 지금에야 고백하지만 그 당시 할머니가 주신 용돈의 사용내역은 돈치기가 절반이고, 군것질하기가 그 다음이었다.

할머니가 어렵게 벌어 주시던 그 용돈을 헛되이 사용한 것이 지금에 되돌아보아도 그저 한없이 죄송스러울 따름이다. 돈의 중요성을 바로 알지 못했던 그때였다.

〈아버지! 해도 해도 제가 너무 했어요. 그때는 왜 그리도 한심하고 어리석기만 했을까요. 너무 늦었지만 뼛속까지 스며들 정도로 깊이, 깊이 반성하고 후회합니다.〉

할머니 훈육 서른 둘째 장

저녁도 안 쳐묵고 저노무 손은 머하노. 밤 느까 말라꼬 자꾸 댕기노. 저래가 우짤라카노. 저 발모가지 좀 보라카이. 좀 씻꼬 들어가면 머 기신이 잡아묵능강.

저녁 식사도 거른 채 무슨 용무가 그렇게도 많으냐. 매일 밤늦게 다니면 어떻게 하느냐. 참으로 답답하구나. 네 발등을 좀 봐라. 저렇게 흙이 묻었는데 그냥 방에 들어가려고 하면 어떻게 하느냐. 제발 좀 청결하게 한 후 네 방에 들어가도록 해라.

수업을 마치고 집에 오지만, 집에서 나를 반겨 주는 사람은 아무도 없다. 나는 자연히 가방을 마루에 내팽개치고 나서 친구들과 어울려 함께 논다. 이렇게 동네 친구들과 함께 어울려 노는 일은 어떤 측면에서는 나에게 반사이익이 되는 점도 있었다. 첫째, 적막함과 외로움을 잊어버릴 수 있었다. 둘째, 각종 놀이를 통하여 시간을 보내는 바람에 알게 모르게 성격형성에 큰 도움이 되었다고 생각한다.

만약 나에게 그런 시간이 없었다면 나는 염세주의에 빠져 아마 정상적인 성격을 갖지 못했을 것이다. 갖가지 놀이를 통해 불우한 환경을 이겨낼 수 있는 역량이 커질 수 있었을 텐데도, 할머니는 그런 점을 이해하지 못하고 나를 나무라셨다.

할머니의 강력한 지시가 있게 되면, 나는 찬물에 발등을 씻는 고통을 감내해야만 했다.

〈아버지! 그저 무턱대고 놀기만 한 것이 결코 아닙니다. 친구들과 사귀며 나름대로 즐거운 시간을 가졌습니다. 덕분에 외로움을 많이 털어낼 수 있었습니다. 덕분에 의외로 붙임성 있다는 말도 들었습니다.〉

할머니 훈육 서른 셋째 장

세상에 시문날 일도 다 있제. 넘새시러버서 우째 댕길라카노.

아무리 생각해봐도 세상에 거기 있을 수 있넌 일이가. 내 참 더러버서.

이런 불미스러운 일이 어떻게 일어날 수 있느냐. 남 보기가 민망해서 어떻게 대낮에 활보할 수 있겠느냐. 자신의 그릇된 행동에 대해 깊은 성찰이 뒤따라야 될 일이야. 아무리 생각해 봐도 용납될 수 없는 일이야.

할머니는 멸치장사를 하시면서 자연히 하루 종일 많은 사람들과 만나 그들의 이야기를 듣곤 하신다. 친구는 물론이고 오다가다 잠시 접하시는 먼 친척들에게 자신이 경험하지 못한 갖가지 사연들을 들으시니 그 기쁨도 컸으리라. 할머니는 그 전날 일어난 모든 사건사고 가운데 가장 심금을 울린 충격적인 내용을 기억해 두셨다가 새벽녘에 자신의 감정을 넣어 주관적인 판단기준을 가지고 이야기하신다.

혼자 살아가는 포목상 과부가 있었다. 그녀의 나이는 50대 초반이었고 자녀들도 있었다. 남편과 사별한 지 오래되었기 때문에 아마 외로웠을 것이다. 자연히 그녀는 어떤 남자를 만나고 있었는데 그에게는 가족도 있었다. 본처가 그 사실을 알게 되었고 그녀 집에 찾아가서 대판 싸움이 벌어졌다. 불륜이 들통 난 현장은 추잡하다. 자녀들 앞에서 당한 그녀의 심정이 어떠했으랴.

〈아버지! 남의 사생활에 너무 신경 쓰시면 할머니 건강에도 그렇게 썩 좋지 않지요. 할머니는 늘 험담보다는 교훈거리를 들려주셨지요. 시장터는 할머니의 사랑방이고 제게는 새로운 학교였답니다.〉

할머니 훈육 서른 네째 장

김밥하고 달알하고 그리고 카스테라 너어시면 댓찌, 또 머가 피로하노.그리고 사이다도 거기 너어낫따. 무신 돈이 피로하노. 그래, 여기 있다.차 조심하고 댕기 오너라. 선상님 말씀 잘 듣고.

소풍 가는 데 김밥, 삶은 달걀, 카스테라빵, 사이다 등을 준비했으면 된게 아니냐. 그런데 또 무슨 용돈이 별도로 필요하다고 하느냐. 그래, 여기 용돈도 주마. 차 조심하고 잘 다녀오너라. 특히, 단체행동을 할 때는 인솔을 담당하시는 담임선생님의 지시사항을 꼭 명심해야지.

초등학교 때 가장 우리의 가슴을 설레게 하는 행사 가운데 하나는 바로 소풍이었다. 봄, 가을, 일 년에 두 번씩 소풍을 갔는데, 그때는 결석하는 학생이 한 명도 없을 정도로 모두들 좋아하였다.학년 별로 행선지가 정해지면 행시 당일 전까지도 그 장소는 모두의 화젯거리가 되었다. 행선지 선정은 전체 교무회의에서 학년별, 체력, 학습효과 등을 감안하여 결정되었다. 전설을 간직한 채 태화강 상류 한가운데 서있는 선바위, 임진왜란 때 축성한 학성공원, 조개섬, 백양사 등이 주요 소풍 행선지였다. 나는 할머니를 졸라 갖가지 간식 품목을 사달라고 한다. 그러면 할머니는 나의 요구사항을 대부분 들어주신다. 그리고 김밥은 한가운데 장아찌를 넣고 둘둘 만 채로 자르지 않고 그냥 신문지에 싸주신다. 할머니의 정성이 담긴 김밥은 보기와는 달리 내 구미에 잘 맞았다. 준비가 끝났는데도 출발하지 않고 머뭇거리면 할머니께서는 눈치를 채시고 용돈을 주셨다. 나는 그 용돈을 당일 다 탕진했다.

〈아버지! 고운 분홍색 치마를 입으신 어머니 손을 꼭 잡고 소풍 한 번 가고 싶었습니다. 일 년 단 두 차례인데 그렇게 어려웠나요.〉

할머니 훈육 서른 다섯째 장

시방 시간이 며신데 안죽까지 누버있노. 해가 중천에 떴다.

퍼떡 일라가 이불개라 앙카나. 다른 아들은 일나가 지가 방 청소도 한다카던데 니는 와글노. 다른 아들 뽄쫌 바라.

지금 기상시간이 훨씬 지난 8시가 다 되었다. 벌써 해가 많이 떠올랐다. 모두들 일어나 활동하는데 너도 빨리 일어나서 스스로 이불을 개어 차곡차곡 올려놓도록 해라. 그리고 자리에서 일어났으면 방 청소도 좀 하렴. 다른 아이들 장점은 좀 잘 배우거라.

나는 여름방학이나 일요일에는 간혹 늦잠을 즐기곤 했다. 전날 밤 친구들과 놀다 늦게 잠자리에 든 경우도 있고 꿈 속을 헤매다가 자연스럽게 늦잠을 자는 경우도 있었다. 그런데 할머니는 일 년 내내 늦잠을 주무시는 경우가 없다. 하루도 어김없이 일찍 일어나셔서 부엌일부터, 채소밭 가꾸고 채소 다듬는 일까지 혼자서 다 하셨다. 할머니는 어쩌면 저토록 부지런하실까. 잡다한 집안일을 즐기며 하시는 것 같다. 할머니의 그런 생활자세가 바로 할머니의 건강과 우리 가정을 지켜주는 든든한 기둥이었다.

나는 한 번도 할머니보다 먼저 일어나 본 적이 없었다. 게다가 늦게 일어난 나는 이불도 그대로 둔 채 세수부터 하러 나간다. 자연히 방 청소와 이불 개는 일도 할머니께서 손수 하셨다. 지금도 나는 내가 너무했다고 뉘우치며 깊이 후회한다.

〈아버지! 저희 아이들은 이제 각자 잠자리 잘 챙기고 있습니다. 할머니 속 썩여 드리던 저와는 너무도 다릅니다. 그래서 더욱더 아버지, 어머니 두 분께 꼭 자랑한 번 하고 싶습니다.〉

할머니 훈육 서른 여섯째 장

저 방에 외하고 돈 나뚜나이시까네, 배 고플찍에 무꼬 해라.

그 외가 잘 익었을끼다. 속내장은 버리지 말고 무거라. 알게쩨.

네 공부방에 잘 익은 참외랑 네가 오늘 쓸 용돈을 책상 위에 놓아두었다. 학업에 정진하다 보면 얼마나 배가 고프겠느냐. 너무 공부만 하지 말고 간식을 즐기면서 학업에 정진하도록 하여라. 그리고 참외 속은 버리지 말고 다 먹도록 해라.

그때 할머니는 내가 공부하는 모습을 보는 것을 제일 큰 기쁨으로 여기신 것 같다. 나는 여름방학이 되면 하루계획표를 나름대로 작성하여 책상 위 벽에 붙여 놓고 초지일관 그 일정표에 따라 행동했다. 그리고 건강관리를 위해 친구들과 각종 놀이를 함께 즐기기도 했다. 이런 나의 일관된 모습을 목격하시고 할머니는 시장터에 나가시면서 흡족한 마음으로 나에 대한 격려와 간식에 대한 배려를 해주셨다.

할머니의 그 자상함이 오랜 세월이 지난 지금에도 그대로 나의 가슴에 남아 있다. 나는 할머니가 참외 같은 과일을 책상 위에 두고 나가시면 부엌칼을 가지고 들어와 껍질을 깎아 먹는다. 혼자 참외를 먹는 것은 비록 그 자체는 맛이 있을지 몰라도 분위기 등 정황을 감안하면 외로운 간식시간이었다. 만약 부모님이 살아계셨더라면 내 공부방에 들러 수시로 간식을 주시고 나에게 격려의 말씀을 해주셨을 것이다.

〈아버지! 그 맛난 간식을 온 가족이 함께 즐겼으면 얼마나 좋았겠습니까. 혼자 먹는 간식은 감사하면서도 왠지 서글펐습니다.〉

할머니 훈육 서른 일곱째 장

맨날 내만 보면 돈 줄라카네. 이노무 손아. 내가 무신 돈 찌거내는 기계가. 어제 내가 준 그 돈은 다 우짼노.

너는 나만 보면 항상 용돈을 달라고 하느냐. 손자야, 늙은 내가 무슨 돈이 있겠느냐. 어제 내가 준 용돈은 어디다 어떻게 사용했는지 그 명세부터 한번 알아보자구나.

내가 자립하여 수입이 있을 때까지 모든 비용의 창구는 할머니의 쌈지, 바로 그곳이었다. 할머니는 우리 가계의 수입과 지출을 담당하고 있는 책임자셨다. 의식주 해결은 물론 나의 사소한 간식 경비, 전기사용료 등 모든 지출은 할머니의 그 멸치 판매 수입에서 집행되었다. 말하자면 각종 지출의 대부분은 내가 하고 지급은 할머니께서 총체적으로 하셨다.

그러자니 할머니는 자연히 가계운영 전반에 대하여 신경을 쓰지 않을 수 없었다. 지출 분야 가운데 주요항목은 바로 나의 용돈이었다. 할머니가 나에게 용돈을 주느냐, 주지 않느냐, 적게 주느냐에 따라 당일 나의 기분이 크게 좌우되었다. 그래서 할머니와 나 사이에는 용돈 지급에 따른 분쟁이 암암리에 자주 일어났다. 간혹 과다하게 받아낸 용돈의 사용처에 대하여 할머니로부터 문초를 당하는 일이 있었다.

그때 왜 나는 용돈을 아껴 쓰는 버릇에 길들여지지 못했을까. 그 많은 용돈을 할머니께 타냈지만 유효하게 사용한 적이 과연 몇 번이나 될까.

〈아버지! 제 집사람은 그때의 저와 달리 제 아이들에게 용돈을 아주 적절하게 주고 있어요. 그리고 저와 달리 다들 아껴쓰고 고맙게 쓰고 있어요. 참 기득하고 대견한 일이지요.〉

할머니 훈육 서른 여덟째 장

복짱을 올케 무거야 재물을 덜어온다. 시커먼 소금 가지고

이시먼 거기 안댄다 아이가.

올바른 심정을 가지고 생활하면 자연히 재물이 모아진다.

사리에 밝으신 할머니는 대인관계에 있어서도 시시비비를 잘 가려 처신하셨다. 평생을 곧게, 올바른 인생관을 가지시고 생활하셨는데 그런 할머니의 행동은 옆에서 지켜보고 성장한 나에게도 많은 영향을 끼쳤다. 재산이 아무리 귀해도 남을 궁지에 몰아넣으면서 막무가내로 모으려 하지 말라고 하셨다. 음모를 꾸며서 반사이익을 얻는 것은 올바른 재산 증식방법이 아니라고 하셨다. 사상누각(砂上樓閣) 같이 언젠가는 잃어버린다고 생각하셨다.

할머니의 남다른 생애를 줄곧 지켜본 내가 얻은 결론은 분명했다. 할머니의 총체적인 인생 구심점을 한 마디로 말하면 바로 정의 구현에 대한 열정이었다. 남들의 옳지 못한 행동을 비판함으로써 손자에게 좋은 환경을 조성해 주려고 노력하신 것이다. 오염된 환경 속에서 손자를 지켜 내시려는 할머니의 지극한 정성은 나에게 가장 훌륭한 교육현장이 되었다.

『채근담(菜根譚)』에 이르기를, “덕(德)은 재주의 주인이요, 재주는 덕의 종이다. 재주가 있고 덕이 없으면 집에 주인이 없고 하인이 집안일을 알아서 하는 것과 같다. 그러니 어찌 도깨비가 마구 날뛰지 않겠는가.”라고 하였다. 선의의 경쟁을 북돋우는 것이 바로 자본주의체제 아래서 살아가는 우리 모두를 위한 가장 바람직한 국민교육의 방향이 아닐까.

〈아버지! 저는 할머니의 가르침대로 늘 올바르게 살아가려 애쓰고 있어요. 가문의 밝은 미래는 바로 가족의 바른 생활에 있겠지요.〉

할머니 훈육 서른 아홉째 장

지금도 촌에 가바라. 매치 몇 마리 서로 묵을라꼬

아들끼리 서로 싸운다 앙카나. 촌에서 머 나는 기 있나.

시간이 있으면 오지에 한 번 직접 가봐라. 이렇게 귀한 멸치가 있으면 서로 먹으려고 형제들끼리 식사 때마다 다툰다고 하더구나. 그만큼 멸치는 풍부한 영양 공급원이야.

멸치볶음은 우리 집 반찬의 주류를 이루고 있었다. 그 당시 가정에서도 멸치는 갖기지 반찬에 단골양념으로 사용되었다. 할머니는 된장찌개에 멸치를 넣어 맛을 내셨는데 그 맛이 정말 일품이었다. 보글보글 끓는 된장국 속에 들어간 한 움큼의 멸치가 바로 할머니의 정성이 깃든 우리 집 명품 요리의 일등공신이었다.

그런데 나는 멸치 국물은 즐겨 먹으면서도 그 속에 있는 멸치만은 밥상 위에 꼭 가려내놓기 일쑤였다. 이것을 보시고 할머니는 칼슘이 풍부한 멸치를 손자가 꼭꼭 다 씹어 먹기를 바라셨던 것 같다. 생선을 구하기 어려웠던 시절이 아닌가. 할머니는 생선 대신 된장찌개에 멸치를 듬뿍 넣어 편식을 방지하고 풍부한 칼슘을 공급해 주셨다.

〈아버지! 요즘은 조미료가 너무나 흔해졌어요. 하지만, 저는 아직도 할머니의 요리 비결이던 그때의 그 멸치를 눈물겹게 그리워합니다. 그 구수한 된장찌개 냄새가

아직도 목구멍 깊이 남아 있습니다.〉

할머니 훈육 마흔 번째 장

수언 원호원에 갈래. 거기는 시설도 그래 잘 대있따 카드라.

우리는 거기 들어갈 자격이 댄다 카더라. 거기 드러가면 니 치직도 학교졸업하며 바로 댄다 카더라.

원호처 산하 양로양육 보호시설이 수원에 있다고 들었다. 전국의 무의무탁한 원호가족들이 입주를 신청하면 자격요건의 합당여부를 가려 입주를 허용한다고 한다. 그런데 현재는 아무도 없기 때문에 누구든 입소만 신청하면 언제든 입소할 수 있다고 들었다. 입주만 되면 의식주 해결은 물론이고 고등학교 졸업 후 네 취직까지도 그 곳에서 다 해결해준다고 들었다

나라와 민족을 위해 자신의 몸을 아끼지 않은 수많은 전상 군경과 하늘같은 남편을 나라에 바친 미망인, 그리고 사랑스러운 자식을 나라에 바친 부모, 그리고 아버지를 잃은 유자녀 등이 바로 원호가족이었다. 하나, 나라에서는 이렇다 할 뾰족한 대책을 세우지 못한 채 원호가족들의 어려운 생활을 그대로 방치하고만 있었다. 솔직히, 전국의 원호가족에 대해 당시 정권은 아무런 생활대책을 세워주지 못하고 있었다. 풍전등화(風前燈火)라는 말처럼,

6·25전쟁 때의 대한민국은 실로 바람 앞의 촛불이었다. 누란의 위기에서 조국을 구한 수많은 호국영령들은 피 흘려 싸워 승리를 거뒀지만 돌아온 것은 의외의 냉대뿐이었다. 그럴 수는 없는 노릇이었다. 국가에서 이들을 냉대하니 사회나 주변에서조차도 덩달아 냉대하기 일쑤였다. 이승만 정권의 실정 가운데 하나였다.

5·16군사혁명 이후 등장한 국가재건최고회의는 국가재건 비상조치법에 의하여 설치된 실질적인 최고 권부였다. 입법, 행정, 사법을 실질적으로 총괄했다. 혁명과업의 성공적인 완수를 위하여 비상조치로 설치된 국가의 최고통치기관이었다. 박정희 의장은 정권을 잡은 뒤 정치, 사회, 문화 등 모든 분야에 걸쳐 대대적인 개혁조치를 단행했다. 그 가운데 주목해야 할 부분이 바로 정부조직의 대폭적인 개편이었다. 신설된 정부부서 가운데 보건사회부 산하 군사원호처라는 기구가 있었다.

무의무탁 보훈가족, 즉 부모와 자녀들을 수원 원호원 양로양육시설에서 보호해주었다. 특히 자녀의 경우에는 고등학교까지 무료교육을 시켜 사회에서 정착할 수 있도록 여러 가지 혜택을 주었다. 5·16군사 쿠데타는 그런 부분에서 국민적인 지지를 받았다.

고달픈 인생을 살아오신 할머니께 그러한 수원 양호원은 많은 의미를 가지고 있었다.

첫째, 확실한 생계가 보장되고, 손자가 고등학교를 졸업하면 틀림없이 취업을 시켜준다는 사실이었다. 둘째, 수원 원호원에 가면 현재의 가옥을 처분하지 않아도 된다는 나름대로의 계산을 하신 것 같다. 그러나 내 생각은 할머니와 조금 달랐다. 나는 고향에서 태어나 많은 친구들을 사귀면서 나름대로 즐겁게 살아가고 있었다. 그런데 어느 날 갑자기 낯선 객지에 가서 생활해야 한다는 것은 상상하기조차 어려웠다.

할머니의 말씀대로 수원 원호원에 가서 할머니는 양로시설에 들어가시고, 나는 양육시설에 입소했더라면 우리 가정의 모습이나 할머니와 나의 인생은 너무나 달라졌을 것이다.

인생유전(人生流轉). 할머니가 그런 말씀을 하신지 사십년 후, 그리고 할머니가 돌아가신 5년 뒤에 내가 한국보훈복지공단 직원으로서 그 양로양육시설에서 근무하게 될 줄이야.

할머니께서 자주 말씀하시던 것을 되새기면서 직무에 나름대로 충실했다고 자부한다.

2001년 8월 5일은 국가보훈처 창설 40년이 되는 뜻 깊은 날이었다.

국가보훈처는 지난 1961년 7월 5일 군사원호청 설치법이 제정되어 그해 8월 5일 군사원호처로 출발, 오늘에 이르게 된 것이다.

보훈처의 주요시책을 되돌아보자. 70년대는 생계안정을 위한 자립기반 확립이었다. 80년대는 국가 유공자의 희생과 공헌에 상응하는 명예로운 생활을 위한 보훈이념을 적극적으로 펼쳐 보훈구현에 새로운 이정표를 마련했다. 1984년 군사원호보상법 등 7개 법률을 '국가유공자 예우 등에 관환 법률'로 흡수 통합하여 보훈이념과 비전을 실현할 수 있는 법률체제를 확립했다.

그리고 한국 보훈복지공단과 산하의 보훈단체들을 통하여 보훈가족 복리증진과 보훈이념 확산에도 기여했다. 90년대에 들어와서는 재향군인회를 산하단체로 편입시켰다. 이어 많은 관련 법률들의 신설과 개폐를 통하여 창립 초기에 비해 각종 다양한 사업들이 많이 추진되었다.

이제 보훈처는 1백3십만 보훈가족의 정신적인 구심 부서로서 서울특별시 영등포구 여의도동 17-23번지 광복회관 건물 내에 자리잡고 있다.

21세기를 앞두고 시대상황과 보훈환경 변화에 걸맞은 정책개발과 비전을 통해 보훈업무의 발전을 이루기 위한 '중장기 보훈정책 발전방안'이 반드시 성공하여 보훈가족들의 삶에도 크게 기여하리라고 본다. 현재 박승춘처장은 선제적 보훈구현을 위해 매진하고 있다.

〈아버지! 비전 있는 국가보훈행정은 모든 보훈가족의 크나큰 소망이지요. 나라 위해 희생하신 그 많은 호국영령 앞에서 온 국민이 다짐한 일이니, 언젠가는 꼭 보란 듯이 만개하겠지요.〉

할머니 훈육 마흔 첫째 장

뱃떼지 깔고 그래 누버있시머 머가 묵을끼 생기나. 무신 만하책을 맨날 보노.

배를 방바닥에 깔고 엎드려 있으면 어떻게 하느냐. 매일 만화책을 즐겨보면 좋지 않다.

어릴 때 나에게 동심을 심어 준 책은 만화책이었다. 가게에 가서 만화책을 보는 경우도 있었지만 간혹 서점에서 만화책을 빌려서 무료한 시간을 보내기도 했는데 만화책이라고 다 나쁘다고는 할 수 없었다. 그 가운데는 교육적인 내용도 상당히 있었고 이해하기 쉽게 편집하여 어린이들에게 꿈과 이상을 심어 줄 수 있도록 제작된 것도 많았다.

예를 들면 장화홍련전, 홍길동전, 유충열전, 심청전, 그리고 그 밖에는 일제의 잔학상을 그린 내용 등이 있었다.

그러나 할머니는 이런 내용 자체를 모두 무시하고 만화 그 자체에 대한 거부감이 너무나 강했다. 그래서 나는 만화책을 빌려 오면 다락이나 이불 속에 깊숙이 감추어 두고 탐독하기도 했다. 왜냐하면, 그 속에는 학교에서 배우지 못했고 사회에서도 볼 수 없었고, 그리고 할머니 말씀 가운데도 없는 갖가지 재미있는 내용들이 들어 있었기 때문이다.

그것은 성장해가는 나에게 꼭 필요한 내용들이었기 때문이다. 만약 아버지께서 곁에 늘 계셨다면 나에게 그 만화책이 대체 무슨 소용이 있었겠는가.

〈아버지! 내용이 훌륭한 만화책도 있어요. 무엇보다도, 나라 위해 희생하신 분들에 대한 영웅담이 아주 많아요. 어디 그뿐인가요? 풋내 나는 철부지 애들 사이의 우정과 의리 같은 것도 있었지요.〉

그 인간은 저거 엄마한테 우째 그라노? 저거 엄마가 무신 돈이 있노? 논하고 밧타고 다 파라시까네. 아이고! 저거 엄마도 고생이다. 저런 아덜 열 명 있시먼 무신 소용있노.

아들이 자신의 친어머니에게 어떻게 그렇게 대할 수 있나. 엄마가 무슨 돈이 자꾸 생기느냐. 물려받은 재산을 팔아 탕진하고 어떻게 또 저렇게 하는지 모르겠다. 이제 그 엄마가 고생되겠다. 불효하는 자식들이 아무리 많은들 무슨 소용이 있겠느냐?

효(孝)를 강조하신 말씀이다.

자식이면 당연히 부모를 모셔야 되고 물려받은 재산을 잘 관리하여 가문을 진작시켜 나가는 일이 자식 된 도리이거늘 어찌하여 그 집은 그렇게 불효한 아들들이 어머니에게 행패까지 부릴 수 있는가. 『명심보감』에서 다섯 가지 불효를, "게을러서 부모를 돌보지 않음, 노름과 술을 좋아하여 부모를 돌보지 않음, 재화와 처자만을 좋아하여 부모를 돌보지 않음, 유흥을 좋아하여 부모를 욕되게 함, 성질이 사납고 싸움을 잘하여 부모를 불안케 함" 이라고 하였다.

이 오불효(五不孝)를 음미해 보면 멀리 있는 게 아니라 바로 자녀들의 평소 마음자세에 있다는 생각이 든다. 할머니의 이런 말씀은 아마 순국하신 아버지를 염두에 두고 하신 것 같다. 그토록 효심이 지극하신 아버지. 그 아버지를 한 없이 그리워하신 할머니의 그 주름 잡힌 얼굴을 보며 나는 과연 그 때 무슨 생각을 했을까.

〈아버지! 이제 저승에서라도 온 가족이 정말 재미있게 지내세요. 이승의 저희는 조상님들 덕분에 최선을 다해 열심히 살고 있어요.〉

할머니 훈육 마흔 셋째 장

다른 아들하고 싸우지 마라. 그리고 선생님 말씀 잘 듣고

길 건널 때 차 조심해라. 운제 온다꼬? 그라이 두빰 자고 온나 이그제?

친구들과 다투지 마라. 그리고 긴 여행에서는 무엇보다도 선생님의 주의사항을 꼭 명심하거라. 제일 중요한 것은 교통사고이다. 2박 3일간의 수학여행이니까 항상 조심하거라.

수학여행의 기본목적은, 첫째, 나라의 중요한 곳을 직접 견문함으로써 교과서와 학교에서 배운 것을 실질적으로 다질 수 있고, 식견과 사상을 심화시켜 알찬 앞날을 설계하게 하는 데 크게 이바지하기 위함이다. 둘째, 교외에서의 집단적 행동을 통하여 건강, 안전, 집단생활의 규칙, 공중도덕 등에 대하여 충분한 체험을 얻을 수 있다는 것이다.

초등학교 때 수학여행 행선지는 경주였다.

수학여행은 소풍과 달라서 목적지에서 숙박을 하는 것이었다. 숙박 장소는 문화여관이라고 기억된다. 기차를 타고 황금 들녘이 무르익은 차창 밖 풍경을 바라보며 정말 재미있게 수학여행길에 올랐다. 석굴암, 불국사, 첨성대, 다보탑, 석가탑, 안압지 등 참으로 볼 것도 많고 느껴지는 것도 많았다.

모두들 난생 처음 보는 세계인 듯이 마냥 신기해했다. 다들 들뜬 상태라서 쉽게 잠들지 못했다. 그래서 밤새도록 장난을 치며 즐겁게 시간을 보냈다. 경주는 다행히 가까운 위치에 있었기 때문에 초등학생들의 수학여행 장소로는 최적지였다.

중학교의 수학여행지는 서울이었다. 기차를 타고 장시간 여행 끝에 서울 관철동 모 여관에서 하룻밤을 보내게 되었다.

처음 본 1960년대 초반 서울의 풍경을 지금은 다 기억할 수 없다. 많은 차량과 인파, 그리고 고층 빌딩들이 가장 인상 깊었다. 덕수궁, 경회루, 창경원, 그리고 시내 모습…

고등학교 역시 설악산을 거쳐 서울이었다. 전세버스를 타고 우리 일행은 부산을 출발하여 강원도 설악산에 도착했다. 황금들녘이 농부의 바쁜 손길을 기다리고 있었다. 청명한 가을 날씨, 곱게 단풍이 든 설악산 계곡에서 우리는 추억어린 시간을 보낼 수 있었다.

설악산의 한 여관에서 하룻밤을 지내고 비포장된 강원도 국도를 따라 서울에 도착했다. 중학교 때 수학여행으로 다녀간 이후 두 번째 보게 되는 서울 시내였다. 크게 달라진 게 없어 보였다. 수많은 차량행렬은 물론이고 오일장이 매일 열리는 것처럼 인파로 북적였다. 우리는 일정에 따라 이곳저곳을 다니면서 즐거운 시간을 보냈다. 나는 할머니가 말씀하신 대로 선생님의 주의사항을 숙지했고 도로를 다닐 때는 특히 차를 조심했다.

학창시절의 수학여행은 나에게 현장과 세상이 넓다는 인식을 심어 주었다. 아쉬움이 있다면 너무나 빠듯하게 짜진 일정 때문에 학생들이 너무 피곤해하는 것이었다.

〈아버지! 단 한 차례도 온가족이 다 함께 여행해보지 못한 것이 한스럽습니다. 그래도 저희는 지금 이승에 남은 가족끼리라도 오순도순 함께 붙어서 여기저기 잘도 다닌답니다.〉

할머니 훈육 마흔 네째 장

찔락거리고 댕길 때 알아밧다카이. 지가 어데가 잘난노.

그 만턴 재산 다 털어무꼬 안자 우짤라카노.

자신의 처지도 감안하지 않고 분수에 걸맞지 않게 행동하더니 그 많던 재산도 일시에 날려버리고 장차 그 사람은 어떻게 할 것인가. 자신의 능력과 처지를 감안해서 사회생활을 해야 된다. 자신의 능력은 100원인데 과욕을 해서 200원짜리 생활을 한다면 종막에 가서는 비참한 결과가 나올 것은 뻔한 이치이다.

특히 사회지도층 사람들이 검소, 절약하는 행동을 보여야 되는데도 일부 유명인사는 지탄받는 사치 내지 방종한 생활을 하여 물의를 일으키는 경우가 있다. 가정과 사회에서 제 분수에 맞게 생활한다면 모두가 칭송하지 않겠는가.

검소, 절약하는 생활이야말로 현대를 살아가는 우리 모두에게 기본적이면서 가장 중요한 생활실천 덕목일 것이다. 그러나 과연 요즘 세태는 어떠한가. 졸부들은 강남 유흥가를 주름잡고 있다. 사회지도층 인사는 지도층답게 굴기는 고사하고 오히려 위화감만 조성하며 못난 작태를 일삼고 있다. 자녀의 병역기피문제, 공직자의 부동산 투기사건, 물방울 다이아몬드 도난사건 등이 그 얼마나 많은 국민을 분통 터지게 했는가. 자신의 처지를 감안하지 않고 사치와 낭비를 일삼은 결과로 자신은 물론이고 사회와 국가에 그 얼마나 큰 부작용을 끼쳤는가.

〈아버지! 저 자신만이라도 늘 스스로 다잡겠습니다. 그래서 할머니가 바라시던 대로 올바로 살고, 아버지가 꿈꾸신 대로 의젓하게 살겠습니다.〉

할머니 훈육 마흔 다섯째 장

쪼깨만 기다리라. 뜨물 다 대피간다. 이 뜨물에 밥 마라 무그머
속이 든든하다 아이가. 내일 또 뜨물 끼리주께.

얘야, 잠시만 기다려다오. 쌀뜨물이 다 되어간단다. 이 쌀뜨물에 밥을 먹으면 아마 속이 든든할 게야. 내일도 내가 준비해두마.

밥을 짓기 위해서는 쌀을 씻는다. 그리고 쌀을 씻으면 자연히 흰 녹말이 배어 나온다. 쌀의 녹말은 영양분이 풍부한데, 이 녹말 물을 솥에 넣고 장작개비를 충분히 넣어 불을 지펴 끓이면 바로 뜨물이 된다. 이 쌀뜨물은 영양분이 풍부한데도 대개의 가정에서는 이 쌀뜨물을 그냥 버린다. 할머니는 겨울철에 쌀뜨물을 자주 끓여 주셨다. 뽀얀 쌀뜨물에 밥을 말아 먹으면 다른 반찬이 없어도 속이 든든했다. 할머니께서는 쌀을 처음 씻은 물은 버리시고 두 번째 씻을 때 생겨 나는 쌀뜨물을 가마솥에 부으신 후 불을 지피셨다. 마치 우유 빛 같이 뽀얀 그 뜨물을 마시면 정말 속이 든든했다. 요즘은 어떠한가.

그런 쌀뜨물을 끓여 마시는 가정도 없지만, 여자들이 귀찮아서 아예 하지 않는다. 자연식품이 건강에 유익하다는 사실을 왜 모를까. 안타까운 마음이 든다.

〈아버지! 할머니께서 끓여 주시던 쌀뜨물이 왜 그리 먹고 싶은지요. 먹을 것, 마실 것, 입을 것이 넘쳐나는 요즘인데도, 저는 아직도 그때의 쌀뜨물을 잊지 못합니다. 아마도, 그 속에서 저는 할머니와 아버지, 어머니를 볼 수 있기 때문일 겁니다.〉

아이고 선상님예. 이리 따시한데 안저소. 우리 아가 배운기 없서가 선상님 고생만치요. 그러나 우짜능교. 잘 부탁드립니더. 잘바주소. 우리 사는기 이렇심더. 이래서 우짜꼬. 넘새 시러버서 우짜노. 야야, 그기 걸레 쫌 가져오너라. 쫌 딱짜.

선생님께서 아랫목에 앉으세요. 우리 손자가 평소 가정교육이 소홀해요. 제 손자 녀석 가르치시느라고 선생님 정말 수고하십니다. 잘 부탁드립니다. 그리고 우리 가정 형편이 보시다시피 이렇습니다. 구차하게 살지요. 얘야, 거기 있는 걸레 가지고 와서 이쪽 선생님 앉을자리 바닥 좀 닦아야지.

초등학교 4학년 때 담임선생님이 가정방문 왔을 때 장면이다.

가정방문은 교사가 학생의 가정을 방문하여 가정환경을 깊이 이해하고 학생의 학습이나 생활에 관하여 보호자와 상의, 조언, 지도하는 것이다. 본인과 가족의 양호상태, 가족의 교양상태를 관찰, 질문하여 이해하고, 가정에서는 평소 생활을 그대로 보여 주어야 한다. 그리고 교사 접대는 사친회에서 미리 상의하여 간단히 하도록 한다. 과분한 접대는 삼가도록 하는 것이 관례이다.

그런데 초등학교 육년간 우리 집에 가정방문을 온 담임선생님은 1학년과 4학년 때 담임선생님 두 분뿐이었다. 왜 그랬을까. 왜 다른 담임선생님께서는 다른 친구들의 집은 일년에 수차례 방문하고 왜 우리 집에는 오지 않았을까. '전쟁고아와 늙은 할머니가 겨우 살아가는 가정을 방문해봐야 무슨 이득이 있겠는가.'라는 선입견이 앞섰기 때문은 아니었을까.

그 당시 일부 담임선생님은 순수해야 할 교육을 그런 식으로 왜곡, 추락시키지 않았을까. 지금 생각하면 좀 의심이 가는 대목이 아닐 수 없다. 어째서, 정기적인 가정방문이라는 그 중대한 학교업무를 편견을 가지고 수행하고, 숭고하고 지고한 사도(師道)를 그분들 스스로 훼손시켰을까. 정말, 진지하게 묻지 않을 수 없다. 더욱이 일부 학부모는 은밀하게 담임선생님을 자주 집으로 초대하여 후대하기도 했다. 물론 일부 선생님이라고 하지만 대단히 유감스러운 처사가 아닐 수 없다. 당시 횡행하던 추문들이 꼬리를 물고 이어지며 어린 내 귀에까지 들리기도 했다. 그렇게 안 오시던 담임선생님께서 갑자기 우리 가정에 찾아오시니 할머니께서 어찌할 바를 모르셨다. 그리고 나도 당황했다. 우리 가정을 방문하신 그 담임선생님의 심정은 어떠했을까. 흔히들 교육은 백년대계(百年大計)라고들 한다. 올바르고 정직한 교육풍토가 나라의 장래를 좌우한다는 대원칙을 교육자 모두는 명심해야 할 것이다.

요즘도 그렇게 많이 달라지지 않았다. 일부 교육자들의 부끄러운 행태는 차마 눈뜨고 볼 수 없을 지경이다. 그들이 스승으로서 올바른 길을 걷고 있다고는 생각지 않는다.

가정환경이 어려운 학생일수록 담임선생님들의 관심이 더욱더 필요하다. 먼 훗날 자신의 제자들에게 부끄러운 사도의 길을 보여서는 결코 안 될 일이다.

〈아버지! 그때는 저 자신이 너무나 부끄러웠습니다. 전쟁이 남긴 상처가 어린 저의 가슴을 너무도 아프게 했습니다. 잔뜩 주눅이 든 모습만 보여야 했으니 뭐가 그리 반갑고 좋았겠습니까.〉

할머니 훈육 마흔 일곱째 장

머리에 소똥도 안 버서진기 벌써부터 여자는 아라가 커서 머 댈나카는지 모르겠다. 아이고 더러버서.

어린 나이에 벌써부터 여자와 교제를 하다니 그렇게 일찍 연애를 해서 장차 사회발전에 이바지 하는 사람이 될 수 있겠나.

그 당시 할머니의 남녀 사랑론은 먼저 남자는 직장에 다녀야 되고 여자는 숙녀로서 부덕을 쌓은 후에 서로 양가 부모의 동의 하에 사귀는 것이 마땅하다고 생각하신 것 같다. 그런데 고등학교를 갓 졸업한 남녀들이 밤늦게 골목길 가로등 불빛 아래서 히히덕거리며 앉아 있는 것을 보시고 할머니가 하신 말씀이시다. 대개 그런 남녀들은 쾌락을 추구하는 사람들이 많았고 나중에는 서로 이별의 아픔을 겪기도 했다. 물론 순수한 사랑도 있었겠지만 그 당시 사회 통념으로는 용납되지 않았다. 이른 나이에 남녀가 어울려 다니는 모습은 할머니뿐만 아니라 대부분의 기성세대들도 이해하지 못했다. 요즘 젊은 세대들의 생활양상은 어떠한가.

학교교육도 한계가 있다. 그리고 우리 주변에는 너무나 많은 청소년 유해업소가 판을 치고 있다. 심지어 십대 여학생들이 담배를 피우고 원조교제라는 해괴망측한 연애를 하고 있다는 TV보도를 보고 있노라면 이 혼탁한 시대를 살아가는 우리 부부는 덜컥 겁부터 난다. 나라의 장래는 청소년에게 달려 있다. 그리고 이들 청소년을 올바르게 지도하는 일은 우리 모두의 의무이다.

〈아버지! 저는 네 딸을 잘 키워서 가문의 명예를 드높일 것입니다. 하늘의 그 많은 별들 중에서 가장 밝은 별들이 제게 다가왔다고 믿으며 정말, 정말 올바로 살게 잘 이끌 것입니다. 들녘의 그 많은 꽃들 중에서 가장 아름답고 향기로운 꽃들이 제게 다가왔다고 믿으며 정말, 정말 잘 이끌 것입니다.〉

할머니 훈육 마흔 여덟째 장

공부할라카면 바람불 찌게 선선할 찌게 해라앙카나.

나제 떠거부면 무신 공부가 대나.

여름철에 공부를 하려면 뜨거운 낮 시간을 피하고 새벽이나 저녁 등의 시간대를 이용해서 하도록 해라. 무더운 한낮은 공부하기에 좋지 않은 시간이야.

여름방학 때 나는 평소 잘 사용하지 않던 작은방에서 공부했다. 아버지께서 물려주신 작은 책상을 그곳으로 옮겨 학교에서 받은 방학 과제물과 방학생활계획표를 책상 앞 벽에 붙여놓고 마음의 준비를 했다. 사실 여름철 햇볕이 내리쬐는 낮 시간에 공부하기는 어려웠다. 그래서 할머니 말씀대로 새벽 일찍 일어나서 하고, 그리고 밤늦게 공부했다. 역시 학습능률이 배가되는 효과가 있었다. 그리고 낮에는 많은 시간을 친구들과 체력을 단련시키는 각종 놀이를 하며 보냈다. 틈틈이 낮잠을 즐기기도 했다.

조용한 새벽 4시에 기상해서 공부하는 나의 모습을 보시고 할머니께서는 아마 전날의 피로가 다 풀리셨을 것이다. 여름철 공부하기 가장 좋은 시간은 이른 새벽이다. 온 몸에서 땀이 나고 열풍이 사방에서 불어오는 낮 시간대에 공부하는 것은 피하고 기온이 다소 낮은 새벽기간을 이용하는 것이 가장 능률적일 것이다. 권장하고 싶은 공부 방법 가운데 한 가지이다.

〈아버지! 새벽 한 시간의 효과는 정말 컸습니다. 아버지가 물려주신 그 앙증맞고 튼튼한 책상 덕분에 긴 여름에 장사 없다는 말에 콧방귀 뀌며 정말 열심히 했습니다. 할머니의 근면과 성실, 아버지의 남다른 희생정신, 그리고 어머니의 애끓는 기원이 서린 작은 책상이었습니다. 제게는 곧 우주이고 세상이고 꿈이었습니다. 책상에만 앉으면 어디선가 산들바람이 불어와 저를 북돋웠습니다.〉

할머니 훈육 마흔 아홉째 장

거쪽하고 약속시간을 했시면 빨리 가야지. 지금 며신데

앙가고 이라노. 넘 기다리구로 하지 마라 앙카나.

타인과 약속시간을 정했으면 빨리 가도록 해라. 지정된 시간에 가야지, 상대방을 기다리게 해서는 안 되는 일이야.

약속시간을 엄수해서 상대방에게 신뢰감을 심어 주는 일은 현대를 살아가는 우리에게 필수적인 에티켓이 아닐 수 없다. 내가 돈 들이지 않고 상대방에게 호감을 갖도록 하는 일이 아닌가. 한데, 요즘의 세태는 과연 어떠한가. 약속시간을 제대로 지키면서 생활하고 있는 사람들이 과연 우리 주변에 얼마나 있겠는가.

할머니는 상대방의 입장에서 모든 걸 이해하셨다. 그리고 그러한 일을 당신도 당한 적이 있었기 때문에 약속시간 지키는 일을 특히 더 강조하셨다. 약속시간에 다소 늦으면 사전에 전화하여 양해를 구하는 것이 예의일 것이다. 늦게 되는 사정이야 많으니 일단 양해를 구하면 좀 늦어 상대방의 기분이 나빠졌더라도 최소한 인상 자체를 구기는 일, 신용 자체를 잃는 일만은 피할 수 있을 것이다. 할머니는 그처럼 매사에 앞서 나가시는 편이셨다.

〈아버지! 현대사회에서 100%의 약속이행을 기대하기는 참 어렵습니다. 휴대폰 시대, 인터넷 시대라고 해도 타고난 바탕대로 사는 것은 예나 지금이나 똑같습니다.

하지만, 저만이라도 할머니 가르시심대로 작은 약속, 지킬 수 있는 약속만이라도 꼬박꼬박 잘 지키겠습니다. 그리고 저의 가족 모두에게도 늘 그렇게 강조하겠습니다. 가문을 일으킨다는 일은 곧 — 개인윤리, 가정윤리, 사회윤리, 국가윤리, 세계윤리를 바로 세우는 일이라고 굳게 믿기 때문입니다. 한 개의 별이 빛나서 눈부신 은하수가 되듯이 말입니다.〉

할머니 훈육 쉰 번째 장

오늘 니 생일이대이. 내가 찰밥하고 준비했다. 오늘 같은 날
마니 무거라. 저 미역국에 참지름 한방울 넣고 무거라. 맛있을끼다.

오늘은 네 생일이구나. 찰밥과 미역국을 준비해 놓았다. 참기름을 적당히 국에 넣고 먹어 보도록 해라. 다른 날보다 더 정성들여 음식을 조리했으니 아마 네 입에 맞을 게야.

할머니가 손수 마련해 주신 미역국, 갈치, 그리고 김이 모락모락 나는 찰밥이 나의 열번째 생일상이었다. 축하해 주는 손님도, 친구도 없었다. 게다가 나는 전날 내일이 내 생일인 줄도 모르고 잠자리에 들었다. 아침 상머리에 앉아 할머니께서 이런 이야기를 하시니까, 그때서야 '아! 오늘이 내가 태어난 날이구나.' 하고 생각했다. 내 생일은 음력 9월 28일인데 양력으로 계

산해보면 매년 11월 초순경이 된다. 내가 태어난 그해 1949년 기축년, 단기 4282년은 다사다난한 해였다. 개인적으로 선친께서 전사하셨고 민족의 최대비극인 6 · 25전쟁 발발 한 해 전이었기 때문에 국내치안이 극도로 어지러웠다.

1월 1일 미국이 우리 대한민국을 정식으로 승인했다. 6월 26일 민족의 지도자 김구 선생께서 안두희에 의해 암살되었다. 그리고 모택동 주석이 9월 중화인민공화국 정부를 수립하기도 했다. 내가 태어났을 때 어머니와 할머니에게는 희비가 교차되는 순간이었을 것이다. 그러나 나는 가문의 대를 잇기 위해서 이렇게 태어난 것이다. "해피 버스데이 투 유!"라고 노래를 불러주며 케이크를 자르던 행사는 내가 결혼한 후 생겨났다.

〈아버지! 딸들이 제 생일에 정성스런 선물을 꼭 사가지고 옵니다. 그럴 때면 저는 가장 먼저 할머니, 아버지, 어머니 영전에 그 향기로운 선물을 바칩니다. 제 가슴 속 이야기까지 함께 실어서요.〉

할머니 훈육 쉰 첫째 장

아이고, 시뻐라. 내가 그거도 모리까바. 내가 니 머리 꼭대기에
올라 있다 아이가. 사람이 바린 말을 해야지. 인제부터 소길라카머대나.

내가 그런 사실도 모르는 바보는 아니다. 네가 무어라고 거짓말을 하더라

고 자초지종을 다 알고 있으니 정직하게 이야기를 하도록 해라. 상대방을 속이는 일은 옳지 못한 일이야.

나의 변명 내지 조리에 맞지 않는 이야기를 듣고 있던 할머니가 하신 말씀이시다. 항상 정직하게 자신의 잘못을 뉘우치는 일이야말로 재발을 방지하는 첩경임을 명심하라는 말씀이시다. 정직한 생활자세를 바라는 할머니의 소망이 담긴 말씀이시다.

할머니가 전날의 용돈 사용처에 대하여 물으셨는데 나는 확실하게 말하지 않고 대충대충 말씀 드렸더니 벌써 앞뒤가 맞지 않는 흔적이 여기저기에서 보이지 않는가. 이런 나의 속마음을 꿰뚫어 보신 할머니께서 나에게 다정하면서도 뼈가 있는 말씀을 하셨다.

〈아버지! 변명을 하지 않도록 노력하겠습니다. 변명할 거리를 만들지 않으려 애쓰면 자연히 떳떳한 일만 생겨 정직을 잃는 일, 자존감을 잃는 일이 안 생기겠지요. 핑계 없는 무덤 없다는 말처럼, 무덤에 갈 때까지 핑계거리를 안 만들고자 최선을 다하겠습니다.〉

할머니 훈육 쉰 둘째 장

무신 군님석을 그마이 조아하노. 단거 그래 조아하다가

내중에 게오지 댄데이.

간식을 너무 좋아하는구나. 그리고 특히 간식 가운데 사탕 등 단 것을 좋아하면 나중에 구강에 큰 문제가 발생할 수 있단다.

예부터 치아 건강은 오복(五福)의 하나라고 했다. 그만큼 튼튼한 치아가 중요하다는 이야기이다. 그런데 할머니와 나는 치아가 좋지 못했다. 할머니는 연로하셔서 그렇다지만 내 경우는 문제가 심각했다. 어릴 때부터 할머니가 과보호한 결과라고나 할까. 군것질, 특히 사탕 등을 너무 가까이 했고 이런 나를 할머니께서는 크게 나무라시거나 통제를 하지 않으셨다. 그 결과 나는 구강 관리에 상당한 고통을 당하면서 생활하지 않을 수 없었다. 어릴 때는 심지어 설탕이나 찐 쌀을 입 안에 넣은 채 잠이 들었으니 더 말해서 무엇하랴.

한 번씩 소독 냄새가 진동하는 치과에 가는 날은 바로 소가 도살장에 들어가는 듯했다. 그래서 나는 식구들의 구강에 대해서는 매우 신경을 쓰고 있다. 요즘 TV에 나오는 연예인들의 잘 가꾸어진 치아를 볼 때마다 그들이 무척 부럽다.

그러나 이제부터라도 나도 치아 관리에 노력하리라.

〈아버지! 정기적으로 치과에 가서 구강 관리에 힘쓰고 있습니다. 신체 구석구석은 부모님 은혜 생각하게 하고 조상님 음덕 되새기게 하지요. 치아 건강 하나라도 잘 지켜서 건강 하나로라도 잘 보답하겠습니다.〉

할머니 훈육 쉰 셋째 장

그 사람은 참 댕길찍에 운제바도 딱 아플 똑빠로 보고

댕긴다카이. 절때 어데 한눈 안판다카이.

그 사람은 길을 다닐 때 항상 정면을 바라보면서 다닌단다. 몰상식한 사람같이 이쪽저쪽 살피면서 다니는 일이 없으니 예의가 곧은 사람이야.

우리 집 철조망 담장 옆 윤형사 댁에 농협에 다니는 분이 계셨다. 그분은 출근 때나 퇴근 때 자주 할머니 눈에 띄었다. 왜냐하면, 말이 철조망 담장이지, 담장이 없는 것과 같아서 윤형사 집으로 드나드는 모든 사람들의 모습이 우리 집 마루에 앉아서도 훤히 보였기 때문이다. 그분께서는 2남 2녀를 두셨고, 항상 말씀이 없고 근엄하셨다. 걸음을 걸을 때 아무 쪽이나 살피는 일이 없이 그냥 앞만 보고 다니는 편이라서 할머니께서는 특이하게 보신 것 같았다. 그 부인께서는 우리 집에 매일 놀러 오셨다. 할머니와 의기투합하셨고 우리 집 형편을 너무나 잘 아는 분이기도 했다. 그 부인에게 나는 많은 마음의 빚을 졌는데 수년 전에 운명하셨다고 한다. 고인의 영전에 삼가 명복을 빈다.

〈아버지! 요즘은 전후좌우를 다 보고 다녀야 교통사고를 예방할 수 있어요. 차가 주인공인 세상이거든요. 우마차 시절에는 그로 인한 사고도 잦았다는데, 차가 많으니 당연히 차 사고를 조심해야지요. 우마차 피하던 예전과 육중한 자동차 피하는 요

즘은 너무 달라요.〉

할머니 훈육 쉰 네째 장

아이고, 싯빼라. 끌끌…. 그 집에는 무신 일이 그 마이 안대노.아들이 어디 한둘이가. 와 그른지 모르겠따카이. 무신 굿을 하든지 해야지.

참으로 어처구니없고 답답한 일이구나. 그 가정에는 무슨 일이든 순탄하게 되는 일이 없다. 아들들이 여럿이 있건만 왜 그런 나쁜 일이 자꾸 일어나는지 모르겠다. 이것도 저것도 잘 되지 않으면 굿이라도 해서 그 원인을 알아볼 수밖에 없는 노릇이지.

할머니는 어느 날 장터에서 어떤 이의 가정사를 듣고 오셔서 나에게 푸념을 늘어 놓으셨다. 그 가정에 장성한 아들이 여럿 있었는데 사업에 실패했거나 죽거나 감옥에 수감되는 등 불운이 겹쳤다. 이렇게 여러 식구들이 잘 되지 않으니까 조상묘 탓인지, 그렇지 않으면 가문에 원통하게 죽은 혼령이 있는지, 그렇지 않으면 무슨 연유로 이렇게 가문에 흉사가 계속 일어나는지 답답했던 것이다. 그 무슨 말 못할 사연이 분명히 있을 것이라고 할머니께서는 생각하신 것 같았다. 할머니 친척 되는 한 분도 무속인으로서 굿이나 점을 봐주고 있었다. 할머니께서도 그분 집에 가서 여러 사람들의 인생사를 듣는 일이 자주 있었다. 인력으로 잘 되지 않는 일들은 굿을 해서라도 문제를 해결해야 한다는 말씀이셨다. 이런 일이 있었다. 내가 한때 몸에 열이 나고 심하게 아픈 적이 있었다. 할머니께서는 나를 데리고 병원에 갈 생각은 하지 않고 그때 무속인을 집으로 초청하여 굿을 하신 적이 있었다. 무당은 마당에서 껑충껑충 뛰면서 식도에다가 물을 뿜었다. 보조원이 쥐고 있던 대나무 가지를 마구 흔들어대는 등 한동안 굿판을 벌인 일이 기억난다. 방문에다 냅다 물을 내뿜으면서 고함을 치던 모습이나, 이상야릇한 옷을 입고 나에게 가까이 다가와 뭔가를 한동안 속삭이던 눈길 등이 아직도 기억에 새롭다. 나는 그때 두려움을 느꼈지만 어찌할 수 없었다. 다행히 나의 병은 그렇게 심한 편이 아니어서 안쾌된 수 있었다. 할머니께서 어린 손자를 위해 벌인 굿판이었다.

〈아버지! 무당의 굿을 믿으시는 할머니의 그때 그 심정을 저는 충분히 이해합니다. 저는 그때도 할머니의 정성으로 병이 나았습니다. 할머니의 정성스런 처방 중에는 약손도 있고 온갖 음식도 있고 무당의 굿판도 있었습니다. 모두가 할머니의 정성 어린 보살핌이셨습니다.〉

할머니 훈육 쉰 다섯째 장

달 모시주래이. 그리고 달알 노으머 그거 다락에 있는 바가치 안에 가마니 내라나라. 깨지먼 그거 큰일난다 아이가.

닭에게 적기에 모이를 주도록 해라. 그리고 닭이 달걀을 낳으면 조심스럽게 관리해서 방안 다락에 있는 바가지에 넣어 두어라. 조심하지 않으면 큰일 난다.

작은방 옆으로 철조망 담장을 끼고 두 평 남짓한 작은 공터가 있었다. 그 철조망 담장과 작은방 벽면을 이용해서 앞쪽으로 철망을 두르고 닭장을 마련했다. 암탉 두 마리를 그 안에 넣어 사육했는데 암탉 사육의 주요 목적은 바로 달걀이었다. 아침 일찍 할머니가 닭장에 들어가셔서 모이를 주셨다. 꼬꼬댁 꼬꼬댁 모이를 열심히 쪼아 먹는 닭들의 요란한 소리가 지금도 귓전에 쟁쟁하다.

나는 학교에서 돌아오면 할머니가 여러 번 당부하신 내용을 지킨다. 닭장 문을 열고 들어가서 닭들에게 모이를 주면 기다렸다는 듯이 닭들도 나를 반긴다. 그리고 닭 둥지에 손을 넣어 보면 따스한 달걀이 들어 있었다. 그 달걀을 꺼낸 뒤 조심스럽게 다락에 넣어 둔다. 그 달걀은 할머니에게 기쁨을 주었고 나에게는 모자라는 영양분을 공급해 주었다. 그런데 그 후 쥐가 들어오고 둥지의 달걀이 도난당하는 사례들이 빈번하게 일어나자 할머니께서는 아예 닭장을 폐쇄해버렸다. 그리고 그 뒤부터는 달걀을 시장에서 사오셨다. 비록 나에게는 번거롭기는 해도 동물을 키우는 재미가 제법 쏠쏠했는데, 그만 하루아침에 그 모든 것이 사라져버렸다. 그러나 지금 생각해보면 할머니의 그때 결정을 이해할 수 있을 것 같다.

〈아버지! 수많은 종류의 각양각색 달걀들이 가게에서 나옵니다. 가격도 천차만별이고요. 정말 살기 좋아진 세상입니다.〉

할머니 훈육 쉰 여섯째 장

그 집에 가머 마리가 무신 맹갱알같따 앙카나.

그 집 처자는 정말 부지런하거든. 하루에도 얼매나 땅는지.

마리가 뺀질뺀질하다카이. 우에 그마이 깨끗한지 모리겠다.

그 집에 가노라면 항상 마룻바닥이 거울같이 청결하다. 아마 부지런한 처녀 때문이겠지. 자주 마룻바닥을 깨끗하게 닦으니 그럴 수밖에 없겠지.

마루는 손님이 집을 방문했을 때 방문객에게 첫인상을 심어 주는 중요한 곳이다. 마루에 먼지가 앉아 있고 지저분하면 방문객에게도 불쾌감을 주는 것은 물론, 식구들에게도 퍽 안 좋을 것이다.

그런 집 구성원의 태도에 문제가 있다고 생각하신 것 같다. 마루에 창문이 없는 집들이 많았던 그 시절이라서 마루에는 늘 밖에서 불어오는 먼지가 쌓이기 마련이었다. 할머니는 아침 저녁으로 마루를 닦으셨지만, 왠지 마음에 썩 들지 않으셨던 것 같다.

어느 날 한 가정을 방문하시고 청결한 그 집 마루를 보시고는 깊은 인상을 받으신 것 같았다. 할머니의 생각은 마룻바닥 청결이 그토록 잘 되어 있으면 당연히 다른 분야, 즉 방안, 옷가지, 부엌은 볼 필요도 없이 깨끗하고 위생적으로 정리되어 있을 것이라고 생각하신 것 같다.

〈아버지! 요즘은 집사람이 자동청소기로 1주일에 두 번씩 딸들과 함께 대청소하고 있어요. 물론 저도 함께 거들지요. 그러니 매일은 아니더라도 심심치 않게 할머니의 남다른 청결정신, 위생정신을 자주 되새겨보고 있는 셈이지요. 청결이 가풍이 되면 그 얼마나 좋겠어요.〉

할머니 훈육 쉰 일곱째 장

가시나는 모실댕기면 뺀한기라. 다 큰 딸아들이
무신 일로 밤중에 돌아댕기는 지 모리겠다.

성숙한 처녀가 자주 외출을 하면 좋을 일이 없는 게야. 혼인 적령기에 접어든 처녀가 야밤에 다닐 이유가 어디에 있느냐. 자신의 신상에 한 가지도 도움이 되지 않을 거야.

혼인 적령기에 접어든 이십대 초반의 처녀들에게 보내는 할머니의 메시지이다. 무릇 처녀들은 다소곳이 가정일에 충실하고 부모님 말씀을 숙지해서 부덕을 쌓아 앞으로 가정을 지킬 여성으로서 열심히 자기 수양을 연마해야 된다는 내용이다. 할머니의 이러한 사고방식은 다소 보수적인 여성관에 기인된 것으로 생각할 수 있으나 현대를 살아가는 우리에게도 소금 이상의 말씀이시다.

한마디로 처녀들은 가능한 한 밤 9시 이후에는 외출을 삼가야 된다는 말씀이신데, 과연 요즘 세태는 어떠한가. 여중생, 여고생은 물론이고 초등생까지 크고 작은 사건, 사고에 휘말려 연일 주요 뉴스로 퍼 날라지고 있지 않은가. 참으로 겁나는 세상이다.

만약 할머니의 이 말씀이 제대로 지켜진다면 우리 사회의 성범죄는 훨씬 줄어들 것이다. 왜 하늘이 낮과 밤을 나눠 놓았겠는가. 낮에 열심히 일했으니 밤에는 조용히 쉬라는 뜻이었을 것이다.

〈아버지! 아버지의 손녀들 교육은 저와 집사람이 힘닿는 데까지 최선을 다하겠습니다. 할머니 한 분의 가르침으로 가문이 지켜졌는데, 저희 둘이서 왜 그 정도를 못 해내겠습니까. 다행히 다들 잘 따라오고 있습니다. 모일수록 더 밝은 빛처럼 그렇게 함께 힘을 합쳐 노력하면 뭐든 잘 될 것입니다.〉

할머니 훈육 쉰 여덟째 장

올개는 가무러가 수박 농사가 안댓꺼라. 그라고 수박살 때는

싱싱한 꼭따리가 있는강 꼬옥 보고 사야 된다카이.

금년에는 비가 적기에 오지 않아 수박 농사가 거의 폐농에 가깝구나. 이럴 때일수록 좋은 수박을 선별할 줄 아는 지혜가 있어야 한다. 수박 꼭지 부분이 싱싱한 지부터 먼저 확인하고 수박을 구입하면 실수가 없을 것이다.

수박농사는 여름철 농민들의 중요한 농가 수입원이었다. 한여름 수박밭, 참외밭에 원두막을 짓고 불어오는 바람을 맞으며 과일을 즐기는 그 모습은 생각만 해도 너무나 목가적이다.

그런데 어느 해, 비가 오지 않아 농작물 관리에 어려움을 겪게 되었다. 자연히 수박 농사도 어려웠고 수요는 많은데 공급이 모자라니 그해 수박 값은 천정부지였다. 그런 해일수록 수박 선별법이 중요했다. 이미 깬 수박을 사지 않을 수도 없으니 사전에 잘 익은 수박을 선별하여 낭패 보는 일이 없도록 예방하는 것이 중요하다는 뜻이다. 바로 수박 꼭지가 싱싱한지 확인한 후 수박을 구입해야 된다는 이야기이다.

〈아버지! 요즘은 모든 수박 속이 빨갛게 익었어요. 눈부신 발전 속도처럼 뭐든 나아지고 있고 좋아지고 있는 거지요. 사람들 마음 속도 요즘 수박처럼 모두 알차고 잘 익었으면 좋겠어요.〉

할머니 훈육 쉰 아홉째 장

아이고 싯뻐라, 싯뻐. 지가 머가 잘났다고. 찔락거릴 때 내 알아봤다. 오래 살지도 모타고 디비저째. 천벌 바들끼다.

세상에 별일도 많구나. 그년이 무엇이 똑똑하다고 잘난 체 하는지 모르겠다. 그 여자가 그런 행동을 계속할 때 내가 짐작한 바 있었지. 평균 수명까지 살지 못하고 단명했지. 아마 부처님께서 노하셔서 그런 게야.

할머니가 계시는 시장통은 수없이 많은 사건 사고들의 소식 발원지였다. 그 가운데 몇 번 들은 적이 있는 여자에 대한 이야기를 하셨다. 상대방을 얕잡아보고 행동했던 오십대 여자가 있었다. 그녀의 가게에서는 금은 보석류를 취급했는데 항상 사람들이 붐볐다. 그런데 할머니 친구분이 그 집에 다녀와서 자신이 당한 이야기를 했다. 할머니도 그 가게 여자를 평소 잘 알고 계셨다. 그런데 갑자기 재산이 모이자니까 오만해져서 할머니가 그 집에 갔다가 홀대를 당한 것 같았다. 얼마나 서운했겠는가.

그녀가 심장마비로 죽었다는 소식을 듣고 그녀의 과거 행적에 대해서 얘기하셨다.

〈아버지! 인명은 재천이지요. 할머니의 그 노여움도 충분히 저는 이해합니다. 사필귀정(事必歸正)이라고 하지만, 세월은 아무도 기다려주지 않지요. 모든 것이 하늘에 달렸다고 생각하고 더욱 겸손하고 신중하게 살겠습니다. 스스로를 잘 다독거리며 잘 가꾸려 하다 보면 — 하늘도 나중에는 떡 하나 더 주는 식으로 선뜻 달려들어 힘껏 거들어주지 않겠습니까.〉

할머니 훈육 예순 번째 장

요새 물까 마이 오린다. 연탄갑또 오린다카제.

아이고, 무시라. 이래가 사라미 살겠나.

요즘 각종 물가가 많이 오른다니 걱정이다. 특히 연탄은 가정살림의 필수품인데 그것마저 오른다면 우리 가계에 큰 타격을 줄 것이다. 정말 걱정스럽구나.

우리 부엌 아궁이는 두 개였다. 큰방 아궁이에는 큰 가마솥을, 작은방 아궁이에는 작은 가마솥을 걸어 두었다. 연탄을 사용하기 전에는 장작개비와 갈비(솔잎낙엽)를 사용했으나 그 후 큰방 아궁이는 개조해서 연탄을 사용했다. 그래서 그 당시에는 연탄가스 사고로 인하여 매년 아까운 인명이 숨지기도 했고, 언론에 그 사실이 보도되기도 했다. 연탄과 쌀은 가정생활에 없어서는 안 될 생필품이었다. 타 품목의 가격이 인상되는 사실에 대해서는 크게 신경 쓰지 않으신 할머니가 이런 생필품 가격인상에는 남달리 신경을 쓰셨다. 왜냐하면 그 인상폭은 바로 할머니의 쌈지에서 지출되는 돈과 비례하기 때문이었다.

비록 식구는 두 명뿐이었지만 수입은 연로하신 할머니의 멸치판매 수입밖에 없었다.

〈아버지! 그때는 할머니도 저도 너무 어려웠습니다. 국물만 내고 사라지는 멸치처럼 그때는 모든 것이 너무 거칠고 사나웠습니다. 할머니와 저의 사공 노릇만으로는 그 너른 강물을 쉽게 건널 수 없었습니다. 세금은 호랑이보다 무섭다지만 물가 오르는 일은 그 이상으로 무서웠습니다.〉

할머니 훈육 예순 첫째 장

그 안들은 하루 바베무글 양식도 업따카더라.

그래노코 머한다고 도라댕기는강 모리겠다.

그 여지는 식구들이 먹을 하루 양식도 뒤주에 없다고 하면서 그런 살림살이 가운데서 춤바람으로 나다니다니, 말이 되느냐?

그 당시는 사교춤이 바로 가정파탄과 연결되던 시절이었다. 얼마나 어려운 시절이었는가. 그런데 살림살이에 전념해야 할 삼십대 가정주부가 식구들은 뒷전으로 돌린 채 외간 남자와 함께 카바레에서 춤을 춘다는 사실 자체를 할머니는 아무리 생각해도 이해할 수 없었다. 자연히 그 소문은 꼬리에 꼬리를 물고 온 동네에 퍼져 나갔다. 패가망신하는 가문의 모습이었다. 물론 춤바람이 아니더라도 여자들이 '놀이를 간다, 계모임을 한다.' 면서 가족의 생활을 등한시 하면 할머니의 기준에서 사정없이 밀려나게 되었다. 도저히 용서할 수 없는 일로 규정하셨다.

가족들이 함께 산과 들을 찾아 나들이를 가는 일은 가정의 화목을 위해서라도 장려해야 마땅하나, 여자들이 우르르 몰려다니는 일은 옛날이나 지금이나 보기에 좋지 않다.

결과적으로 간혹 이상한 사고(?)가 일어나기도 한다.

〈할머니! 명심하겠습니다. 편히 쉬시는 할머니 영전에 누를 끼치지 않겠습니다.〉

〈아버지! 가화만사성(家和萬事成)의 그 진리를 되새기겠습니다. 제 몸 지키는 일을 통해 가정마저도 잘 건사할 수 있다면 말 그대로 일석이조가 아닙니까.〉

할머니 훈육 예순 둘째 장

안자 장마진다 카더라. 지난부네 물새는거 수리했는데 오래는

갠찬을랑강. 그 사람이 기술자 아이가. 알아서 하겠지.

이제 본격적으로 장마철에 접어들었구나. 지난 봄에 보수공사를 했는데 괜찮겠지. 그 인부가 기술자이니까 아마 잘 마무리 했을 거야.

매년 찾아오는 장마였다. 폭우가 쏟아지면 부엌, 그리고 창고 천장에서 빗물이 스며들곤 했다. 그러면 자연히 그 속에 있는 물건에 습기가 스며들어 낭패를 보는 경우가 왕왕 있었다.

그래서 할머니가 작심을 하신 후 유비무환(有備無患)으로 그해 장마가 오

기 전에 기술자를 불러 보수공사를 했다. 양철지붕이 오래되어 그 속으로 빗물이 스며든 사실을 안 그 목수는 양철 여러 장을 구입하여 보수공사를 마쳤다. 할머니는 그분에게 막걸리와 담배, 그리고 아침, 점심, 저녁 식사를 대접한 후 하루 일당을 넉넉히 주셨다. 비가 조금 오는 새벽에 일어나셔서 걱정을 하셨는데, 다행히 공사한 부분에서는 비가 새지 않았다.

아마 할머니의 유비무환 정신과 그 기술자의 세심한 노력이 어우러진 좋은 결과였으리라.

〈아버지! 지금 우리 집은 비가 한 방울도 안 새요. 할머니의 걱정거리 하나를 덜어드린 셈이지요.〉

할머니 훈육 예순 셋째 장

변소 퍼러온다 카디 무신 일이고. 똥물 넘치머 안지 우짤라카노

무신 양반이 그렇노. 약속또 안 지키노. 집구석에 무신일이 있나.와 안오노. 내일까지 안오면 정말 안되는데.

화장실 분뇨수거 작업을 오늘 하러 온다고 했는데 무슨 일이 생겼나. 분뇨가 넘치면 악취가 나고 위생에도 좋지 않은 일이지. 그분이 꼭 오늘 온다고 약속을 했건만, 집안에 갑자기 무슨 일이 일어났는지 모르겠다. 만약 내일까지도 오지 않는다면 정말 이 일을 어찌할거나.

우리 집 목조대문 왼쪽 담벼락으로 재래식 화장식이 있었다. 나무로 지은, 규모가 작은 화장실이었는데 구조 자체가 좀 비위생적이었다. 1평 남짓한 곳에 구덩이를 파서 그냥 시멘트로 마감한 후 사람이 앉을 수 있도록 목제널판을 걸쳐 놓았다. 그리고 밑 부분은 전체가 훤히 내려다 보였다. 구더기와 온갖 똥물들까지 말이다. 화장지는 신문지로 대충 처리했는데 항상 냄새가 진동했다. 목제 틈 사이로 오고가는 사람들의 눈에 쉽게 띌 수도 있었다. 대변을 보면 밑에서 똥물이 엉덩이에 튕길 때도 있었다. 특히 하절기에는 그 정도가 너무 심했다. 구더기가 사방팔방으로 기어 다녔으니, 더 말해서 무엇 하겠는가. 게다가 홍수가 나면 말 그대로 지옥이 따로 없었다. 생각만 해도 끔찍한 일이었다. 그래서 할머니는 며칠 전부터 시골 면 친척 아저씨에게 분뇨수거를 부탁했는데도 제 때 오지 않아 답답해하신 것이다. 한여름에는 찜통 같은 그곳에 앉아 볼일을 보아야 했다. 추운 겨울에는 엉덩이를 한동안 찬바람에 내놓고 앉아 있어야 했다. 지금 생각하면 어려웠던 시절의 추억담일 수 있지만, 당시에는 다들 그렇게 살았다.

〈아버지! 지금 저희는 수세식 화장실 덕분에 잘 지내고 있습니다.〉

할머니 훈육 예순 넷째 장

옆집에 그 인간은 기생 오래비같이 무신 머슬 그마이 부리능공

모리겠다. 저거 엄마가 울메나 답답하겠노. 지명에 안자 못살끼다.

옆집 그 청년은 항상 외모에만 신경을 쓰는구나. 사람이 실속 없이 외모에만 치중하다니 한심한 일이야. 제 어미가 얼마나 답답하겠느냐?

『채근담』에 이르기를, "하늘과 땅은 영원하지만 목숨은 두 번 얻지 못한다. 인생은 오직 백 년인데 오늘 하루는 눈 깜짝할 사이에 지나간다. 다행히 사람으로 태어났으니 인생을 누리는 즐거움을 몰라서도 안 되며, 헛되이 사는 조심을 품어서도 안 된다."고 했다.

인생의 소중함과 시간을 아껴야 된다는 내용이다. 백수건달 이십대 아들을 둔 어느 아주머니의 이야기이다. 그는 키도 훤칠하게 크고 이목구비도 잘생겼는데 하는 일이 없었다. 그가 하는 일은 오전 늦게 일어나서 식사하고 머리에 포마드 바르고 단별신사 차림으로 제 어머니에게 용돈을 타서 하루 종일 돌아다니는 일이 고작이었다. 그런 자식을 둔 어머니의 심정을 충분히 이해하는 할머니셨다. 술집에서 타인과 시비를 일으켜 경찰서에 들락거리는 경우도 있었다. 할머니 생각은 그렇게 외모에만 신경 쓰지 말고 실속 있게 자신의 길을 걸었으면 하는 바람이었으리라. 허세보다는 실세를, 외모보다는 성실을 추구하신 할머니의 말씀이셨다.

〈아버지! 사회생활에는 의외로 외모도 중요합니다. 첫인상을 좋게 하는 일이 되기도 하고, 분위기를 맞춰주는 일이 되기도 하지요.〉

할머니 훈육 예순 다섯째 장

학교 갈 시간 늦겠다. 멀라꼬 그 마이 꾸멀대노. 여기 우산 있다. 올직에 이자뿌지 마라. 우산이라케야 거거 한 개빡에 없다. 무신 날씨가 이런노. 하늘 보이까네 한줄기 대기 오겠다.

등교시간에 늦겠구나. 뭘 찾는다고 그렇게 꾸물대느냐. 여기 우산 있다. 방과 후에 잊어버리지 말고 꼭 가지고 와야 된다. 비가 많이 올 것 같은 궂은 날씨로구나.

뭐니 뭐니 해도 할머니의 아침 최대 준비사항은 나의 등교 뒷바라지였다. 비가 오는 날이면 나는 시간개념이 소홀하여 잠자리에서 늦게 일어나는 일이 왕왕 있었다. 항상 정해진 시간에 부엌에서 일을 하시는 할머니가 나를 깨우고는 아침밥상을 들고 들어오신다. 된장 냄새가 물씬 나의 코를 찌른다.

겨우 세수를 하고 정신없이 이것저것 준비하노라면 허둥댈 수밖에 없다. 밖에서는 비가 주룩주룩 내린다. 나는 비를 피해 창고 처마 밑에서 겨우 세수를 하고 식사를 한다. 지난 번 잊어버린 비닐우산은 영영 되찾을 수 없었다. 오늘 비가 올 것 같다고 생각하신 할머니께서는 전날 파란 비닐우산을 사오셨다. 모든 준비가 끝나고 나는 할머니께서 주신 비닐우산을 들고 학교에 간다. 어느새 도로에는 색상과 문양이 각기 다른 우산을 쓰고 등교하는 긴 대열이 보인다.

〈아버지! 학교까지 우산을 함께 쓰고 가던 어떤 친구 어머니의 모습이 지금도 눈에 선합니다. 어린 마음에 신기하기도 하고 부럽기도 했습니다. 할머니와 어머니는 그저 한 글자 차이인데도, 저는 늘 그렇게 어머니 있는 아이들이 부럽기만 했습니다.〉

할머니 훈육 예순 여섯째 장

바라바라. 이거 실 좀 끼이두가. 내가 안질이 안 조아가 안자
바늘실도 안 들어가네. 안자 나가 무그이까네 거거도 안비네.

애야, 일어나서 여기 바늘귀에 실 좀 꿰어다오. 내가 이제 나이가 드니 시력이 좋지 않구나. 이 바늘에 실을 꿰야 해진 네 옷을 꿰매 주련만.

그 당시에는 재봉틀이 있는 가정이 별로 없었다. 당연히 우리 집에도 재봉틀은 없었다. 설혹 있다 하더라도 아마 할머니가 그 사용방법을 몰랐을 것이다. 어려운 가정 형편에 할머니와 나는 새 옷을 자주 구입할 수 없었다. 그래서 할머니께서는 새벽녘에 일어나셔서 이것저것 옷을 골라 바느질을 하셨다. 주로 내 옷을 수선하셨는데 특히 환절기에는 반드시 내가 옷을 입기 전에 사전에 점검하셨다. 그러나 나는 할머니의 이러한 수고를 염두에 두지 않고 마냥 친구들과 뛰어놀기에 바빴다. 자연히 옷이 해지기도 했는데 그것을

할머니께서 꿰매 주셨다. 어떤 때는 상의단추가 떨어져 나간 일이 있었다. 학교에서 철봉 매달리기를 하다가 떨어져 나간 것 같았다. 그러면 한동안 단추를 구할 수 없었던 할머니께서는 할 수 없이 모양이 비슷한 단추를 시장에서 구입해서 그 옷에 달아 주셨다. 그리고 팬티나 내의의 고무줄이 자주 끊어졌는데 고무줄을 구입하셔서 허리 밑으로 내려가지 않도록 내 허리치수에 꼭 맞게 고무줄을 조여 주셨다. 할머니의 그 손길이 너무 그립다.

〈아버지! 그때 고무줄 끊어져서 다시 끼우느라 무척 혼이 났어요. 더 좀 야무지지 못했던 것이 아직도 죄송스럽기만 합니다. 여자 아이들처럼 할머니를 잘 거들어드리지 못한 것이 너무 죄송합니다. 사내랍시고 노는 일에만 정신이 팔렸던 같아 너무 후회스럽습니다.〉

할머니 훈육 예순 일곱째 장

무신 학교에서 참고서를 맨날 그마이 사노. 그래 여깃따.

돈 애끼쓰레이. 니 땅 열질 파바라. 돈 십원 나오는강.

학교에서 많은 부교재를 사라고 하는구나. 그래 필요하면 사야지. 책값은 내가 주지만 될 수 있으면 아껴 쓰도록 해라. 곡괭이로 땅을 아무리 파본들 돈이 나오겠느냐?

초등학교를 졸업하고 중학교에 입학하니 자연히 영어, 수학, 국어 등 주요과목마다 부교재가 필요했다. 그런데 할머니께서는 초등학교 때의 교과서 중심 교육만 생각하신 것 같다. 내가 각 과목마다 참고서가 필요하다고 말씀드리면 책값을 주시면서 돈의 중요성을 말씀하셨다.

'돈.' 예나 지금이나 얼마나 우리 인생에 중요한 것인가. 나는 할머니께 참고서 대금을 청구할 때 여유 돈을 조금 더 달라고 조르기도 했다. 말하자면 필요 이상의 참고서 대금을 청구했는데 지금 생각하면 얼마나 비열한 작태인가. 예를 들면 2000원짜리 참고서에 200원, 심지어 500원까지 더 얹어서 청구했으니, 정말 고개를 들 수조차 없을 만큼 부끄럽다. 그러나 할머니는 한 번도 나를 의심하지 않고 내가 요구하는 대로 돈을 주셨다. 나는 학창시절에 많은 참고서를 구입했고, 그리고 열심히 학업에 정진했다고 생각한다. 그 당시 부교재가 생각난다. 에센셜(민중서관 발행), 표준전과, 동아수련장, 국사정설(동아출판사) 등등… 교과서보다 더 알차고 멋졌다고 생각한다.

〈아버지! 학업 정진을 위해 제 딴에는 정말 열심히 했습니다. 할머니를 속인 일은 두고두고 할머니가 바라시던 바른 삶으로 다 갚겠습니다. 다 아시면서도 속아주신 것은 오로지 저를 기 살려주시려는 뜻이었다고 생각합니다.〉

할머니 훈육 예순 여덟째 장

와따! 오새는 바미 기퍼서 대기 춥네. 내일은 두꺼번 내복 입구 가래이.오늘 날씨 보이 내일 대기 춥겠따. 저 문풍지 바람소리 바라. 이런 날씨에 잘못하면 어러죽는 사람도 생긴데이.

밤이 깊으니까 날씨가 무척 춥다. 내일은 오늘보다 더 두꺼운 내의를 입도록 해라. 오늘 날씨로 판단해 볼 때 내일은 아마 더 날씨가 추울 것 같다. 문풍지가 저렇게 소리가 나지 않느냐. 이런 날씨가 계속되면 동상으로 사람이 죽을 수도 있는 일이야.

내가 자란 오십 년대 후반의 겨울 날씨는 지금보다 훨씬 혹독했다. 남쪽지방이었는데도 겨울철만 다가오면 강물도 얼고 냇가도 매년 얼었다. 그리고 찬바람이 부는 소리가 밤중에도 아주 크게 들려왔다. 학교에서 집에 오면 또래 친구들은 햇볕이 잘 드는 울타리 모서리 같은 데서 함께 모여 있기 일쑤였다. 등교할 때는 물론 옷을 최대한 두툼하게 입어야 했다. 안쪽에 솜털이 붙은 내의는 그래도 보온이 잘 되는 편이었다. 할머니는 어린 내가 혹시 감기에라도 걸릴까봐 항상 건강관리에 유의하셨다. 사실 그 당시 강추위로 인하여 다리 밑에서나 도로변에서 동사사고가 간혹 생기기도 했다. 추운 날씨가 계속되면 할머니는 아궁이에서 장작개비를 오랫동안 태우셨다. 아궁이 안에서 장작개비 타는 소리가 들려오면 방안에는 온기가 느껴지기 시작한다. 그렇게 겨울 난방은 할머니의 기후 예측에 따라서 달라졌다. 나는 그래도 나를 아껴주는 다정다감한 할머니 덕분에 따뜻한 방에서 추운 겨울을 잘 지낼 수 있었다.

〈아버지! 그때 우리 집 방안은 너무 훈훈했어요. 문풍지마저도 추위에 몸서리치며 우리 집 안방에서 온기를 조금씩 훔쳐가곤 했지요. 안팎으로 훈훈한 인심이 들락거리는 멋진 시절이었지요.〉

할머니 훈육 예순 아홉째 장

전기세포 쪼가리 한번 찾아봐라. 다른 집은 더 나왔따 앙카나. 우리는 와 업노. 그거 업시먼 안되는강. 내일까지 안내먼 벌금문다카던데, 그렁거 왔시머 니 서랍 안에 너혀놋튼지. 내일 그 사람 돈 받으러 올낀데 우짤라카노.

전기요금 납부고지서 좀 잘 찾아봐라. 다른 집은 다 발부되었다고 하지 않느냐. 그런데 유독 우리 집만 안 왔다니 말이 되느냐. 내일까지 납부하지 않으면 가산금을 더 내야 된다고 하더라. 네 책상 서랍 안이나 지정된 장소에 그것을 넣어 두어야지. 내일 그 사람이 수금하러 온다고 하는데 어찌할 거냐. 고지서가 없으면 난처한 일이지.

전기의 중요성은 그때나 지금이나 마찬가지다. 그 당시 전기사용은 가정용이 대부분이었다. 그런데 간혹 정전이 되어 안타까운 순간이 자주 있었다. 마당과 방안을 환하게 밝혀 주던 전등은 곧 문명사회의 상징이었다. 참으로 요긴한 전기고 전등이었다. 특선이라고 하여 낮에 전기가 들어오기도 했다.

한전 수금원이 지난 달의 전기요금을 징수하러 왔다. 물론 며칠 전에 고지서를 받았지만 내가 어디에 두었는지 잊어버렸다. 아무리 고지서를 찾아도 찾을 수 없었다. 내일 그 수금원이 우리 집을 방문한다는 이야기를 듣고 할머니는 그 고지서의 행방을 다그치셨다. 그러나 고지서는 오리무중이었다. 할 수 없이 전기사용료를 대충 짐작해서 준비해야 했다. 관공서에서 발급되는 각종 공과금 납부통지서의 중요성을 일깨워 주신 할머니셨다.

〈아버지! 요즘은 뭐든 원하면 통장에서 자동납부 됩니다. 통장잔고만 든든하면 전기요금 정도는 일도 아니게 술술 빠져나갑니다. 그래서 다들 '돈만 있으면 참 살기 좋은 세상'이라고들 합니다.〉

할머니 훈육 일흔 번째 장

이노무 손아. 단추가 떨어젓시먼 내한테 퍼떡 이바구해야지.

머하고 아무 말도 안하노. 그리고 난닝구도 좀 바까이버라. 거지가치거기 머꼬. 저 농 안에 안인나. 거기도 못차자 입나?

애야, 상의 단추가 떨어져 나갔으면 할머니에게 얼른 이야기해야지. 왜 그동안 말을 하지 않았느냐. 그리고 내의도 좀 갈아입도록 해라. 네 꼴이 그게 뭐냐. 꼭 거지같지 않으냐. 옷이 장롱 안에 있으니 찾아 입어라.

옷이 날개라고들 한다. 그러나 나는 어릴 때 그 옷에 대해 별로 관심이 없었고 그냥 집에 있는 옷으로 생활했다. 말하자면, 새 옷을 구입하는 것보다 기존의 옷들을 계절이 바뀌면 교체해서 입었다. 생활하는 데 별 지장이 없었다. 설날이나 추석이 되면 할머니가 새 옷을 장만해 주셨다. 나는 명절이 다가오면 할머니의 눈치를 살피기도 했다. 중앙시장 입구에는 많은 의류상이 있었다. 그곳에 가서 할머니가 이 옷 저 옷을 나에게 입혀 보신 후 가격을 흥정하셨다. 할머니는 모든 물건에 대해서 할인을 요구하셨고 그들도 어느 정도는 할머니의 요구에 응해주었다. 그러나 명절 때 구입한 새 옷이 노는 데 정신이 팔려 곧 헌 옷이 되어 버렸다. 그렇게 노니까 자연히 단추가 언제 떨어져 나갔는지 알지 못했다. 그리고 내의도 자주 갈아입지 못했다. 그런 나를 눈여겨보시고 속상해하시며 답답함을 토로하신 것이다.

〈아버지! 명절 새옷만이라도 그때 제가 더 좀 조심해서 입었어야 했습니다. 자질구레한 걱정거리 많이 만들다 보면 어느새 눈덩이처럼 불어날 수도 있었는데, 저는 그때 너무 맹탕이었습니다. 할머니 마음을 너무 몰랐습니다. 할머니 수고를 너무 몰랐습니다.〉

할머니 훈육 일흔 첫째 장

그 집에는 나도 이제 얼마 안대는데 벌써 죽었다카이. 안제 그

아들하고 살라카면 힘들끼다. 한 보자. 둘째끼 나하고 아마 나이가 가텔 꺼로.

그 집 여자는 이제 겨우 사십 대지, 아마. 그런데 벌써 죽다니. 이제 그 남자가 아들하고 살아가려면 어려울 거야. 아마 둘째 아들이 네 또래일 게다.

마흔을 겨우 넘긴 어느 아주머니의 사망 소식을 듣고 그 집안 걱정을 하신 할머니셨다. 돌아가신 그 분이 할머니에게 자주 멸치를 사러오던 고객이었는데 갑자기 변고를 당하신 것이다. 아마 평소에 알지 못했던 질병으로 돌아가신 것 같았다. 초겨울이 다가오니 그 집도 월동대비를 해야 할 것이다. 앞으로 겨울나기가 퍽이나 힘들 것이다. 더욱이 그 남자는 온전치 못한 불구의 몸이 아닌가. 나는 할머니의 그 이야기를 듣고 나에게 그 같은 비극이 찾아온다면 어떻게 할까 생각해 보았다. 갑자기 알 수 없는 두려움이 엄습해 왔다. 다행히 할머니는 타고나신 건강체였다. 그 추운 겨울에 시장터에서 장사를 하시고 집에 와서 그 많은 집안일을 혼자 다 하셔도 병으로 앓아누우신 일이 없었다. 나에게 얼마나 다행한 일인가. 할머니의 건강은 나에게 마지막 남은 희망이었다. 할머니께서 85세까지 장수하신 일은 결코 우연한 일이 아니었을 것이다. 모두가 나를 위한 지극정성의 결과였을 것이다.

〈아버지! 할머니의 극락왕생을 진심으로 기원합니다. 요즘의 장수촌 이야기처럼 최소한 10년은 더 사실 수 있었는데도, 어린 제가 너무 속을 썩여드려 그 10년이 다 채워지지 않은 것 같습니다. 정말, 정말 죄송하고 부끄럽고 면목이 없습니다.〉

할머니 훈육 일흔 둘째 장

와따 놀러마이가데 학성공원에 사꾸라가 울메나 핏떤지.

무신 사람들이 그마이 놀러가노. 잘모하다가는 발피 죽겠떠라.

와이구 무시라.

봄철이 되니 인근 학성공원으로 많은 사람들이 벚꽃놀이를 가는구나. 수많은 사람들이 그 공원을 찾으니 인산인해로구나. 그 많은 사람으로 인해 사고나 일어나지 않을까 걱정이다.

울산시 중구 학성동에는 학성공원이 있다. 이곳은 임진왜란 때 축성된 곳으로 역사 깊은 향토유적지요, 고향 사람들의 귀중한 휴식공간이다. 고향 출신으로 '봄편지'를 쓴 고 서덕출 선생의 노래비와 일제 때 광복군 총사령관으로 활약하신 박상진 의사의 동상이 공원 중턱에 있다. 그래서 더욱더 이곳을 찾는 이들의 마음을 숙연하게 한다. 또 이곳은 일 년 내내 시민들이 즐겨 찾는 휴식처이자 많은 학생들의 소풍 행선지이기도 하다. 수많은 벚꽃, 울창

한 수목에서 뿜어져 나오는 상쾌한 공기, 그리고 여기저기 흩어져 있는 역사 깊은 성터… 공원 높은 곳에서는 시내가 한눈에 보인다. 조개섬, 신시가지와 구시가지, 그리고 멀리 보이는 동천강 줄기… 특히 겨울이 지나고 봄이 오면 벚꽃이 봉오리를 맺기 시작한다. 만개한 공원의 벚꽃 풍경은 감탄을 자아내기에 충분했다. 벚꽃 사이를 누비는 남녀노소 시민들과 연인들의 모습은 언제 보아도 봄볕보다 더 따사롭고 봄꽃보다 더 아름다웠다. 그런데 할머니와 나는 그곳에 함께 간 일이 없었다. 먼발치에서 남들 노는 모습을 구경만 했을 뿐이다. 가족이 함께 공원을 찾아 사진을 찍는 모습은 꼭 신기루 같았다.

〈아버지! 그때 온 식구가 다 함께 갔었다면 아쉬움이 전혀 없었겠지요. 누군가가 곁에 없으면 꽃구경 하나 제대로 못하고 말지요.〉

할머니 훈육 일흔 셋째 장

미버가도 안준다. 지가 손이 업나, 바리 업나.

사육신이 멀쩡항기 말라꼬 어드무그러 저래 댕기노.

노려글 해야지 팽생 저래가는 지 고생이다 아이가.

미워서도 먹을 것을 못 주겠다. 손과 발, 이렇게 몸이 멀쩡한 사람이 뭐 할 짓이 없어 구걸을 하는지. 자신이 스스로 노력을 해야지. 저렇게 행동하면 평생 고생할 것이다.

『채근담』에, “수레를 뒤엎는 사나운 말도 잘 길들이면 부릴 수가 있고 불꽃이 마구 튀는 쇳물도 잘 다루면 틀 속에 넣을 수 있다. 그러나 단지 한가로이 놀기만 하고 불만이 없으면 평생토록 발전이 있을 수 없다.”고 하였다. 게으르고 나태한 인간은 그 세계를 헤어나지 못하고 항상 남에게 의지하면서 인생을 살아간다는 뜻이다. 오십 년대 우리나라 경제 사정이 어려운 때였다. 아침에 간혹 바가지를 가지고 구걸하러 다니는 걸인들이 있었다. 그런데 몸에 아무 이상이 없는 사람들이 집집마다 다니면서 그런 행동을 하고 있는 모습도 보였다. 할머니는 구걸하는 사람 가운데 육체적으로 흠이 없는 사람은 그냥 돌려보냈다. 그러나 불구자이거나 아낙네가 어린애를 등에 업고 구걸하러 오는 경우에는 반드시 그들에게 밥을 주었다. 신체 건강한 사람은 자신이 달리 노력을 하면 구걸을 하지 않아도 되지만, 노쇠하고 어려운 사람은 어쩔 수 없다고 생각하시면서 그들에게만은 바가지에 밥과 김치를 담아주셨다. 그때 유행했던 각설이 타령이 생각난다. ‘얼씨구씨구씨구 들어간다. 저얼씨구씨구 들어간다. 작년에 왔던 각설이 죽지도 않고 또 왔네…’

〈아버지! 늘 노력하는 자세로 살겠습니다. 어떤 밥을 먹느냐도 따지고 보면 다 제 할 탓이겠지요. 떳떳한 밥만 먹도록 하겠습니다.〉

할머니 훈육 일흔 네째 장

아이고 그집 며느리 가튼 사람이 어디있겐노.똥오줌 다 갈라주제, 하늘

또구녕미테 그런 며느리구할라카면 못 구한다 앙카나.

참으로 그 집 며느리 같은 여자가 또 있겠느냐. 병석에 누워 있는 시어른의 간병을 저렇게 정성껏 다하니, 효부가 어디 따로 있겠느냐?

인간의 건강은 예측할 수 없다. 특히 연로하신 노인들의 건강은 하루하루가 다르다. 어느 날 장터에서 돌아오신 할머니가 이런 이야기를 해주셨다. 이제 나이 서른을 넘긴 며느리가 여든에 가까운 시아버지의 병간호를 정성껏 한다는 이야기였다. 그 며느리도 살림살이가 어려운 가운데서도 시어른 모시기를 그렇게 정성껏 하다니… 그녀의 남편은 장사를 한답시고 전국 방방곡곡을 다니면서 겨우 달포에 한 번 올까 말까 했다. 하나, 그녀의 정성은 너무나 대단했다. 연로하신 시아버지의 간병을 정성껏 하는 그 며느리의 남다른 몸가짐을 높이 평가하셨다. 할머니도 먼 훗날 자신이 몸져누웠을 때 혹시 닥쳐올지도 모를 그 기막힌 사태를 걱정하신 것일까. 그러나 할머니는 임종 때까지 비록 앞을 보지는 못했을망정 정정하셨다. 그리고 손부가 정성을 다하여 할머니를 봉양했다. 그 점에 대하여 나는 처에게 항상 고맙게 생각하고 있다. 할머니의 마지막 모습은 바로 내 어릴 때의 모습 그대로가 아니었던가.

〈아버지! 아버지의 며느리가 할머니 봉양을 참 잘했습니다. 칭찬 받아야 마땅하다고 생각합니다. 손자가 못한 효도를 손부가 대신 다한 셈이지요. 너무 고마운 일입니다. 너무 다행스러운 일입니다. 할머니도 편안해하시고 아버지, 어머니도 다행스럽게 여기시고, 저 또한 그 덕에 참 떳떳하고 행복했습니다. 한 사람의 정성이 그처럼 큰 그림자를 드리우고 향기를 멀리, 멀리 보냈습니다.〉

할머니 훈육 일흔 다섯째 장

오늘 학성공원에서 제 지낸다 아이가. 오늘 원호처에점심하고 극장포하고 줄끼다. 내 갔따와가 그 포주께.

니는 집에 있어라. 알겠째.

오늘은 6월 6일 현충일이다. 학성공원 충혼탑에서 추모제 행사를 한단다. 원호처에서 중식과 극장 입장권을 아마 줄 것이다. 내가 가서 그것을 받아올 테니 너는 집에 있거라.

매년 찾아오는 현충일. 국민의 이름으로 국가와 민족을 위해서 산화하신 순국선열과 호국영령들의 고귀한 희생정신을 기리는 뜻 깊은 추념식 날이다. 국립묘지에서 대통령, 또는 국무총리와 보훈단체장들, 그리고 유족들이 참석한 가운데 고인들의 명복을 빈다. 그리고 각 지방단체에서는 많은 시민들이 참석한 가운데 시장, 군수들이 시민을 대표해서 충혼탑에 헌화, 분향하며 고인들의 애국애족 정신을 기린다. 참으로 이날은 뜻 깊은 날이며 경건한 날이기도 했다. 이날 각 관공서와 가정에서는 조기를 게양하고 음주가무를 삼간다. 그런데 그 당시 이날이 되면 항상 유족들에게는 극장 무료초대권이 사전에 배부되었다. 그리고 점심은 당일 추모제 현장에서 유족들에게 지급되었는데 질서가 없어 우왕좌왕하기도 했다. 나는 어릴 때는 추모제 현장에 가지 않았는데, 할머니는 한복 차림으로 반드시 그곳에 가셨다. 그리고 극장 초대권과 음식을 꼭 챙겨오셨다. 나는 언제나 그 극장 초대권을 기다렸다. 그런 뜻에서 나에게는 의미 있는 날이었다. 무료로 마음 놓고 영화를 관람하는 유일한 날이기 때문이었다. 이 모든 것이 아버지와 할머니 덕택이었다.

〈아버지! 온 식구가 다 함께 영화를 보러 갔었다면 얼마나 좋았을까요. 절로 배가 불렀을 거예요. 절로 좋은 꿈을 꾸었을 거예요.〉

할머니 훈육 일흔 여섯째 장

아이고, 어서 오소. 이리 안즈소. 나는 사라미 오면 퍼떡일라가 인사부터 해야지. 내 친손잠더. 별로 배운기 업서가 걸심더.

잘 오셨어요. 손님이 오면 빨리 일어나 인사부터 해야지. 내 친손자입니다. 평소에 배운 것이 없어 그렇지요.

초등학교 점심시간에 간혹 할머니가 계시는 장터에 갔다. 할머니가 사주시는 음식을 먹고 나는 졸음이 와서 할머니 곁에 잠시 기대어 누울 때도 있었다. 그런데 할머니를 찾아오는 반가운 손님이 오면 그 손님은 나에 대해서 물었다. 외손자인지, 친손자인지… 그러면 할머니는 단호하게 친손자라고 말씀하셨다. 바로 '이 아이는 아들의 아들이고 이 아이가 우리 가문의 혈통을 이어갈 장손'이라는 뜻이었다. 그러면 그 분은 그놈 참 잘생겼다 하면서 농사 이야기, 생활 이야기를 하시다가 자리를 떴다. 할머니가 친손자라고 하실 때 그 목소리가 왜 그렇게 또렷하게 내 귀에 들려 왔는지 모른다. 그리고 그때 할머니의 목소리는 꽤 힘이 있었다. 생기가 넘치고 자신감에 차있었다. 그래서 할머니는 내가 시장에 가면 그렇게도 좋아하셨다. 할머니는 지나가는 사람들 앞에서 나의 존재를 한껏 부각시켰다. 그런 날이면 꼭 활기가 넘치셨다.

〈아버지! 엄청난 길사가 가문에 일어날 것입니다. 기대하셔도 좋습니다. 할머니의 정성이 여전하십니다. 아버지, 어머니의 간절하신 소원이 한결 같으십니다. 그리고 저와 집사람의 열성적이고 헌신적인 자세 또한 나날이 그 빛을 더해가고 있습니다. 그래서 자연히 특별한 기운이 감돌게 될 것입니다. 악한 끝에도 그에 상응한 업이 있고 탈이 있는데, 왜 선한 끝에 경사스러운 일이 없겠습니까. 선하게 살면 선한 영들이 모여 선한 열매를 곱절이나 키울 것입니다. '선하게 살라.'는 하늘의 뜻만 잘 따르면 되겠지요.〉

할머니 훈육 일흔 일곱째 장

저 집에는 맨날 사우는 소리다. 신랑 각시가 저라이까네

아들교육이 머대겠노. 안바도 뻔하지, 머.

저 건너편 집에서는 매일 집안싸움을 하는구나. 부부싸움을 저렇게 하면 초등학교에 다니는 아이의 가정교육이 제대로 되지 않을 거야. 그런 가정 분위기가 계속되면 그것을 보고 자란 아이의 장래는 어떻게 될꼬.

부부의 사랑은 가문을 번창시키는 요체다. 수많은 사랑이 이 세상에 있지만 부부간 사랑이 아마도 으뜸이 아닐까. 그만큼 가정에서 부부간의 사랑은 중요하다. 그런데 인연을 가지고 남자와 여자가 만났건만 자주 싸움을 한다면 어떻게 되겠는가. 그리고 그 싸움을 지켜보는 부모와 자식의 심정은 어떠하겠는가.

부모들의 가슴에는 못을 박는 격이 될 것이고 자식들에게는 씻을 수 없는 상처가 될 것이다. 더욱이 청소년기를 맞이하는 자녀를 둔 가정에서는 가급적 부부간에 다툼을 삼가는 것이 올바른 길이라고 하겠다. 그런데 요즘의 세태는 과연 어떤가. 결혼할 때 혼수가 적었다고 싸우는 부부, 성격 차이가 크다고 싸우는 부부, 그리고 그 밖에 사소한 문제로 다투는 부부 등등, 실로 목불인견이고 인면수심인 일들이 비일비재하지 않는가. 모든 부부싸움은 상대방에 대한 이해와 사랑이 있다면, 아무 문제 될 것이 없다고 나는 믿는다.

〈아버지! 그러나 간혹 의견충돌이 일어날 때도 있어요. 하지만, 할머니의 가르치심을 되새기며 잘 마무리 짓고 있어요. 첫째도, 가문, 둘째도 가문, 셋째도 오로지 가문이시던 할머니를 생각하면 뭐든 다 삭힐 수 있지요. 그리고 평생 한결 같으시던 할머니 모습을 떠올리면 모든 것은 그저 마루 위에 앉은 먼지일 뿐이지요.〉

할머니 훈육 일흔 여덟째 장

내일 원호처에 연금 타러 가는 날이다. 니 머묵고 시펀거
이시머 말해라. 참! 오새 기장에 뽁음딸이 마이 나오던데
니 기거 잘 묵째. 저거 사오께 이번에는 연금이 좀 올랐능강.
내일 가보믄 알제.

내일 원호처에 보상금을 받으러 가는 날이구나. 네가 평소 먹고 싶은 게 있으면 말해 봐라. 참! 초여름이니까 시장에 작은 딸기가 나오더라. 내가 그것을 사 오마. 맞아, 네가 그걸 좋아하지. 작년보다 보상금도 다소 인상되었는지, 내일 원호처에 가보면 알겠지.

원호처가 발족된 초기에는 보상금(연금)을 일 년에 한 번 지급했다. 처음에는 내가 연금 수급권자였다. 어머니의 사망으로 내가 연금을 수령하러 가야 되지만 학교에 가야 했기 때문에 할머니가 내 도장을 가지고 성남동에 위

치한 원호지청에서 연금을 타오셨다. 그 후 내가 만 이십 세가 되자 할머니가 연금을 직접 수령하셨다. 다시 말해 내가 성년이 됨으로써 연금을 탈 수 없게 되었고 그 수급권이 할머니에게로 승계가 된 것이었다.

연금을 타러 가시는 날 할머니의 표정은 그 어느 때보다도 밝아 보였다. 모처럼 만져보는 목돈이었다. 그것을 원호지청에서 수령하여 할머니는 가계 운영에 요긴하게 사용하셨다. 그리고 나를 위해서 평소 내가 좋아하는 작은 딸기를 사오셨다. 일명 뱀딸기라고 하는 이 딸기는 크기가 작아 설탕을 뿌려 먹으면 정말 초여름 별미다. 평소 내가 좋아하는 걸 알고계신 할머니는 그 딸기를 넉넉하게 사 오셨다. 그리고 그날이면, 나는 딸기로 포식하기도 했다. 혹시 작년에 비해 연금이 다소 올랐을 거라는 기대감을 가지고 할머니는 연금을 타러 가셨다. 그날은 장터에도 나가시지 않았다. 원호처에서 받는 연금 때문에 전사한 아들을 더욱 그리워하고 하나뿐인 손자의 장래를 더 많이 생각했을 것이다,

〈아버지! 아버지의 그 연금은 할머니와 저에게 큰 도움이 되었답니다. 나라가 성장 발전하며 국민 의식도 보다 높아져서 차츰차츰 그 혜택이 커지기를 바랍니다. 아직도 모자란다고 여기는 편입니다. 어려울 때는 큰 도움이 되었는데, 다들 잰걸음으로 달려 나가다 보니 이제는 나라에서 하는 일이 모두 뒷걸음질처럼 보이게 되었습니다. 소망이 하나 있다면, 바로 약간의 보탬이 되는 정도가 아니라, 근본적인 해결이 되는 쪽으로 나라의 보훈행정, 보훈정책이 보다 나아지기를 바라는 것입니다. 얼마든지 해낼 수 있다고 봅니다. 우선순위를 약간만 조정하면 충분히 가능하다고 봅

니다. '전쟁이 나면 누가 목숨 바쳐 지킬 것인가?'를 자문해 보면 금방 해낼 수 있는 일입니다. 개개인도 철학과 윤리와 신념을 갖고 살게 마련인데, 국가나 사회가 목숨 바쳐 지킨 그 숭고한 일을 잊거나 소홀히 해서야 되겠습니까. 실로 아무리 강조해도 절대로 지나치지 않을 일이지요.〉

할머니 훈육 일흔 아홉째 장

저노무 손은 내가 주그머 눈물 한방울도 안 흘릴끼다. 내가 시방 니한테 머라커는거 잘 생각해바라. 다 니 잘대라고 그라는기다.

손자는 내가 만약 죽으면 절대 슬퍼하지 않을 것 같다. 평소 내가 하는 이야기는 다 네가 잘되라고 하는 선의의 이야기이다.

할머니가 나에게 왜 이런 말씀을 하셨을까. 나는 이해가 되지 않는다. 아마 할머니가 나에게 수많은 질타의 말씀을 하셨기 때문에 손자가 혹 서운한 마음을 가지고 있지 않나 하는 염려에서 하신 것 같다. 그러나 나는 절대 할머니에 대해서 왜곡된 편견을 가지고 있지 않다. 왜냐하면, 할머니의 말씀은 모두 옳은 가르침이었기 때문이다. 물론 그 말씀을 들을 때는 마음에 다소 섭섭한 점도 있었다. 그러나 결론적으로 할머니 말씀 때문에 내가 정신적으로 재무장을 할 수 있게 되었고, 나의 잘못된 진로도 궤도를 수정할 수 있는 계기가 되었던 것이다. 그런데도 할머니께서는 어린 나에게 그런 가혹하고 섭섭한 말씀을 하시다니… 할머니가 그때 나에게 하신 수많은 새벽의 훈육이 없었더라면, 나는 과연 누구한테서 그런 이야기를 들을 수 있었겠는가. 의미심장한 할머니의 말씀은 오늘의 나를 있게 한 귀한 샘물 같은 존재였다. 할머니가 운명하셨을 때 이 세상 그 누구보다도 슬픔이 북받쳐 울고 또 울었다. 할머니의 명복을 빌고, 할머니의 극락왕생을 빌면서…

〈아버지! 할머니의 말씀을 생활에 늘 접목하고 있어요. 손목시계를 들여다보듯이 할머니의 가르침을 늘 떠올리고 있어요. 목탁소리를 듣듯이 할머니의 목소리에 늘 귀 기울이고 있어요. 아버지의 음성, 어머니의 음성이 그 위에 꼭 실려 있기 때문이지요. 저는 늘 할머니의 목소리에서 아버지, 어머니의 목소리를 함께 들었어요. 저는 늘 할머니의 가르치심 속에서 아버지를 뵙곤 했어요.〉

할머니 훈육 여든 번째 장

돈을 허타시면 낸주게 밥 빌어뭉는다. 꼭 씰떼 씨고 애끼
쓰야 된다. 아무리 돈 씰 데가 잇사도 생각해 보고 써야 된다 아이가.

돈을 함부로 사용하면 나중에 난처해 질 게야. 돈이란 꼭 쓸 때 사용해야지. 사용처를 적어가며 절약정신을 길러야 되는 게야.

돈. 이 얼마나 중요한 재화인가. 중국 전국시대의 사상가인 신자가 이르기를, "집이 부(富)하면 먼 친척도 모여들고, 집이 가난하면 형제도 흩어진다."고 하였다. 돈의 위력(?)을 함축성 있게 표현한 말이다. 사람이 인생을 살아가는 데 그 무엇보다도 중요한 것이 이 돈이다. 그런데 이 돈은 벌어들이는 것 못지않게 사용하는 것도 중요하다. 자신이 벌어들인 돈을 아무 계획도 없이 쓰다 보면 어느새 크게 낭패를 당하는 경우를 주변에서 너무나 흔히 볼 수 있다. 할머니도 아마 그런 생각을 하고 계셨던 것 같다. 간혹 시장터에서 그런 사실을 자주 들으셨을 것이다. 실제로 그러한 경우를 보신 적도 많으셨을 것이다. 사업을 잘 못해서 알거지가 되는 사람, 주색잡기에 혈안이 되어 패가망신하는 사람, 사치를 좋아하는 여자 때문에 망하는 사람, 이것저것 그다지 긴급하지도 않은 물품을 구입하는 사람, 남의 빚보증을 잘못 서서 어려움을 당하는 사람 등등, 시장터에는 돈에 얽힌 온갖 이야기가 넘쳐나는 곳이다. 나는 참 다행스럽게도 시장을 잘 아시는 할머니 덕분에 일찍부터 '돈에 얽힌 철학'을 많이 접할 수 있었다.

『명심보감』에 이르기를, "집을 이룰 아이는 거름을 아끼기를 금같이 하고 집을 망하게 할 아이는 돈 쓰기를 쓰레기같이 한다."고 하였다.

우리 주변에는 돈 씀씀이에 실패한 사람들이 너무나 많다. 그들의 말로는 뉴스에 너무 자주 등장했기에 이제는 삼척동자라도 다 알고 있다. 나도 할머니의 평소 가르침을 소홀히 한 탓에 많은 어려움을 겪어야 했다. 그때 그 말씀을 좀 더 겸허하게 듣고 가슴 속 깊이 새겼더라면 그 얼마나 좋았겠는가. 할머니의 그때 그 말씀들은 시대를 앞서갔던 것이다. 정말 이론과 실제를 겸비하신 탁월하신 스승이셨다. 비록 시장 한 구석에서 자그마한 생업을 이어가셨지만 내게는 엄연한 '경제 스승'이셨다. 최소한 할머니는 경제에 실패하시지는 않으셨다. 규모는 작으셨지만, 시장터 제일의 현자이시고 스승이셨다.

〈아버지! 현금카드를 항상 조심해서 사용하겠습니다. 할머니 생각해서 더 조심하고 아버지, 어머니 생각해서 더 아끼겠습니다. 6.25전후의 황폐한 터전에서 시작된 목숨인데, 어떻게 모든 걸 백지로 돌릴 수 있겠습니까. 다들 21세기라며 앞서 가더라도 저만은 처음의 시작을 늘 되새기며 첫째도 근검절약, 둘째도 근검절약, 셋째도 근검절약하겠습니다. 할머니의 손자가 아닙니까. 아버지, 어머니의 유일한 핏줄이 아닙니까. 할머니의 멸치 함지박이 제 가슴 속의 첫째 보물이고 첫째 스승입니다. 할머니의 새벽 훈육이 제 마음 속의 첫째 푯대이고, 첫째 등불입니다. 할머니의 멸치 함지박 안에 잔뜩 웅크리고 있던 가문이 장차 어떻게 발전하고 도약해 갈 지 꼭 지켜봐 주세요.〉

할머니 훈육 여든 첫째 장

극장에 춘하이 영화 들어왔다카데. 변사톤가 나발인가

그 인간이 엉큼하게 아무리 그래도 춘야이가 너머가능가바라.

암행어사 출또야 해가주고 다 자바간다 아이가.

울산극장에 영화 〈춘향전〉이 들어왔단다. 변사또가 아무리 춘향이를 권력으로 우격다짐해도 춘향이 절개는 꺾지 못하지. 맨 나중에 이도령이 암행어사가 되어 변사또 그놈을 감옥에 잡아넣지.

우리나라 고전 가운데 이만한 작품이 있을까. 정절을 끝까지 지켜나가는 춘향. 기생 월매의 딸로서 잠시 외출하여 그네를 타고 있던 그 모습을 멀리서 바라보고서 그 자태에 반한 이몽룡 도령. 그 후 그들은 사랑을 기약했으나 어쩔 수 없이 이별해야 했다. 그동안 변사또가 그 고을에 부임하여 고을 모든 기생과 부녀자들의 자태를 면접하게 되었는데… 아뿔싸! 그만 춘향의 모습에 눈이 멀어버린 변사또. 이몽룡의 약혼자라고 했건만, 기생이 아니라고 했건만, 듣지 않고 끝내 그녀에게 수청을 들라고 했다. 춘향이는 수청 들기를 거부한 괘씸죄로 투옥되고 만다. 풍악을 울리면서 연일 술판을 벌리고 있던 그 변사또 앞에 드디어 암행어사가 출두하여 단죄를 하게 된다. 그제야 드러난 춘향이의 그 빛나는 절개가 온 세상에 알려지게 된다. 이몽룡과 춘향이는 백년가약을 맺는다.

〈아버지! 할머니께서는 우리 고전 작품들을 참 좋아하셨어요. 늘 참고하시면 두 분 사이도 더욱더 아기자기해지실 거예요. 저는 그때나 지금이나 춘향이를 닮은 어머니의 처녀 시절과, 이 도령을 쏙 빼닮은 아버지의 한창 때를 번갈아 떠올려 봅니다. 세상 모든 여자가 다 춘향이라고 여기고 세상 모든 남자가 다 이 도령이라고 여기면 '세상 참 아름답다.'는 감탄사가 절로 나오겠지요. 아버지, 어머니는 제게는 늘

우리 고전작품의 주인공들이세요.〉

할머니 훈육 여든 둘째 장

청하 보경사에 가바라. 물도 말꼬 무신 샌지 우는 기
희한하드라. 똑또거리 이래 우는데. 참 물말 때.

경북 청하면 보경사에 한 번 가 보거라. 계곡마다 물도 맑고 경치가 참 수려하더라. 그리고 그 부근 산 속에서 울어대는 새소리가 얼마나 청아하게 들리는지. 오염이 안 된 산 속 풍경이며, 돌 계곡마다 흘러내리는 옥수 같은 물이 정말 좋더구나.

보경사(寶鏡寺)는 경북 영일군 송라면 중산리에 있는 사찰이다. 신라 탈해왕(脫解王) 11년(67년)에 서방의 중 마등, 축법란 등이 불경을 가지고 중국에서 올 때 12면 원경(圓鏡)과 8면 원경을 함께 가지고 왔다. 또 이 절에는 고려 고종 때 세운 원진국사비(圓眞國師碑: 보물 252호)가 있다. 하루는 할머니의 친목계 모임에서 그곳으로 관광을 갔다. 모처럼 관광을 가셔서 이곳저곳을 다니시면서 휴식을 취하신 것이다. 산 속을 흐르는 맑디맑은 약수도 마시고, 사찰을 중심으로 우거진 갖가지 수목들도 보고, 이름 모를 산새들의 지저귀는 소리들도 실컷 들으셨을 것이다. 할머니는 산새들이 특이하게 우는 소리를 처음 들으셨는지 나에게 여러 번 그 이야기를 하셨다. '무슨 새소리가 그렇담, 설마.' 어린 내가 생각해도 도저히 이해할 수 없는 이야기였다. 부모님이 계셨더라면 우리 가족이 모두 함께 관광을 가서 그 산 속에 파묻힌 채 자연을 마음껏 즐기며 갖가지 이야기꽃도 피웠을 것이다. 그러면 할머니가 말씀해 주신 산새들의 신기한 울음소리도 아버지를 통해서 듣고, 사찰의 연혁과 대자연의 신비로움에 대해서도 아버지로부터 자세히 들을 수 있었을 것이다. 어디 그뿐인가. 귀가하는 길에 동해안의 낙조를 바라보며 멋진 하룻밤을 함께 보냈을 것이다. 아버지의 품에 안겨 실컷 재롱을 부리며 멋진 하루를 보낼 수 있었을 것이다. 어머니께서는 과일을 깎아 온 가족 앞에 차려놓고 행복힌 분위기를 한껏 북돋웠을 것이다.

아버지와 어머니께서는 팔짱을 끼고 동해안 모래밭을 끝없이 걸으셨을 것이다. 황혼이 깃든 저녁 무렵 모텔에 모여, 나의 재롱에 맞춰 온 가족이 함께 신명나게 노래할 수 있었을 것이다. 할머니도 아버지 등에 업혀 그 힘든 계단마저도 너무 쉽게 오르내리실 수 있었을 것이다. 그러나 그저 환상이고 상상일 뿐이었다. 다들 누리는 것마저도 제대로 못 누리고 다들 찾아먹는 것마저도 제대로 못 찾아먹은 탓에, 그저 신기루 같은 상상의 날갯짓만 시도 때도 없이 요란하고 뜬금없이 소란스러웠다.

〈아버지! 우리 가족이 다 함께 모이는 그런 행복한 날이 언젠가는 꼭 오겠지요. 할머니 함지박 속에 우르르 모여든 그 멸치처럼, 우리 가족도 언젠가는 남들이 다 부러워할 만큼 행복한 분위기를 만들어낼 수 있겠지요.〉

할머니 훈육 여든 셋째 장

정지칼이 와 이리 안드노. 팬수칸에 가가 가라오든지 해야지.

세상에 칼이라는 기 이거 하나 못비먼 머하노.

조리용 칼날이 무디어 음식이 잘 썰어지지 않는구나. 대장간에 가서 칼날을 새롭게 갈아야 할 것 같구나. 부엌칼로 이 무도 잘 썰어지지 않아서야 어디 쓰겠느냐?

그 당시 절단하는 모든 일은 부엌칼 하나로 처리했다. 그리고 칼은 한 개밖에 없었다. 할머니는 그 칼로 갖가지 음식들을 조리하셨다. 김치를 써는 일, 무를 썰어 채나물 만드는 일, 차례나 제사 때 갖가지 음식물을 준비하는 일, 나의 영양 보충을 위해 닭은 잡는 일, 쇠고기 국을 만들기 위해 푸줏간에서 사온 고깃덩어리를 잘게 써는 일, 고래 고기를 써는 일, 떡을 써는 일 등… 그런 숱한 일들이 모두 그 칼 한 자루에 달려 있었다. 어디 그뿐인가.

나는 그 칼로 온갖 놀이기구를 만들었다. 연을 만들기 위해 대나무를 쪼개고 깎았다. 썰매를 타기 위해 나무를 자르고 깎았다. 연필심을 깎기도 하고 삐거덕거리는 대문을 자르기도 했다. 말 그대로 우리 집의 단골 연장이고 대장 칼이었다. 그 많은 일들이 그 오래된 부엌칼 하나로 가능했다. 그러니, 그 칼이 어떻게 온전하겠는가. 칼등, 칼 몸은 두툼하다 해도 칼날이야 종잇장보다도 더 얇은 것이 아닌가. 간혹 칼날을 가는 이동 장사꾼에게 칼을 가신 일도 있었다. 지금 생각하면 부엌칼 따로, 생활하는 칼 따로 장만하여 그 칼을 용도별로 사용했더라면 훨씬 수명도 길고 그렇게 칼날이 쉽게 무디어지지도 않았을 것이다.

〈아버지! 지금은 많이 나아졌어요. 간식용 두 개, 부엌용 세 개 등 다양한 칼들이 우리 부엌에 있어요. 할머니와 저의 칼 한 자루가 어느덧 열 손가락을 꼽아야 할 만큼 몰라보게 늘어났어요.〉

할머니 훈육 여든 넷째장

오늘 그 집 아들 선보러 간다카던데. 며느리 될 사람은 어디라카더라.아! 덕하사람이라 카더라. 우째 궁합이나 마쳐반넌지 모리겠다.

오늘 그 집 아들이 맞선을 보러 가는 날이구나. 며느리 후보는 친정이 울주군 청량면 덕하리라고 하더라. 맞선을 보기 전에 서로 생일을 적어 궁합을 맞추어 봤는지 궁금하구나.

총각 처녀가 서로 사랑하여 혼인하기까지의 절차를 이야기하신 내용이다. 양가가 맞선을 보기 전에 먼저 그 당사자의 생년월일을 알아서 궁합이 맞는지 보고, 궁합이 맞으면 그 후 양가 부모가 함께 맞선을 보는 것이 합리적인 혼인절차라고 생각하셨던 할머니다. 궁합(宮合)이란 남성과 여성이 혼인할 때에 보는 것으로 남성과 여성의 사주를 대조하여 장래의 성격, 애정, 건강,

자손, 재복 등을 사주오행의 상생상극에 비추어 보아 그 길흉을 가려내는 것이다. 그래서 아무리 남녀가 단둘이 눈이 맞아도 궁합이 서로 좋게 나오지 않으면 가급적 그 혼사는 피하는 것이 먼 장래를 위해 서로 현명한 방법이라고 인식되어 왔다. 독일 속담에, "비슷한 혈통, 비슷한 재산, 비슷한 나이, 이것은 가장 좋은 배우자이다."라고 했다. 그런 점에서라도 할머니가 중요시하셨던 바로 그 궁합이 어쩌면 최상의 선택, 최고의 결론일 수도 있을 것이다.

〈아버지! 우리 부부의 궁합도 아마 잘 나왔겠지요. 척 보면 다 알아요. 그 많은 조건 다 제치고 오로지 사랑 하나만 본 것인데, 왜 안 좋겠어요. 낯선 가문이 모이고 생면부지의 남녀가 합치는 일인데도, 저와 집사람은 사랑 하나만 보고 대뜸 정했지요. 가장 이상적인 궁합은 바로 사랑 아니겠어요. 같은 사랑이면 같은 궁합이지요. 같은 사랑으로 피운 꽃인데 왜 아름답고 향기롭지 않겠어요.〉

할머니 훈육 여든 다섯째 장

니 퍼떡 일라바라. 아까부터 꼼지락꼼지락 그라는기 저노무
쥐새끼, 오늘은 꼭 잡을끼다. 밤마다 못산다카이. 저쪽 농디에 바라앙카나.

얼른 일어나거라. 조금 전부터 바스락거리는 소리가 자꾸 들리는구나. 틀림없이 쥐가 맞을 게다. 내 오늘은 반드시 저 쥐새끼를 꼭 잡을 거다. 밤마다 저렇게 쥐소리가 나니 견딜 수가 없구나. 저 장롱 뒤를 잘 찾아보아라.

쥐들은 이상하게 주간보다는 야간에 설쳐대면서 할머니와 나를 괴롭혔다. 천장에는 물론 쥐들이 있었고 그 밖에 장롱 뒤나 다락 속에도 쥐들이 득실거렸다. 쥐는 무서운 페스트균을 옮긴다. 더욱이 야밤에 안면(安眠)을 방해하는 쥐들의 소란스런 장난질 때문에 그만 피곤해지신 할머니는 자연히 화가 머리 끝까지 나실 수밖에 없었다. 어느 날 할머니는 장롱 뒤 틈새에서 들려오는 그 쥐들의 소재를 파악하고 양쪽을 봉쇄하여 방망이로 때려잡을 계획을 세우셨다. 그런데 한 번은 그 쥐가 그만 할머니의 손목을 물었다. 상처를 얻게 되신 할머니는 그 고통을 줄일 셈으로 쥐약을 그곳에 바르셨다. 한데, 다행히 상처가 다 나았다. 쥐약이 별 성과 없으면 쥐덫을 사용했다. 방안 구석구석에 숨어 있던 쥐들 때문에 할머니와 나는 고통스러운 나날을 보내야 했다. 하지만, 당한 만큼이라도 갚아줄 수 있는 묘안이 쉽게 나타나주지 않았다. 당하기는 해도 일망타진할 방안은 찾지 못했다. 결국, 쥐들의 일방적인 승리였다.

〈아버지! 할머니와 저는 쥐 때문에 잠을 참 많이도 설쳤습니다. 단잠을 자야 단꿈도 꿀 텐데 그 놈의 쥐 때문에 할머니와 저는 우리 집인데도 불구하고 셋방살이처럼 지내야 했습니다.〉

할머니 훈육 여든 여섯째 장

이번 달에는 니 내복 샀제, 장작 너어째, 그리고 내일 모레

니 소풍가제, 전기세 냇제, 대기 쪼달리네.

이번 시월에는 동절기 대책으로 네 내의를 구입하고, 장작개비를 사고, 그리고 소풍 갈 준비를 하고, 전기사용료를 납부하다 보니 수입은 적은데 지출이 많아져 힘이 드는구나.

가정의 모든 수입과 지출을 담당하고 계신 할머니의 하소연이다. 더욱이 시월이 되면 겨울 준비로 평소보다 더 많은 지출을 하셨다. 무엇보다 두툼한 솜털이 들어있는 내의는 겨울나기에 꼭 필요한 것이라고 생각하셨다. 물론 작년에 입던 내의가 있었지만 다소 해지고 솜털이 빠져 결국 새로 사게 되었다. 할머니가 사주신 내의를 입고 있으면 따스한 기운이 절로 온 몸을 감싸 주었다.

할머니의 구입 품목은 연간 계획에 의해 결정되었다. 계절 따라 구입하는 시기와 품목을 미리 정해 두셨다. 그리고 긴급하게 구입할 물품에 대해서는 장고(長考) 끝에 결정하셨다. 냄비가 샌다, 담장이 무너진다, 부엌칼이 무디다, 우산이 없다 등 의외의 일들이 생기면, 시간을 두고 오래 생각해서 정하셨다.

가정살림에 필요한 물품은 할머니가 직접 시장에서 사 오셨다. 하나, 집에 아무도 없는 경우 종종 분실되기도 했다. 다들 어렵던 시절이고 더욱이나 사람들로 북적거리는 요지에 있는 탓에 손버릇 나쁜 이들의 못된 짓은 어느 정도 각오해야 했다.

〈아버지! 살림살이가 그때는 너무 힘들었지만, 그래도 할머니의 억척스러우심과 현명하심 덕분에 철없던 저마저도 그런대로 잘 넘길 수 있었습니다. 할머니가 이뤄낸 승리와 성공 덕분에 어린 저마저도 덩달아 번쩍거리는 트로피와 함께 금빛 메달을 받았지요.〉

할머니 훈육 여든 일곱째 장

세상에 무신 그런 일이 있노. 그 연놈이 부터묵았따카이.

세상에 어디 사람이 업서가 시동생하고 그 짓을 하노.

아이고, 더럽다. 더러버.

세상에 어떻게 이런 일이 일어날 수 있느냐. 그 남녀가 그런 못된 불륜관계를 갖다니 세상에 어디 남자가 없어서 시동생하고 그런 관계를 맺었단 말이냐? 인간으로서 도저히 있을 수 없는 노릇이야.

남녀의 불륜 소식을 듣고 대노하신 말씀이시다. 시동생은 바로 남편의 남동생이 아닌가. 말하자면 시동생과 형수의 불륜을 듣고 화를 내신 대목이다. 그것은 사랑도 아니요, 가문을 망신시키는 일이었다. 그 집은 우리 집에서 얼마 떨어지지 않은 곳에 있었고 그 소식은 삽시간에 인근에 퍼졌다. 남편이 출근한 사이 그 시동생이 형수와 그런 불륜관계를 가졌는데, 직장에서 난데없이 집에 돌아온 남편에게 그 현장을 들킨 것이었다. 그들은 오래 전부터 그런 관계를 유지하고 있었던 것 같았다. 물론 그들이 그런 관계를 가진 것은 용서받지 못할 일이지만, 과연 그 남편에게는 문제가 없었을까. 자주 부부싸움을 하고 여자에게 애정을 별로 보이지 않았다고 했다. 가정의 화목을 위해서는 건전한 부부애가 첫째일 것이다.

〈아버지! 화목한 가정에는 불륜이 절대 끼어들 수 없지요. 어렵던 시절이라 그랬는지 아니면 시장바닥이라 그랬는지 어린 저를 혼란스럽게 하는 일들이 너무 잦았어요. '다 같은 어른일 텐데 어째서 그런가?' — 그때는 그저 그럴 수도 있겠지 하며 넘겼지만, 어릴 때 듣고 보았던 주위 어른들의 모습은 아직도 듣기 거북하고 다시 떠올리기 민망한 것들이 너무 많아요.〉

할머니 훈육 여든 여덟째 장

서울에 그 아제한테 가면 라디오 하나 안주까방. 조끄망거,

거그라도 하나 있시머 조을낀데. 언제 한번 내리온다 카던데.

서울에 있는 그 아제에게 가면 아마 라디오는 줄 게야. 작은 트랜지스터 하나만 있으면 네가 즐겨들을 수 있을 텐데. 그 아제가 한번 내려온다고 했는데, 왜 여태 감감무소식이란 말이냐?

그때 서울에는 할머니 여동생의 아들이 작은 라디오 수리점을 하고 있었다. 내가 귀에 꽂는 리시버로 라디오를 즐겨 듣는 모습을 보시고 안타까우셨는지 나를 위로해 주시느라고 그 말씀을 자주 하셨다. 하나, 끝내 이루어지지는 않았다. 그 당시 우리 집에 이렇다 할 문화 기구랄 것이 별로 없었다. 그래도 할머니와 나는 별로 불편한 줄 모르고 생활했다. 그 당시에 우리 집에 없었던 물건 목록이다.

라디오, 재봉틀, 시계, 스미끼리(손톱깎기), 후래쉬(손전등), 세때(열쇠), 대형거울, 주전자, 비누, 치약, 구리미(크림), 칫솔, 전기 벽스위치, 처마 빗물 동이, 사다리, 양산, 아까징끼(머큐로크롬), 색깔 있는 속치마, 브라자…

그 당시에 우리 집에 있었던 물건 목록이다.

녹슨 톱, 가위, 바늘, 도끼, 부채, 녹슨 망치, 못, 작은 거울(겨우 얼굴만 보임), 검은 빨래비누, 양잿물, 소쿠리, 백열등에 부착된 스위치, 두레박, 양철 물동이, 제기 놋그릇, 비닐우산, 걸레…

〈아버지! 아버지가 계셨더라면 우리 집에 제가 원하는 물건은 물론이고, 할머니께서 필요로 하시는 물건이 모두 있었겠지요. 지금은 더 바랄 것이 없을 만큼 다 있어요. 다들 잘 살게 된 덕분이지요. 혼자 뛰면 무기록이지만 함께 뛰면 신기록이지요.〉

할머니 훈육 여든 아홉째 장

아이고, 서울! 말도 하지마라. 가마이 있는 사람 코도 비 갓뿐다 앙카나. 사기꾼드리 우글우글한단다. 사람 살 곳이 못된다 앙카나.

서울 이야기는 꺼내지도 마라. 각종 사기꾼과 도둑놈들이 너무나 많아서 사람들이 생활하기에는 너무나 삭막하다는구나.

서울의 어두운 면을 단적으로 말씀하신 것이다. 서울에서 오신 어떤 분의 이야기를 듣고 그날 저녁 나에게 하신 말씀이다. 거두절미하고 서울의 나쁜 점들만 이야기하셨다. 그래서 그런지 어릴 적 나는 서울을 대단히 좋지 않게 생각했다. 할머니의 서울에 대한 편견이 일조했을 것이다. 한데, 할머니는 무슨 까닭으로 서울을 그렇게 나쁘게만 보셨을까. 지금 가만히 생각하면 분명 어떤 생각을 가지고 말씀하신 것 같다. 혹시 내가 성장하여 고향을 떠나 상경하지 않을까 하는 우려 때문이 아니었을까. 내가 고향에서 직장을 구하면 친한 벗들과 함께 덕담을 나누시며 생활하시다가 돌아가시는 것이 작은 꿈이셨던 것 같다. 서울은 우리 대한민국의 수도로서 1천만 명이 넘는 사람들이 생활하는 세계 십대 도시다. 더욱이 누가 뭐래도 정치, 경제, 문화, 사회의 중심지가 아닌가. 그런 점에서라도 서울시민의 대단한 긍지를 충분히 이해할 수 있다. 나는 차차 성장하면서 서울에 대한 이미지도 개선되었고, 언젠가는 서울에서 생활했으면 하는 생각도 해 보았다. 그 꿈이 현실이 된 것은 그 후 상당한 시간이 흐른 뒤였다.

〈아버지! 아버지께서 사수하신 대한민국의 수도 서울은 이제 21세기 세계의 중심지로 더욱 각광을 받을 것입니다. 눈 뜨고도 당한다는 식의 좋지 않은 말들은 이제 완전히 옛말입니다. 그 많은 사람들이 한데 모여 사는 곳인데 왜 좋은 일들이 없겠어요.〉

할머니 훈육 아흔 번째 장

무신 일이든지 단디해라. 앙그라먼 머가 잘 안댄다.

무슨 일이든지 사전에 계획을 수립해서 추진하거라. 그래야 매사에 실수가 없는 법이다.

"치밀한 생각을 가진 사람은 일을 행함에 있어 순서대로 세밀하게 처리한다. 그러나 조급하고 마음이 거친 사람은 급하게 처리하여 실패를 거듭한다."라고『채근담』에 기록되어 있다. 인생은 성공과 실패의 연속이다. 시작할 때부터 충분한 계획을 사전에 수립하고 추진해야 성공이 가능하다는 뜻이다. 충분한 사전 검토는 필수이고 주위의 충고 또한 중요하게 여겨야, 실패는 줄이고, 성공은 늘릴 수 있다는 뜻이다.

그런데 우리의 인생사가 어디 꼭 그렇기만 한가. 사전에 충분한 준비기간을 거쳐 추진해도 전혀 예상하지 못한 돌발사태가 발생할 수 있다. 그래서 본래의 목적을 달성하지 못하는 예가 얼마든지 있을 수 있는 것이다. 그러나 사전준비를 충분히 하면 실패로 인한 또 다른 고통은 어느 정도 줄어들 것이다.

〈아버지! 실패할 때마다 저는 아버지를 생각했습니다. 실패할 때마다 아버지를 떠올리며 마음을 가다듬으면 모든 것이 보다 선명해지고 확실해졌습니다. '서로 영혼이 통한다.'는 말은 전혀 근거 없는 말이 아닙니다. 저는 아버지와의 영적 교감을 셀 수 없이 많이 경험했습니다. 그럴 때마다 아버지는 저에게 늘 가장 든든한 수호천사이셨습니다. 앞으로도 늘 그렇게 할 것입니다. 눈을 감고 마음의 소리를 들으며 아버지와 늘 소통하고 대화하겠습니다.〉

할머니 훈육 아흔 첫째 장

무신 아가 저런 아가 다 있노. 무신 인간수人間數

채울라꼬 난나. 지금 머하고 있노.

손자가 하는 행동이 참으로 어처구니 없구나. 인간사회에서 인간다운 행동을 해야 하거늘, 손자 네가 어제 한 그 행동은 인간으로서 도저히 할 수 없는 행동이다. 따라서 너는 단지 인간이기를 포기한 상태라고 할 수 있다.

엄청나게 화가 나신 할머니의 말씀이시다. 그때 나는 무엇 하나 할머니 지시대로 하는 것이 없었다. 할머니의 노여움이 극에 달했을 때, 그리고 각종 지시사항에 대하여 총체적인 점검을 하실 때 그런 심한 말씀을 하셨다. 예를 들면, 빈 도시락을 가방에서 내어놓지 않는다든가, 동네 아이들과 함께 너무 지나치게 뛰어논다든가, 용돈을 주면 이틀도 지나지 않아 소진해 버린다든가 하는 것들이 할머니를 노여워하시게 했다. 나는 정말 그때는 할머니의 말씀을 제대로 알아듣지 못했다. 그러나 차차 성장하면서 말의 뜻을 알아듣게 되면서 깊이 후회하게 되었다.

인간의 도리는 어떤 어려운 지경에 처하더라도 반드시 지켜야 한다. 당장은 힘들더라도 세월이 지나면 향기 그윽한 한 송이 장미꽃 같이 드러날 것이다.

〈아버지! 저의 지난 잘못을 더 좀 자주 되돌아보며 살겠습니다. 타고난 바탕은 천성으로 여겨 지키더라도, 할머니께서 문제 삼으시던 것들은 시효가 없는 일이라고 믿고 꾸준히 고쳐 나갈 것입니다. 세 살 버릇 여든까지 간다는 말을 들어서야 되겠습니까? 할머니께서 일일이 지적하신 것들이 제 속에서 다 뿌리 뽑힐 때까지 노력하고 또 노력하겠습니다. 무도 썰어지지 않던 칼날이 대장간을 나서며 새 날이 되듯이 그렇게 최선을 다해 고치겠습니다.〉

할머니 훈육 아흔 둘째 장

우리 아는요, 넘 실은 짓 절대 안함더. 내하고 평생

같이 살아도 넘 해꾸지 하는거 한 번 못 빠시이까네.

손자는 남에게 피해를 주는 언동을 하지 않아요. 나와 함께 오랫동안 같이 생활했으므로 그 누구보다도 손자의 온유한 심성을 내가 잘 알지요. 남이 싫어하는 말과 행동을 하는 걸 나는 한 번도 본 적이 없어요.

중국 송나라『경행록(景行錄)』에 이르기를, "은혜와 의리를 널리 베풀라. 인생이 어느 곳에서든지 서로 만나지 않느냐. 원수와 원한을 맺지 말라. 길 좁은 곳에서 만나면 피하기 어려우니라."고 하였다. 선린(善隣)은 우리 시대에도 꼭 필요한 덕목 가운데 하나이다. 어느 날 저녁 무렵이었다. 동네 아주머니들이 건너편 아무개 아들 집에 경찰이 와서 가정상황 등 일련의 조사를 해갔다는 불길한 소식이 전해졌다. 그 당시나 지금이나 경찰관이 방문했다는 것은 분명 불길한 징조가 아닌가. 이러한 소식을 접하고서 할머니는 어린 손자를 두둔하신 것이다. 부모로부터 제대로 된 교육을 받지는 않았어도, 할머니 자신의 가르침과 손자 자신의 본성, 그리고 손자 스스로 이뤄낸 수신(修身)으로 가정과 학교에서 모두 썩 괜찮은 편이라고 평가한 것이다. 따라서 경찰관이 드나드는 그러한 집의 아들과는 비교할 수 없다는 말씀이셨다. 확신과 자신감에 찬 말씀이시고 결론이셨다.

〈아버지! 지금도 저는 '착하게 살아야 한다.'는 좌우명을 지니고 삽니다. 인연으로 묶이고 업보로 묶이는 인생인데, 이왕이면 선한 인연을 쌓고 이왕이면 선한 업보를 쌓는 것이 자신에게나 가족에게 두루두루 다 좋지 않겠어요. 가장 멋진 유산은 바로 선한 발자취라고 믿어요. 빛은 어디서나 빛이기 때문이지요.〉

할머니 훈육 아흔 셋째 장

어휴, 뺑덕어미 그 년이 주길년이지. 지가 그래가 천벌바찌.거 눈먼 심봉사가 머를 아노. 그때 한양 가다가 심봉사 내빼리뿌고 보따리 가지고 도망갓뿌시이까네. 그 심봉사 마음이 으떡켄노.

뺑덕어미 그 여자가 정말 나쁜 여자야. 그런 행동을 하면 반드시 하늘의 응징이 따르지. 눈이 멀어 앞을 볼 수 없는 그 불쌍한 심봉사가 무엇을 알겠어. 그때 전국 봉사 초청을 받고 서울에 올라가는 도중에 심 봉사를 내버려 둔 채 그 몇 푼 안 되는 돈 보따리를 가지고 줄행랑을 치다니. 그 불쌍한 심봉사의 심정이 이떠했겠어.

조선 숙종 때 대제학판서를 지낸 김만중(金萬重)은 효성이 지극했다. 유복자로서 아버지의 얼굴을 모르는 것을 평생토록 가슴 아파했다. 그래서 어머니 윤씨를 더 극진히 섬기며 오로지 기쁘게만 해드리려 애썼다. 그는 책을 좋아하는 어머니를 위하여 곁에서 옛 역사나 색다른 이야기, 잡다한 소설 따위를 밤낮으로 이야기해 드렸다. 젊어서부터 늙어서까지 관청일이 아니면 어머니의 곁을 떠나지 않았다. 따로 살기 시작한 뒤에도 날마다 이른 아침에 어머니를 뵙고 살핀 뒤 자정이 되어야 돌아왔다. 수차례 귀양살이를 하면서 많은 국문소설을 지어 국문소설의 선구자로 일컬어지는데, 소설「사씨남정기」,「구운몽」등을 지어 어머니를 위로하였다. 그 효심이 얼마나 깊고 큰지,

그분 앞에 저절로 고개가 숙여질 뿐이다.

나는 그분같이 책을 쓰거나 자주 읽어 드리지는 않았지만, 가끔 할머니께 고전을 읽어 드리곤 했다. 그 당시 초등학교 국어책에 「심청전」이 실려 있었다. 나는 동네 아주머니 4~5명과 할머니가 계시는 우리 방에서 무와 찐쌀을 먹으면서 그 고전을 읽어드렸다. 그 내용을 다 듣고 나서 할머니는 뺑덕어미의 소행이 어찌나 괘씸했던지, 그만 마주보고 있기라도 하신 듯이 신랄하게 비판하셨다. 할머니의 이런 감정 폭발에 모두들 이구동성으로 동감을 표시했다.

그리고 계모와 그녀가 데리고 온 딸 팥쥐의 괴롭힘을 받던 콩쥐가 감사의 눈에 들어 후실이 되었으나, 팥쥐 모녀는 콩쥐를 유인하여 기어이 연못에 밀어 넣어 죽이고 팥쥐가 대신 감사의 부인 노릇을 했다. 콩쥐가 뒤에 다시 태어나 이웃 할머니의 주선으로 팥쥐 모녀의 죄악을 폭로한다는 것이 「콩쥐팥쥐전」이었다.

철산 배좌수의 전실 딸인 장화와 홍련이 계모 허씨와 그의 아들 장씨에 의하여 원통한 죽임을 당하고 그 억울한 망령이 동헌에 나타나 신원하니 그때마다 놀라 여러 부사들이 기절하여 죽는 괴변이 이어져 결국 폐군 직전에 부사로 자원한 정동우에 의하여 원수를 갚게 된다는 것이 「장화홍련전」이었다.

〈아버지! 권선징악(勸善懲惡)은 만고의 진리입니다. 해와 달, 낮과 밤, 봄과 가을, 여름과 겨울이 바로 '선은 장려하고 악은 경계하라.'는 메시지 하나를 줄기차게 외쳐대고 있지요. 한 번뿐인 생애이고 덧없는 인생이고 짧기만 한 수명이라면서, 선악을 제대로 못 나눈 채 헤매기만 하면 — 할머니 말씀대로 언제 철이 들고 언제 세 살 적 나쁜 버르장머리를 고칠 수 있겠습니까. 다른 것은 다 몰라도 옛적부터 모든 교육과 수양의 기초이던 권선징악 하나만이라도 제대로 붙들고 살렵니다. 사람에게는 다행히도 권선징악의 본바탕이 굳게 자리 잡고 있다고 봅니다. 눈물샘이 그 증거이지요. 아름답고 귀한 것에 감격하는 것만 보아도 알 수 있지요. 희로애락(喜怒哀樂)이 엇비슷한 것만 보아도 알 수 있어요. 세대 차이니 다문화니 새터민이니 해도 사람의 눈물과 웃음, 그리고 한숨과 성냄 같은 감정 표현만은 너무도 대동소이(大同小異)하지요. 바로 권선징악이 하늘이 준 뿌리이고 씨앗이기 때문일 것입니다.〉

할머니 훈육 아흔 넷째 장

어서 일라가 어제 내가 사준 거 나이롱 사수하고 미테바지 한번

입어바라. 기집이 그래도 내하고 친하이까네 그거 외상주지 다른 사람들은 어림도 없다. 그라고 배구두는 내중에 사주께.

어서 일어나서 어제 내가 사온 나일론 셔츠와 반바지를 입어보렴. 내 가게에서 가까운 그 집이 나와 친하니까 외상을 주지 다른 사람들은 외상을 주지 않는다. 운동화는 며칠 후에 사 줄 게.

5월 늦은 봄이었다. 이튿날 소풍을 가기 때문에 할머니는 내가 사달라고

졸랐던 셔츠와 반바지를 사오셨다. 혹시 치수가 맞지 않으면 바꾸려고 하신 것 같다. 그 당시 속살이 훤히 보이는 파란 나일론은 대단한 인기였다. 그래서 많은 사람들이 그 나일론 셔츠를 즐겨 입었다. 할머니는 여유가 없으셨는지 셔츠와 반바지만 사오고 운동화는 사오지 않으셨다. 그나마 셔츠도 현금이 모자라서 옷값은 반만 주고 나머지는 다음 달 주기로 가게 주인과 약조하신 것 같았다. 나일론 셔츠는 내 몸에 꼭 맞았다. 물론 전날 할머니와 함께 가게에 가서 치수를 재보고 가지고 왔다. 한데도, 혹시나 싶어 할머니는 새벽에 그 옷을 입어보게 하신 것이다. 할머니는 내가 그 옷을 입자 대단히 만족해하셨다. 그날 비록 운동화는 함께 갖추지 못했지만, 여유가 없는데도 큰마음 먹고 내 옷을 사 오신 할머니가 더없이 고마웠다.

〈아버지! 할머니의 손자 사랑은 정말, 정말 남달랐습니다. 세상 모든 할머니들이 그 시절에 그렇게 젖먹이 손자를 거둬 키우고 철부지 응석받이 손자를 덥석 끌어안아 키웠겠지만, 할머니처럼 손자 사랑이 지극하신 분은 아마도 없으셨을 것입니다. 실로, 대단하신 희생심이시고 위대하신 한결같으심이셨습니다.〉

할머니 훈육 아흔 다섯째 장

그 댓뺑, 여기 장독대 구석에 있었는데 실라카이까네

거기 안비네. 우짜꼬 거거 있어야 되는데. 허허참, 이상하네.

한 되들이 빈 병이 여기 장독대 가운데 있었는데, 내가 사용할 일이 있어 찾아보니 안 보이는구나. 분명히 여기 큰 장독대 옆에 두었건만, 그 병이 대체 어디로 갔단 말이냐?

우리 집에는 간혹 빈 병이 생기는 경우가 있었다. 손님들을 대접하기 위해 한 되짜리 소주 또는 정종을 미리 사두었다가 내놓으셨기 때문이다. 그래서 그 빈병을 할머니는 생활에 필요할 때 사용할 생각으로 장독대 사이 또는 창고 한구석에 보관하고 계셨다. 그런데 그것을 내가 가만두겠는가. 엿장수가 고물이나 빈 병을 산다고 골목을 다니면서 외치는 소리에 얼른 그 빈 병과 낡은 고무신 몇 켤레를 가지고 그곳으로 뛰어갔다. 그러면 엿장수는 생각보다 훨씬 적은 양의 엿을 주었다. 그러나 나는 한 마디 불평도 하지 못한 채 그저 주는 대로 엿을 받아먹어 버렸다. 그 당시 나는 자주 그렇게 했다. 엿장수들이 제일 좋아한 고물은 구리(銅)였다. 그러나 우리 집에는 구리가 없었다. 할머니는 그 빈 병을 기어이 찾지 못하셨다. 그런 할머니의 모습을 바라보면서 나는 다소 미안한 마음이 들었지만, 끝까지 그 빈 병의 행방에 대해서는 함구했다. 무엇보다도 할머니의 따가운 질책이 두려웠기 때문이다.

〈아버지! 그때는 엿이 왜 그렇게 먹고 싶었는지 몰라요. '단 것이 당긴다.'는 말처럼, 그리고 곰이 벌 꿀 훔쳐 먹는 재미로 마구 쏘여도 잘도 견디는 것처럼, 그때 저는 아마도 '단 것이 몹시도 당겼던 것' 같습니다. 하지만, 한 푼이라도 아껴야 살 수 있던 당시로서는 분명 큰 잘못을 저지른 것이지요. 그것도 한동안은 부끄럽게도 그만 상습범 수준이었답니다. 부디, 너그럽게 넘겨주세요.〉

할머니 훈육 아흔 여섯째 장

왔따, 그 여자 대기 억시대. 내가 그래 안 밧띠마너 단속 빠이

나오이카네 달라더는대, 그래 나오이까네 단속빤도 우짤끼고.

그라고 그 자리에 좀 장사하며 어떤노. 불쌍한 사람 좀 바주면 안데능강.

정말 그 여자 당차게 나오더라. 시장 단속반원이 단속을 하니까 그들에게 대들더라고. 그렇게 대항하니 단속반인들 어쩌겠느냐. 그리고 그 구역에서 장사 좀 하기로 뭐가 어떻다는 거냐. 넉넉하지 못한 사람들의 자릿세는 좀 봐줄 수 있지 않느냐?

할머니가 장사하시는 구역 부근에는 자릿세를 납부하고 길가에서 장사를 하는 이들이 있었다. 대부분 영세한 그들은 하루하루 겨우 꾸려나갔다. 산나물을 파는 아주머니, 달걀을 파는 할아버지, 갈치와 고등어를 파는 오십대 아주머니 등… 그 땅은 시유지였기 때문에 시(市)나, 번영회로부터 임대료 수납업무를 위탁받은 사람들이 장사가 잘 되고 못 되고 관계없이, 오전, 오후에 앉아 있었는지 여부에 관계없이, 무조건 자릿세를 징수하였다. 자연히

징수방법에 불만을 품고 있던 한 아주머니가 강력하게 항의하였다. 자신은 자리에 앉은 지 삼십 분도 되지 않았고, 아직 물건 한 개도 팔지 못했는데, 자릿세 하루치를 납부하라면, 말이 되느냐는 것이었다. 지켜보고 있던 사람들이 그녀를 거들었다. 결국, 자릿세 징수원들이 그녀의 항의에 굴복하고 물러서게 되었다. 할머니는 장사가 잘 되지 않고, 영업시간이 오래되지 않은 상인들에게는 무리한 자릿세 징수를 자제해야 한다고 생각하셨다.

〈아버지! 시장에서는 물건 가짓수만큼이나 많은 일들이 매일 일어나지요. 할머니는 그 한복판을 지키시며 제게 세상공부를 시키셨지요. 저는 할머니를 통해 매일 새벽 세상공부를 했지요.〉

할머니 훈육 아흔 일곱째 장

그 집 아들은 백뻔 바도 인사하거던. 얼매나 인사성이 바리던지.

아들 교육을 시킬라카면 그래 시키야 대는기라. 덩기소장

즈그 엄마는 참 좋켓더라.

그 집 아들은 여러 번 나를 봐도 그때마다 항상 인사를 하더라. 만면에 웃음을 띠고 하는 인사 태도가 참으로 내 마음에 들어. 어떻게 하든지 자녀들 교육은 그 집 아들같이 시키면 실수가 없을 게야. 등기소장 엄마는 정말 행복한 사람이야.

울산등기소는 중구 북정동 울산초등학교 옆에 있었다. 부산지방법원 산하 기구로 울산시 울주군 토지, 건물의 모든 등기업무를 관장하고 있었다. 등기소장의 직위는 국비 서기관으로 식구들 생활은 사택에서 했다. 할머니는 그 등기소에 자주 놀러 가셨는데 그분의 모친이 할머니와 가깝게 지내셨기 때문이다. 그 집에서 놀다가 오시는 날에는 꼭 그 등기소장의 예의에 대해서 침이 마르도록 칭찬하셨다. 아마 내가 생각하건데 그 등기소장도 연로하신 어머니를 모시고 있었기 때문에 자신의 어머니 친구분들에게 자상하게 대해 주신 것 같았다. 그리고 할머니를 뵐 때마다 깍듯이 인사하면서 좋은 말로 대해 주시니, 할머니께서는 항상 기분이 좋으셨다. 사실 웃어른들에게 인사를 드리고 예의를 갖춘다는 것은 쉽지 않다. 무엇보다도, 각자의 마음자세가 제일 중요하다고 생각한다. 그런데 과연 요즘 세태는 어떠한가. 인사는 고사하고 자신을 낳아 길러주신 부모님을 폭행하고 심지어 살인까지 하니… 끔찍한 일이다. 도덕성을 회복하여 예의를 숭상하게 하는 일이야말로 지금 우리에게 가장 시급하고 소중한 일일 것이다.

〈아버지! 그때 할머니의 눈시울이 붉어진 것을 알았습니다. 저 또한 콧잔등이 시큰거렸습니다. 아버지가 더욱더 그리웠습니다.〉

할머니 훈육 아흔 여덟째 장

부역포 쪼가린강 나발인강 이번에 또 나왔제, 작년에도 그 쪼가리나왔는

거 따지러 가이까네 올해는 안 내보낸다고 했는데 또 그라네.내일 내가 구장 만내가 결판을 내야지 우리집에 누가 잇따고 자꼬 그라노.

도로부역 고지서가 올해에도 또 발부되었구나. 작년 이맘때에도 그 고지서가 나와서 내가 항의하러 가자 올해에는 그 고지서를 절대 보내지 않겠다고 하더니 이렇게 또 나왔구나. 내일은 내가 구장을 만나서 이번 부역고지서 발부에 대하여 엄중히 항의해야지. 우리 집에 누가 부역을 나갈 수 있느냐. 답답한 일이다.

그때는 봄과 가을 이렇게 일 년에 두 번씩 도로부역을 각 세대에서 의무적으로 해야 했다. 각 동별로 국도, 지방도, 비포장도로의 담당구역이 있었다. 그런데 도로 부역을 직접 하지 못하는 세대는 그것을 돈으로 환산해서 대납하기도 했다. 우리 집에서는 늘 돈으로 환산해서 납부했다. 그런데, 우리 집은 사실상 영세민 세대였다. 할머니와 나만 있는 집에 도로부역 고지서를 발부하다니… 전형적인 탁상행정이었다. 담당구장도 우리 집 형편을 잘 알고 있으면서 실수를 한 것이다. 할머니께서 고지서 발부의 부당성을 여러 번 말씀하셨는데도, 시정하지 않고 발부한 자체가 더 큰 문제였다. 할머니께서는 그때 단단히 화가 나셨다. 도로부역은 군조례(郡條例)에도 영세민, 원호가족 등은 제외 세대로 분명히 규정되어 있었다. 부역 불능 세대를 구제하기 위한 행정 조치였다. 이를 잘 지키지 않아 선의의 피해를 본 세대가 많이 있었을 것이다. 말단 행정의 잘못은 지금도 아주 흔한 일이다.

〈아버지! 부당한 행정처분에 맞서는 할머니의 그 당당함이 어디서 나왔을까요. 옳고 그름을 나누는 시비지심이었지 않을까요.〉

할머니 훈육 아흔 아홉째 장

우째 아가 글로 비가 오머 하꾜에서 좀 빨리와가 꼬장하고

댄장 뚜껑을 덮떤지 해야지. 안자 그 속에 빈물 마이 드러갓따.

아이고 내가 갈찌게 뚜껑을 더퍼놋는건데. 그리고 저 이불도 안자 우짜노.

손자야. 오늘같이 비가 오면 하교 후에 좀 빨리 집에 오지. 왜 그러느냐. 그래서 고추장과 된장 옹기 뚜껑을 덮든지 해야지. 아마 오늘 그 옹기 속에 빗물이 다소 들어갔을 게야. 내가 오늘 날씨를 감안해서 시장에 갈 때 미리 뚜껑을 덮어 놓았어야 했는데. 빨랫줄에 널은 빨래도 저렇게 비에 젖어 있네. 어찌할 거나, 이일을…

아침에 내가 학교에 가고 할머니가 시장에 나가실 때는 비가 올 것 같지 않다가도 갑자기 소나기가 내리는 경우가 왕왕 있었다. 다행히 할머니가 일찍 뛰어오시면 별 문제가 없지만, 비가 많이 올 경우에는 낭패 보기 마련이었다. 고추장과 된장 옹기 뚜껑을 덮지 않아 그 속으로 빗물이 들어가니 큰

일이 아닌가. 더욱이 빨래 줄에 널어 둔 빨래들이 빗물에 젖어 버리니, 실로 난감한 일이었다. 물론, 할머니와 나의 잘못이 아니었다. 그러나 결과적으로 큰 문제가 생겼으니 할머니 속이 얼마나 상하셨을까. 모처럼 일찍 집에 오신 할머니는 장독대 대청소, 마루 밑 청소, 방 청소, 어지럽혀진 부엌 정리부터 하셨다. 할머니는 머리에 수건을 동여매시고 집안 대청소를 하셨다. 크고 작은 일들을 마친 할머니께서는 마루에 앉아 긴 담뱃대에 풍년초를 넣어 피우신다. 모든 일을 마치신 후 대단히 편안하고 흡족하신 표정으로…

〈아버지! 가족이 없어서 생긴 일들이 어디 한두 가지였겠습니까. 어린 저는 철부지라서 할머니의 수고를 덜어드릴 수 없었습니다. 할머니의 풍년초 연기를 맡으며 가족의 소중함만 곱씹었습니다.〉

할머니 훈육 백 번째 장

오늘 시내 서꺼스단 들어왔다꼬 나발 마이 불데. 그 나발하고
난재이하고 참 볼만하겠떠라. 언제까지 하는공. 올게는 좀 일찍
써꺼스가 들어왔네.

오늘 성남시장 공터에 서커스단이 들어왔다고 야단들이구나. 그 나팔하고 난쟁이들이 볼 만하겠더라. 그 서커스단이 언제까지 공연을 하는지. 올해는 서커스 공연이 좀 일찍 시작되는구나.

매년 추석이 다가오면 서커스 공연이 시작되었다. 공연 장소는 대개 성남시장 공터였다. 가건물을 짓고 공연을 선전하기 위해 그들은 풍악을 울리며 시가지를 한 바퀴 돈다. 난쟁이, 키다리, 원숭이, 그리고 분장한 단원들의 긴 행렬 등, 우리를 들뜨게 하는 것들이 너무도 많았다. 악기를 요란스레 불어대면 시민들이 연도를 메우며 구경한다. 위락시설이라고는 극장 한 곳밖에 없던 그 시절에 일 년에 두 번 정도 공연하는 서커스는 큰 인기였다. 아슬아슬한 줄타기, 원숭이의 재롱, 그네타기, 장대 어깨에 얹기, 불 속 뛰어넘기 등, 볼거리가 너무 많았다. 2부에는 코미디와 연극 공연이 있었다. 서커스 공연이 있는 기간 동안은 많은 사람들이 극장을 찾았다. 다소 아쉬운 점은 추운 날씨에도 가마니를 깔고 앉아 관람하는 것이다. 한기를 느끼면서 관람하노라면 자칫 감기가 들 수 있었다. 일 년에 두 번 정도 들어오는 서커스를 나는 꼭 관람했다. 할머니도 아무 말 없이 입장료를 주셨다. 험상궂게 분장한 인민군과 국군이 무대 위에서 총질을 하던 장면이 지금도 눈에 선하다.

〈아버지! 생전에 단 한 번이라도 서커스 구경을 가보셨는지요. 저는 할머니 덕분에 여러 번 보았지요. 그래도 여전히 외로웠습니다. 아무리 흥미진진해도 제 가슴속은 찬바람이 불었습니다.〉

술을 배우다

나는 고등학교를 졸업할 즈음인 십대 후반까지만 해도 술을 전혀 마실 줄 몰랐다. 당시 나의 주량은 일 년을 통해 선친과 조상님 영전에 제사나 차례를 모신 후 음복용(飮福用)으로 할머니께서 권했던 그 한 잔의 술을 겨우 입술에 댈 정도였다.

그 후 내가 혼인을 하고 달포쯤 지난 때로 기억한다. 초여름 처가에서 손위 동서 한 분과 처남 등이 모처럼 한자리에 모였다. 모닥불을 피워 놓고 세상 돌아가는 이야기를 나눈 적이 있었다. 그때 술을 즐기던 처남이 동네 주점에 가서 막걸리나 한 잔 하자고 하여 모두 자리에서 일어났다. 나는 주점으로 가는 길목에서 그 술좌석을 피하기 위해 화장실에 간다고 핑계를 대고 그냥 삼십육계 줄행랑을 친 기억이 난다.

지금 돌이켜 생각하면 실소를 금할 수 없는 일이나, 그 당시 나에게는 술이 그만큼 체질에 맞지 않았다. 내가 지금의 처와 별 문제 없이 혼인까지 쉽게 골인할 수 있었던 것도 아마 사윗감인 내가 술을 전혀 마실 줄 몰랐기 때문일 것이다.

혼인식을 치른 후, 서너 달 동안은 나는 술을 멀리한 채 울산광역시 울주군 청량면사무소에서 열심히 직무에 충실했다. 1971년, 그 당시에는 박정희 대통령께서 국정 최대의 추진사업의 일환으로, 새마을운동을 전개하고 있었다. 농어촌의 오랜 가난을 없애고 잘살아 보자는 구호 아래 온 나라에 새마을운동이 요원의 불길처럼 번지고 있었다. 그 당시 말단 면행정의 주요업무는 매년 실시하는 하곡수매의 조기 달성이었다. 면장이 주재하는 아침 직원회의를 마치자마자 전 직원들은 각자 자신의 담당 부락에 연일 출장을 나가야 했다. 이장, 독농가(篤農家), 유지들을 일일이 방문하여 그 분들을 설득하고 하곡(夏穀)을 조기에 출하해 줄 것을 부탁하는 등 업무 추진에 혼신의 노력을 기울여야 했다. 그날도 나는 담당 부락 이장님, 그리고 부락 유지 어른들과 함께 이런저런 당면 업무를 의논했다. 그러다가, 막걸리와 미나리무침을 곁들인 주안상이 평상에 나오게 되었다. 전에도 가끔 그런 자리가 마련되면 나는 이 핑계 저 핑계로 위기를 모면하곤 했었다. 한데, 그날따라 나의 둘러대기가 통하지 않게 되고 말았다.

부락 유지인 P어른께서, "유 서기! 만약 오늘도 이 막걸리 한 사발을 끝내 마시지 않고, 우리 앞에서 사라진다면, 이러한 행동은 전체 우리 개산부락민의 성의를 무시하는 행동으로 간주하여 우리도 하곡수매 목표량 달성에 협조하지 않겠으니 알아서 하라."고 했다. 최후통첩 식의 강경한 어투와 비장한 모습으로 나에게 막걸리 한 사발을 강요하는 게 아닌가. 참으로 진퇴유곡(進退維谷)이고, 사면초가(四面楚歌)였다. 막걸리를 안마시고 도망가자니 면장님의 노기 띤 질책이 문제였다. 그 당시 행정 경험 초보였던 나는 다른 직원들과 비교할 때 너무나 수매 실적이 저조했다. 자연히 면장님의 질책을 피하기 어려웠다. 하나, 단 한 번도 마셔본 적이 없는 막걸리를 사발 째 들이키자니 체질이 버텨줄지 그것이 걱정이었다. 난생 처음 중대한 기로에 서게 되었다. 나의 그런 사정을 알 까닭이 없는 십여 명의 부락민들은 나를 에워싼 채 무언의 압력을 가했다. 물론 장난기어린 표정들도 많았다. 그리고 며칠 전 나에게 술을 권하다 실패한 오씨도 호기심 어린 눈빛으로 어른들 뒤에서 나를 주시하고 있었다. 완전 사면초가였다.

1971년 초여름 저녁, 울산시 울주군 청량면 개곡리 개산부락입구 주막집 앞 평상에서 나는 23년 만에 중대한 결심을 하지 않을 수 없었다. 인간은 환경의 지배를 받는다는 그 가장 쉽고도 어려운 진리를 되새기면서 말이다.

어차피 면서기로 근무하는 이상 부락민들과 동고동락(同苦同樂)하지 않고는 업무를 제대로 추진할 수 없다는 생각이 들었다. 우선 정신부터 가다듬고 그 큰 막걸리 사발을 두 손으로 들었다. 술을 마실 줄 모르는 참한 사위를 구했다고 온 동네에 자랑하시던 장모님이 떠올랐다. 그리고 할머니와 처의 우울한 얼굴이 한꺼번에 스치고 지나갔다. 나는 두 눈을 질끈 감고서 그 막걸리 한 잔을 다 마셨다. 그러자 정신이 몽롱해지면서 몸이 한꺼번에 빙빙 도는 것 같았다.

"오늘 유 서기 술 한 번 가르쳐 주는 게 이렇게 힘들 줄이야. 그 대신 이제 하곡수매는 우리 부락이 1등 하도록 우리가 최대한 밀어 줄게. 허허허허." 하시면서 미나리 무침을 젓가락으로 집어 권하시던 촌노의 그 얄미운 얼굴은 아직도 왠지 낯설기만 하다. 한데, 한 잔을 간신히 다 마시고 나니 봇물 터지듯이 여기저기서 술잔을 권했다. 그날 어떻게 집에 왔는지 기억도 나지 않았다. 막걸리를 마신 그날 이후 나는 소주, 맥주, 고량주, 그리고 드디어 양주까지 배우게 되었다. 공무수행을 하는 과정에서 필연적으로 가까이 할 수밖에 없었던 술이다.

돌이켜보면, 나는 술로 인하여 대인관계는 다소 좋아졌겠지만, 과음으로 인하여 건강과 가정 등 더 소중한 것들을 등한시한 셈이 되었다. 더욱이 장모님과 할머니 두 분께 무엇보다 큰 실망을 안겨준 것 같아 진실로 죄송스러웠다.

허준 선생의 『동의보감(東醫寶鑑)』에, "술은 성(性)이 대열(大悅)하고 맛이 쓰고, 달고, 매우며 혈액 순환을 좋게 하고 위장 기능을 도우며 피부를 윤택하게 하고 근심을 없애며 노여움을 발산시키고 마음껏 지껄이게 한다. 오래 마시면 신경을 상하게 하고 수명에 해롭다. 과음하면 몸이 말을 듣지 아니하고, 신경이 마비되니 이는 유독하기 때문이다."라고 적혀있다.

이렇듯 술은 자신의 건강을 고려하여 즐긴다면 크게 문제될 것이 없다. 따라서 나도 이왕 배운 술을 끊을 수는 없겠지만, 나의 가정과 건강을 염두에 두고 가능한 절제하는 자세를 보여야겠다.

내 사랑 손부(孫婦)

애, 손부야!

이리 와서 내 앞에 앉거라. 이 세상에서 가장 사랑하는 내 손부 너에게 이제 내가 걸어왔던 이 가문의 슬픈 이야기를 남기고 싶구나. 애야! 이제 내 나이가 어느덧 여든넷이 되나 보구나. 이제 나는 오년 전부터 앞이 보이지 않고, 내가 태어났고 내가 반평생을 생활했던 내 고향이 이렇게 그리울 수가 없다. 이제 이곳 서울바닥 십 평 남짓한 셋방에서 이 세상 오직 하나뿐인 삼대독자 너희 내외와 증손녀들, 이렇게 일곱 식구가 살아가고 있구나.

그러나, 애야! 내가 비록 앞을 못 보고 거동은 부자유스럽지만 내 정신은 아직 그렇게 희미하지만은 않단다. 그래서 너희 내외가 하는 생활 이야기며 우리 집 귀염둥이 혜림이의 조잘대는 이야기를 잘 들을 수 있고 계절의 변화도 잘 느낄 수 있단다. 지금은 초봄이 지나 다소 날씨가 무더워지려고 하는 초여름인 것 같구나.

얘야! 나에게는 아주 슬프고 가슴에 한이 서린 인생의 시련이 있으니 이 이야기를 어찌 다 너에게 할 수 있겠느냐. 그러나 해야지. 암, 할거다. 이 이야기는 아마 이승에서 내가 마지막으로 하는 긴 이야기가 될 것 같다. 너도 잘 들어다오.

내 사랑, 손부야!

내 고향은 정말 인심 좋고 사시사철 온화한 저 동해 남부에 위치한 울산이란다. 내 고향 울산은 옛날 고래잡이의 전진기지로도 유명한 장생포 항구, 그리고 국내에서 가장 물맛이 빼어난 배 주산지였으며, 마음 고운 울산 큰 애기로 전국에 소문이 났지.

얘, 손부야!

너도 아마 알 것이다. 신불산과 문수산이 내 고향 주위에 병풍처럼 둘러쳐 있으며 수년 전에 정비한 내 고향의 젖줄 태화강의 둔치 공사 덕분으로 범서 선 바위골에서 발원한 그 강물은 시내를 흘러흘러 울산만을 거쳐 동해로 빠져나가고 있단다.

태화강은 울산 시민에게 무한한 휴식처였지. 1961년 박정희 국가재건최고회의의장의 제3공화국이 출범하면서 내 고향 울산은 1960년대 초기 국내에서 처음으로 특정공업단지로 지정되었단다. 당시 정부의 가장 핵심사업인 대한석유공사 정유공장이 1964년에 준공되었지. 더불어 국가의 수많은 기간

산업이 내 고향 공업단지에 속속 입주했단다. 그리고 이제 내 고향은 명실상부한 국내 최대의 공업단지로 발전했다고 하겠다.

내 사랑, 손부야!

지금 내가 누워있는 이 베갯머리에서, 이 늙은 가슴에서, 이 주름진 얼굴에서 나는 가깝고도 멀게만 느껴지는 고향에 대해서 이렇게 진한 그리움과 향수에 젖어든단다.

손부야! 나는 시내에서 십오 리 조금 더 들어간 유곡동에서 부유한 농가의 자매 가운데 맏이로 태어났단다. 꿈 많고 재미있었던 동기와의 그 유년 시절의 추억들이 이제는 너무나 희미하구나. 그 시절을 거쳐 나는 부모님의 소개로 한 남자를 만나게 되었단다.

그러나 손부야, 나의 결혼생활은 평탄치 못했지. 내가 결혼한 지 십 년도 되지 않아 남편은 병으로 우리 곁을 떠났단다. 남편이 남겨준 유산이라고는 다 쓰러져가는 오두막집과 남매뿐이었지. 나는 이 어린 남매를 위하여 내 인생을 다하리라고 생각하면서 그날 밤 밤새도록 울고 또 울었단다.

손부야! 우리는 사계절을 부지런히 노력했단다.

남의 논과 밭에 나가 열심히 노동을 해주고 품삯으로 겨우 얼마 되지 않은 돈을 받아 어렵게 생활했단다. 애당초 워낙 궁색한 집안이라 이루 말할 수 없는 고통이 내 주변에 늘 감돌고 있었단다. 그러나 무엇보다도 힘들었던 건 아들과 딸이 머리에 열이 나고 갑자기 아파 시내까지 긴급하게 치료를 받으러 갈 때였단다.

그럭저럭 세월이 흘렀단다. 어려운 형편이라 딸은 십육 세에 경북으로 시집을 보냈지. 그런데 다음해 가을 내 아들과 동네 몇몇 청년들에게 일제의 강제징병 명령서가 집으로 배달되었단다. 딸을 멀리 시집보낸 지 얼마 되지 않아 하나뿐인 아들과 다시 이별하게 되리라고는 생각지도 못했단다.

손부야! 너도 알지 않느냐. 일제의 강제징병은 피할 수 없는 운명인 것을… 내 아들과 친구들은 돌아올 기약 없는 머나먼 남양열도, 그 죽음의 땅을 향해 어미인 나와 그리운 고향산천을 뒤로 한 채 그렇게 떠나갔단다.

아! 내 아들아! 살아만 돌아와다오.

2차 세계대전을 일으킨 일본은 침략의 발톱을 드러내면서 연합군을 상대로 태평양전쟁을 벌였으니, 약소국 국민으로서 내 아들 뿐만 아니라 모두 이 땅의 젊은이들이 전쟁의 희생이 된 게지. 일제의 그 극악무도한 죄상은 온 천지를 뒤흔들었지. 그 당시는 전쟁 중이라 젊은 장정뿐만 아니라 꽃다운 처녀들까지 취직을 시켜준다는 사탕발림으로 꾀어 강제로 현지에서 종군 위안부 노릇까지 하게 했단다. 가만 가만, 내가 어디까지 이야기했더라. 그래그래, 내가 너무 정신이 없구나. 일본의 그 허황된 꿈 때문에 이 땅의 젊은이들이 수없이 죽어갔단다. 정말 가슴 아픈 일이었지. 일제의 발악이 극도에 달하고 있던 시절이었지. 아들을 강제로 징병 보낸 후 나는 저녁이면 집 뒤곁에 있는 목련나무 아래에 정한수 한 그릇을 떠놓고 남몰래 부처님께 이 가문의 이대 독자 내 아들의 무사환국을 그 얼마나 빌었는지 모른다.

얘! 손부야!

내 아들은 정말 어미인 나에게 지극한 효심이 있었단다. 그리고 오빠로서 하나뿐인 여동생을 얼마나 아꼈는지 그 소문이 동네에 자자했었지.

얘! 손부야!

밖에서 누군가 지나가는 발자국 소리가 들리는구나. 두 사람이 무슨 대화를 하며 지나가는구나. 이렇게 수년간 나는 오로지 아들만 생각하면서 그렇게 어렵게 생활하고 있었지.

1945년 8월 15일, 드디어 일본 천황의 무조건 항복의 육성(肉聲)이 전파를 타고 라디오에서 흘러나왔어. 무조건 항복문서에 서명한 일제. 그 얼마나 반갑고 감격스러운 순간이더냐. 바로 빼앗긴 조국을 되찾다니… 이날을 위해 얼마나 많은 순국선열들의 고귀한 희생이 있었던고. 그러나 나에게 무엇보다 중요한 것은 바로 아들의 무사귀환이었단다. 일본의 항복 소식 이후 나는 아들이 이제나 올까 저제나 올까 안절부절못하며 매일 동구 밖에 나가 멀리 바라보며 아들이 돌아오기만을 학수고대했지.

손부야, 그때 그 피 말리던 시간을 너는 아마 모를 거야. 그 사이 이 동네 젊은이 몇 명이 전사했다는 불운한 소식이 전해지기도 했단다. 정말 애타는 시간이었지.

그러던 어느 날이었단다. 저녁때였는데 저 멀리 동구 밖에서 허름한 작업복을 입은 채 검정색 가방을 짊어지고 걸어오는 키가 큰 남자가 있었어. 그 걸음걸이, 그 모습… 바로 내가 그렇게 꿈에도 그리던 내 아들이 아닌가. 나는 정신없이 뛰어가 아들의 목을 끌어안았단다.

오! 내 아들이 살아 돌아오다니, 이것이 생시냐, 꿈이냐?

아들은 비록 몸은 힘겹게 보였으나, 눈에 빛이 나면서 굳은 결심을 한 것 같은 모습이었단다. 우리 모자는 얼마나 부둥켜안고 울었는지 모른다.

그런데, 손부야!

그 남양열도의 사지에서 수년간 겪은 그 죽음에 가까운 고생담을 온 동네 사람들에게 이야기하던 장한 아들의 그 모습을 나는 결코 잊을 수가 없단다.

그해 추운 겨울날, 그 넓지도 않은 우리 집 방에서 내 아들은 온 동네 사람들이 쳐다보는 가운데 열심히, 그리고 진지하게 그곳에서 겪었던 이야기를 했지.

그런 이야기를 들을 때 동네 사람들은 일제의 잔혹상에 대하여 두 손을 불끈 쥐고 비분강개하기도 했단다. 그러나 혹독한 병영생활 가운데서도 연합군의 공습으로 인해 하루에도 수많은 장병들이 쓰러져 갔다는 이야기를 듣고 모두 슬픔에 젖기도 했단다.

아마 패망이 가까워진 일제의 모습이었겠지. 검푸르게 타오르는 열대림은 전란의 끝을 향해 달리고 있었다는 아슬아슬한 이야기였지. 바로 아비규환, 생지옥이었단다.

어느 날 미군의 전투기 공습이 불을 뿜으며 마침 아들이 있는 부대를 향해 기총소사를 하는 통에 아들은 정신없이 나가떨어지기도 했단다. 한마디로 죽을 고비를 수없이 넘기고 또 넘긴 게지. 참으로 부처님의 자비라고 나는 느꼈지. 조국의 광복과 함께 찾아온 아들의 환국은 우리 가문에 정말 든든한 힘이었단다.

손부야. 내 얘기를 잘 듣고 있겠지.

자랑스러운 아들이 막상 귀국하였으나, 경제적으로 우리 가정은 나아진 것이 없었어. 그러한 현상은 우리 가정뿐만 아니라 그 당시 나라 전체가 온통 궁핍한 물자와 갑작스러운 해방으로 인해 경제, 사회, 정치, 문화 등 모든 분야에서 질서도 없었고 힘든 시기였다. 한 마디로, 암울한 시대로서 모든 국민들의 절망감이 팽배했던 시기였단다. 지금도 일본은 태평양전쟁희생자와 그 유족들에게 과거의 죗값에 대하여 보상은커녕 사과 한 마디 없이 이런 핑계 저런 핑계를 대면서 이렇게 세월을 보내고 있구나. 그런데 2차대전의 주범인 독일은 자신들이 저질은 전쟁에 대하여 당사국들과 피해자들에게 깊은 사과 함께 적절한 보상을 해주었다니, 일본과는 달라도 너무 다르지 않느냐. 전후보상을 하루 빨리 끝내야 일본에게도 크게 유리할 텐데도 현실을 직시하지 못하니, 너무나 안타깝구나. 일본의 주장은 박정희정권때 한일협정에 따라 국가간에 보상을 다 해줬다는 것이야. 사실 그 보상금으로 우리나라는 포스코(포항제철)를 비롯하여 한국도로공사 등 국내 굴지의 국영 대기업들이 태어날 수 있었지. 그 피 같은 돈을 나라의 경제개발에 사용한 것은 당시로서는 어쩔 수 없었겠지. 그러나 정작 피해를 입은 당사자에게는 전혀 돌아온 것이 없으니 그 얼마나 답답한 일이냐? 태평양전쟁희생자 유족회는 개별보상을 요구하면서 수십 년 전부터 일본을 상대로 소송을 진행하고 있다는구나. 그분들의 요구가 반드시 받아들여져야 해. 그래야만 내 아들을 비롯한 이 땅의 억울한 유족들의 명예가 회복되지. 유족들이 뭉쳐야만 이 이길 수 있다고 나는 믿어. 정신대할머니나 유족들이 광화문 일본대사관 앞에서 오래전부터 수요 시위를 하며 애끓는 유족들의 한을 조속히 해결해 달라고 한다더구나. 그래야 한일양국간에도 서로 도움이 되지 않겠느냐? 참으로 일본의 소행이 답답하구나. 양국간의 각성이 필요한 현안이야. 역사는 진실을 향해 간다는 그 엄연한 교훈을 일본은 반드시 새겨들어야해.

그때 마침 내 친정 쪽으로 교편을 잡고 있던 조카가 있었지. 아들의 귀국 소식을 듣고 그 조카는 아들을 만나러 온 게야. 이 조카는 아들보다 서너 살 아래였기 때문에 서로 호형호제(呼兄呼弟)하면서 곧잘 어울렸어. 그러니 둘이서 다시 만나게 되어 그 기쁨이 얼마나 컸겠어. 그것을 바라보는 나도 정말 기분이 좋았단다. 아까도 언급했지만 국내 사정으로 인해 그 당시 취직을 한다는 것은 쉬운 일이 아니었어. 그 조카는 교편을 잡고 있었기 때문에 국내 사정을 잘 모르는 내 아들보다 견문이 풍부했을 뿐 아니라 의기투합하는 성격의 소유자라서 둘은 만나면 항상 웃음꽃을 피웠단다. 밤늦게까지 인생에 대하여 진지하게 토론도 하고, 시국에 대하여도 이마를 맞대고 이야기하는 그들의 모습을 보면 나는 항상 흡족한 기분이 들었단다. 어려운 가정 형편이었지만 그 친정 조카가 오는 날에는 나는 정성껏 음식을 만들고 약주를 준비했단다.

애, 손부야!

내가 목이 타는 것 같구나. 냉수 한 그릇 갖다다오. 그래! 어이구, 시원하구나. 이제 살 것 같다. 그래 혜림이는 아직도 밖에서 잘 놀고 있구나. 한참 놀 때니까. 애를 너무 다그치지 말아야 한다. 가만 가만, 어디까지 이야기 했더라. 그래그래, 맞아 맞아. 아무튼 그때 그 친정 조카는 일 주일에 두서너 번 학교를 마치고 우리 집에 와 아들에게 공부를 가르친 것 같다. 나중에 알고 보니 그렇게 공부한 목적이 경상북도 경찰국에서 시행한 경찰공무원 시험 때문이었던 게야.

어느 날 저녁이었어. "어머니, 제가 이번에 경상북도 경찰국에서 시행하는 경찰공무원 채용시험에 응시하려고 합니다. 그 동안 동생이 저에게 많은 것을 가르쳐 주었어요. 자신 있습니다. 반드시 합격할 것입니다." 나는 아들의 이야기를 듣고 그 대견함과 자신만만한 태도에 만족했단다.

"응, 그래라. 애야, 그런데 시험에는 자신이 있느냐?"

"예, 제가 몇 달 전부터 대비했어요. 동생이 성심성의껏 도와주었으니 자신 있어요. 어머니! 아무 걱정 마세요."

그러나, 천지신명이시여!

이것이 바로 아들과 내가 이승에서 사별하는 전주곡이 될 줄이야. 그 누가 운명의 장난을 알리요. 그 당시 우리 집은 경상북도 도경계와 인접한 곳에 있었기 때문에 비록 행정구역이 달라도 그곳에서 시험에 응시할 수 있었단다. 인접한 경주에 5일장이나 재미있는 일이 있다는 연락이 오면 자연스럽게 그곳으로 자주 놀러 가곤 했었지. 수개월 동안 아들은 그 어려운 농사일을 하면서도 야간에는 경찰직 공무원 시험에 대비하였으니 그 노력이 얼마나 고마우냐. 아마 그때가 제법 찬바람이 불고, 그해도 저물어가던 어느 날이었을 게야.

우리 집으로 배달된 아들의 합격 통지서. 일제의 그 혹독한 강제징병을 잘 견디고 환국한 내 아들이 이번에는 수많은 경쟁자를 물리치고 경찰공무원에 합격하다니. 어미인 나에게 아들은 늘 반가운 소식을 전해주었지.

그날 밤, 친정 조카도 달려오고 온 동네에서 잔치가 벌어진 게야. 집안 어른 되시는 곰보 아제와 다리를 절룩거리시는 집안 동생뻘 되는 아낙네가 너무 좋아서 우리 집 마당에서 서로 껴안고 덩실덩실 어깨춤을 추던 그 일들이 지금도 눈에 선하단다. 암, 선하고말고. 나도 그때 막걸리 한 잔 했었지.

애, 손부야.

그러나 그 누가 알았으리. 이것이 바로 아들과의 이별의 서곡이 될 줄을 그 누가 알았으리. 검은 그림자가 순간순간 다가오고 있다는 것을 그 누가 예견이라도 했겠니. 아들은 임용에 관련된 모든 서류를 제출하고 이제 발령이 나기만을 기다리고 있었단다.

그 이듬해 봄기운이 완연한 어느 날, 그때 냇가에는 맑은 계곡물이 소리치며 아래로 흘러내려가고 있었고 들녘에는 새싹들이 돋아나고 있었지. 아마 입춘을 넘긴 아침이었을 거야. "어머니, 이제 걱정하지 마십시오. 제가 공무원이 되었으니 이제 힘든 농사일은 그만두시고 좀 쉬세요. 그리고 동생 용순

이도 어머니가 계시는 곳으로 오게 해야겠어요."

당시 하나뿐인 내 딸은 어려운 가정 형편으로 인해 16살의 어린나이에 출가했는데 경북 건천읍에서 생활하고 있었단다. 딸애도 그때 어렵게 생활하고 있었지.

'여보! 당신 아들이 이렇게 훌륭한 대한민국 경찰관이 되었어요. 당신이 있었다면 얼마나 좋았겠어요. 여보! 정말 아들이 대견스러워요.'

1947년 8월 15일, 아들이 25세가 되던 그해 경상북도 경찰국 소속 대한민국 경찰관으로 발령이 났지. 내 아들이 경찰복을 입고 나에게 멋지게 거수경례를 했을 때 그 동안 고생한 일들은 안개같이 사라지고 희망의 빛줄기가 나의 가슴에 용솟음치고 있었단다.

'부처님! 조상님네들! 부디 이 가문을 굽어 살펴 주옵소서. 부디 이 가문에 길조가 늘 함께 하도록 비나이다. 비나이다.'

집 뒤 장독대 뒤편 구석에 피어 있던 오래된 목련나무 두 그루에는 그날따라 며칠 전 온 봄비로 인하여 탐스러운 하얀 봉오리가 만개하였지. 그 목련나무는 내가 가꾸지 않았는데도 스스로 수분을 섭취하며 자생하였단다.

그 목련나무는 이렇게 오랫동안 우리 가문을 지켜보다가 언제인지는 기억이 나지 않는데 그냥 시들어 죽었단다. 내가 돌볼 겨를이 있어야지. 그 앞에 작은 창고를 짓는 바람에 시들어 버린 게야. 참 아까운 나무였는데. 옮겨 심으려고도 했는데 원체 뿌리가 억세서 미루기만 했지. 목련나무가 시들어 죽어간 것이 마음에 다소 걸리기는 했단다. 좋은 일은 아니지, 암. 하여튼 그날의 기쁨을 수십 년이 지난 지금도 나는 결코 잊지 않고 이 늙은 가슴에 고이 새기고 있어. 그래, 나는 알지.

얘, 손부야.

혜림이가 놀다 오면 손을 씻겨 주어야지. 연탄불 위에 물을 좀 올려 두거라. 그 애는 항상 씻겨 주어야 돼. 한참 뛰어놀 때니까, 정신이 없을 거야. 이렇게 우리 모자는 당분간 아들이 근무지에서 안정을 찾을 때까지 서로 떨어져 있기로 하고, 이튿날 근무지로 향했어. 동구 밖에서 불어오는 북풍을 뒤로 한 채 뽀얀 연기를 남기고 시외버스에 아들은 몸을 실었지. 너무나 허전했단다.

아늘이 떠난 후 일 개월 쯤 되었단다. 나에게 한 통의 편지가 배달되었어.

어머니 전상서

어머니, 일찍 편지 드리지 못해 죄송해요.

그동안 가내에는 별고 없으신지요.

막상 이곳에 도착하니 할 일이 너무나 많군요.

비록 소생이 지금은 어머니 곁을 떠나 있으나, 항상 마음은 어머니 곁에 있어요.

어머니! 이제 힘든 농사일은 그만두세요.

그렇게 힘든 일을 언제까지 하시려고 하세요.

여기 하숙비와 저의 용돈을 제하고 어머니께 전부 드리니 시장에 나 가셔서 어머니 좋아하시는 멍게, 찹쌀떡, 그리고 팥죽도 사드세요. 이곳 저의 생활은 여러 가지로 무척 바빠요. 새벽에 출근해 밤늦게 들어오는 날이 많아요. 나라가 어수선할 때니까요. 그러나 아무 걱정 마세요. 함께 있는 동료들과 잘 지내고 있어요.

우연하게 또 하숙집 아주머니 친정이 울산이래요.

그래서 저를 각별하게 잘 대해 주고 있어요. 언젠가 어머니께서 이곳에 오시면 하숙집 아주머니 소개해 드릴게요. 그리고 제 세탁물도 아주머니께서 직접 해주시니까 아주 마음이 편해요. 그러니 어머니께서는 아무 걱정 안하셔도 돼요.

아셨죠? 아무쪼록 제가 어머니를 뵈올 때까지 옥체만강하시옵기를 비옵니다.

불초소생 귀룡 올림

내 사랑하는 손부야!

옆집 처녀가 편지를 읽어 주고 있는 동안 내 마음은 마치 구름 위를 떠다니고 있는 것 같았단다. 그리고 편지와 함께 보낸 아들의 첫 봉급.

"그래 아들아! 정말 장하구나. 너는 어떠한 어려움이 닥쳐오더라도 모든 일을 반드시 이겨낼 거야. 암, 그렇지! 그렇고말고! 그 지옥 같은 남양열도에서도 살아 돌아온 네가 아니냐. 넌 이 가문의 뿌리요, 대들보야. 그렇지. 집안의 모든 일이 너의 양 어깨에 달려 있어. 모든 행동 하나하나에 조심하거라. 남들에게 욕먹을 일일랑 하지도 말고. 이 어미는 그것만 바랄 뿐이다."

어느 덧 아들이 그곳에서 근무한지도 1년이 가까워 왔지. 그 동안 내 아들은 다른 동료들보다 더 열심히 일하여 표창장을 받기도 했단다. 어느 날 아들이 휴가차 집에 오던 그해, 아마 아들이 25세쯤 되었을 때였지.

그때 나는 조심스럽게 혼사 이야기를 아들에게 넌지시 했지. 왜냐하면 당분간 외지에서 고생하는 아들에게 빨리 짝이 있어야 고생도 덜하고, 그리고 무엇보다도 며느리도 보고 손자고 빨리 안아보고 싶은 나의 노욕(老欲)도 있었단다.

그러나 아들의 혼사는 정말 이 가문에 중차대한 일이었지. "어머니께서 저희 남매를 키우시느라고 그동안 너무 고생하셨어요. 그래서 신부감은 제 마음에 드는 여자보다 어머니 마음에 드신다면 저는 무조건 그대로 따르겠어요. 그런데 어머니, 그동안 혹시 저 몰래 숨겨둔 숨부감이 있는 건 아니세요?"

환하게 웃는 얼굴로 어미 손을 잡았을 때, '아! 이것이 인생의 보람이구나, 이것이 사는 맛이구나.' 하는 생각만 들었단다.

애, 손부야! 이렇게 아들에게 신부 추천권을 위임받은 나는 그때부터 즐거운 인생 사업을 전개했지. 바로 이 가문을 이끌어 갈 덕목을 갖춘 출중한 며느리를 구하는 일이었단다.

그래서 나는 그동안 안면 있는 모든 사람들에게 내가 찾고자 하는 며느리상에 대하여 이야기해 주었지. 한 마디로 참한 며느리를 구해야 된다는 나의 강력한 의지를 표명한 게지.

내가 그때 구하고 싶었던 며느리상은 대략 이랬단다. 용모는 수수한 정도면 되고 신장도 보통이면 족하고 몸체는 가는 형보다 듬직한 체구가 좋겠고, 그러나 모든 분야 가운데 가장 으뜸인 것은 바로 고운 심성이었지. 그래, 고운 마음씨를 필수적으로 가져야 된다는 것이었어. 이러한 나의 며느리 구인 작전(?)에 대하여 주변 여러 사람들로부터 이야기가 들어왔지. 그리고 성급한 어떤 사람은 처녀의 흑백사진도 가지고 오고 말이야. 이렇게 여러 곳에서 이야기가 들어온 것은 아마 아들에 대한 호감이 대단했던 때문이었겠지. 자천타천(自薦他薦)으로 접수된 며느리 후보감이 무려 열 명이나 되었단다. 나는 접수된 이들의 가정 사정, 집안 형편, 나이, 용모 등을 충분히 감안하여 심중에 한 처녀를 점찍어 두었단다.

15세, 원옥잠. 바로 운명의 처녀 이름이야.

그러던 어느 날 아들이 집에 온다는 연락을 받고 나는 밀양 그 처녀의 집에 맞선을 보러 가겠다고 중매쟁이를 통해 연락을 해두었지. 집에 들어서는 아들에게 나는 저간의 모든 이야기를 해주면서 아들과 함께 버스와 열차를 번갈아 타고 선을 보러 갔단다. 살림은 그리 풍족한 것 같지 않아 보였어.

그때 대문을 들어서니 깨끗하고 깔끔하게 정돈된 모습이 한눈에 들어왔지. 앞마당에 잘 가꾸어 놓은 조그만 화단에는 채송화, 진달래, 그리고 봉선화가 소담스럽게 심어져 있었단다. 그리고 해바라기가 담벼락에서 흔들흔들바람에 나부끼며 우리를 반기는 듯했단다.

그해 가을은 모처럼 찾아온 풍년으로 그 집에서도 쌀가마가 곳간에 차곡차곡 쌓여 있었단다. 신부의 어머니가 반가움을 감추지 못하고서 마당으로 뛰어나와 먼 곳에서 온 우리 일행을 반갑게 맞아주었단다. 사돈 내외의 안내를 받고 큰방으로 들어서니 안방에서 풍겨 나오는 말로 표현 못할 가풍에서 안정감을 얻었지. 잠시 후 처녀가 파란 한복을 차려 입고 다소곳이 방안으로 들어와 사돈 내외 뒤편에 앉는 게 아닌가. 곱게 땋은 머리, 갸름한 얼굴, 크지도 작지도 않은 어깨, 작은 이마…

'아! 저 처녀가 바로 내 며느리가 될 처녀로구나.'

나는 그 처녀를 한참 바라보고 있었지. 그리고 이 맞선은 반드시 성사시키리라고 마음먹었단다.

얘, 손부야!

목이 좀 마르구나. 어디, 냉수 한 그릇 더 주렴. 그래그래, 정말 고맙구나. 아! 이제 살 것 같구나. 그래, 내가 이야기를 어디까지 했더라. 그래. 그래. 사돈 내외와 나는 총각 처녀가 방에서 이야기하도록 자리를 마련해주고 슬그머니 밖으로 나와 사랑채에서 여러 가지 가정환경에 관하여 진솔한 이야기를 많이 나누었지.

사돈 안사람은 나보다 나이가 적어 보였고 이야기를 주고받는 사이에 우리는 벌써 사돈이 된 것같이 뜨거운 정감이 흐르고 있었다. 그 처녀가 성장할 때 이야기며, 취미며… 그래서 나는 모든 게 마음에 들었지.

한참 시간이 지나 마당에서 인기척이 나더니 아들이, “어머니, 저예요. 이제 가셔야지요.” 하면서 방에서 나오는 나의 소매를 잡아끄는 게 아닌가. 그래서 나는 사돈 내외분과 그 처녀를 다시 한 번 바라보고는 그들의 배웅을 받으며 그 집 대문을 나섰단다.

나는 아들의 생각이 제일 궁금해서 다짜고짜 물었단다. “아니, 얘야! 무슨 선을 그렇게 빨리 보느냐? 아이구, 숨차. 그리고 얘야, 그 처녀가 마음에 들던?”

“어머니! 제가 전에도 말씀 드렸잖아요. 그저 저는 어머니 마음에 드시는 여자면 혼인하겠다고요.” 나는 무척 기뻤단다. 우리를 배웅해주던 그 처녀의 얼굴이 자꾸 떠올라 하마터면 다시 그 집으로 갈 뻔했지. 나도 아들의 마음과 같았어. 그 처녀를 결코 놓치고 싶지 않았어. 중매쟁이의 그 말들이 하나도 틀린 게 없었지.

그해 늦은 봄 아들이 25세 되던 해였지. 양가가 편리한 날을 택해 나는 아마 이 세상에서 가장 귀여운 어린 며느리를 이 가문에 맞아들였지. 그날은 참 날씨마저도 좋았단다. 하늘에는 구름 한 점 없었지. 먼 친척들도 찾아오고 친정 조카가 모든 일을 중심에서 처리해주니 가문의 대사가 원만하게 진행되었단다.

그때 많은 사람들이 아들의 혼인을 진심으로 축하해 주었단다. 폐백 때 며느리가 고운 한복을 입고 아들과 함께 나에게 큰절을 올릴 때 나는 남편을 생각하며 한편으론 슬프고 한편으론 감격의 눈물이 두 뺨을 타고 흘러내렸단다. 손수건으로 여러 번 눈물과 콧물을 닦아 내었단다. 지금도 나는 그때의 기쁨과 그 분위기를 기억하고 있어. 아들은 신방을 치른 후 근무지로 향해야 되는 아침이었지. "어머니, 정말 나라가 너무 시끄러워요. 제가 휴가 기간을 제 신혼으로 다 보낼 수 없어요. 자꾸 근무지 생각이 들어 불안해요. 그리고 집사람은 당분간 어머니와 함께 생활하도록 이야기해뒀어요. 일이 조금 안정되면 다 잘될 거예요. 제가 가서 그쪽 상황을 보고 또 연락드리겠어요."

"오냐, 오냐. 아무쪼록 객지에서 몸조심 하고." 새벽 버스에 몸을 싣고 떠나는 아들을 향해 나와 며느리는 아쉬운 손길을 힘차게 흔들었었지. 나와 며느리는 아들이 보내 주는 봉급으로 큰 어려움 없이 생활했단다. 그 후 아들은 여러 번 휴가를 나와 그동안 근무지에서 일어난 일을 나와 며느리에게 이야기해 주면서 즐거운 시간을 가지곤 했단다.

그러나, 그 당시 국내 치안은 갈수록 불안했단다. 한 번은 아들의 얼굴에서 어두운 그림자를 읽을 수 있었다. 그것이 내가 느낀 어떤 징조였는지는 모르지만 하여튼 좋지 않은 감이 들었지. 당시의 나라 사정은 한마디로 혼미했어.

6·25전쟁이 발발하기 한 해 전인 1949년에 전국 각지, 특히 오지(奧地) 부락에서는 대낮에도 빨치산 부대원이 예사로 출몰하여 양민을 죽이는 등 치안을 어지럽혔단다. 자연히 경찰의 책무가 얼마나 컸겠는지 가히 짐작이 갈 게야. 일부 주민은 살아남기 위해 그들의 앞잡이가 되어 각종 정보를 그

들에게 제공하는 등 우익과 좌익이 뒤엉켜 정말 살벌한 시국이었단다. 밤낮 없이 경계강화의 첨병이어야 했던 건국 경찰의 책무는 이루 말할 수 없이 컸지. 그해 초 마지막 하루 다녀간 아들의 얼굴에서 나는 비극을 예감했어.

그해 3월 22일, 아들은 경북도경 경주경찰서 안강지서장으로 승진하여 그곳에 부임했지. 그리고 다음날 직원 2명과 함께 관내를 순찰하던 중 빨치산 부대원 20명과 교전을 벌이다 전사했어. 바로 대한민국 건국 경찰 전사(戰史)에 영원히 빛나는 안강 두류리 전투였단다.

얘, 손부야!

네 시어른은 27세의 젊은 나이로 조국과 민족의 수호신으로 산화하셨단다. 그해는 유달리 추운 날씨가 늦게까지 우리 곁에 있었단다. 며느리와 혼인한 지 겨우 삼년이 되었던가. 집으로 날아든 천지를 뒤흔든 한 장의 그 전사통지서.

얘, 손부야!

그때 나와 며느리는 이성을 완전히 잃고 말았어. 제발 이것이 생시가 아니고 꿈이길 빌면서 그곳 안강지서로 달려갔단다. 지서 정문을 들어서니 어느새 현장에는 흰 천으로 세 구의 시신이 직원들이 지켜보는 가운데 그냥 지서 마당에 뉘어져 있는 게 아닌가. 나는 얼른 아들의 시신을 찾아 끌어안고 통곡을 했어.

그때 며느리와 내가 얼마나 울었는지, 아무도 우리를 말리지 못했단다. 겨우 정신을 차리고 지서 안으로 안내된 우리에게 경주 경찰서 담당 과장이 순직 경위를 이렇게 들려주었단다. 그날 처음 발령을 받고 직원 두 명과 함께 관내 순찰을 위해 계곡을 지나 다소 인적이 드문 호젓한 산속에 위치한 초가집에 들렀대. 첫 순찰지역이고 걸어온 곳이 멀어서 피곤한 상태로 점심을 먹고 그 집 주인의 허락을 받아 직원들과 함께 잠시 방에서 휴식을 취하고 있었는데… 그런데… 그런데…

그 집주인이 인근 빨치산 부대와 이미 내통해 있을 줄을 그 누가 알았으리요. 그때 갑자기 밖에서 큰 소리가 들렸단다. "방안에 있는 경찰XX들! 빨리 손들도 나와. 항복하면 목숨은 살려 준다." 깜짝 놀란 아들과 직원은 뒷문으로 뛰쳐나와 그들에게 사격을 가했으나… 이십여 명이나 되는 그들을 어찌 당하리요. 빨치산 두 명을 사살하고 아들은 직원과 함께 뒷문 울타리 안에서 순직했다고 하더구나.

아! 이게 무슨 운명이냐.

이제 겨우 찾아든 작은 행복. 그러나 그것도 잠시 그 행복의 그림자는 어느새 슬픔의 그림자가 되어 우리 곁에 다가오고 있었단다. 그 자상하던 아들의 얼굴이 자꾸만 생각이 났단다. 그토록 자상하던 아들의 장한 모습이 자꾸만 떠올라 몸조차 제대로 가눌 수 없었단다.

나와 며느리는 흐르는 눈물을 닦고 정신을 차렸단다. 직원 두 명의 시신은 연고자의 희망대로 그들의 고향으로 보냈지. 내 아들은 이제 후손이 없으니 그 누가 제사를 올리겠느냐. 나와 며느리는 경주경찰서가 안내하는 대로 지서 옆 넓은 광장에서 시신을 화장했어. 후손이 없어 장작더미 속에서 시신을 노상 화장한 그 비극을 어찌 잊을 수 있겠느냐.

흰 연기가 저 하늘 속으로 그렇게 날아갔단다. 아들의 뼈를 안고 고향에 와서 그가 젊었을 때 호연지기를 키웠던 그 뒷산 소나무 곁에 뿌렸단다. 소복을 입은 나와 며느리가 통곡하는 소리가 그때 마을 뒷산에서 저 멀리 저 멀리 울려 퍼졌지.

그리고 복산동 황새골에 있는 작은 암자에서 아들의 영혼을 위로해 주기 위해서 사십구일재를 올렸지. 향냄새가 암자 안을 가득히 메울 때쯤 아들의 모습이 보이더구나.

그 후 정부에서는 전국의 전사, 순직한 경찰관들의 합동장례식을 서울 창경원에서 경건하고 엄숙한 분위기 속에서 치러 주었단다. 나와 며느리는 그날 전국에서 올라온 유족들 틈에 끼여 장례식 행사에 참여했는데 그날 어찌나 인파가 많던지. 며느리와 나는 그때 처음 서울에 올라간 게지.

나에게는 외아들이요, 며느리에게는 하늘같은 지아비에 대한 사무친 그리움과 아쉬움으로 얼마나 울고 또 울었는지 모른다.

그래! 이제 내가 먼저 정신을 차려야지. 나이 어린 며느리가 무엇을 알리요. 이 가문에 늙은 나라도 정신을 차려야 되겠다. 이렇게 생각했지. 이것이 나와 며느리의 운명이라면 그것을 받아들여야겠다는 생각이 들었지. 이러다간 우리까지 병이 날까 걱정이 되었단다.

"그래, 얘야! 내 아들아! 네 나이 27세, 그래 너는 비록 내게서 멀리 떠나갔지만, 넌 언제나 우리의 가슴에 남아 있어. 그리고 너의 죽음이 결코 헛되지 않을 거야. 그 언젠가 반드시 꽃필 날이 있겠지. 부디 극락왕생(極樂往生)하거라. 우리는 빌고 또 빌겠다. 너의 구국일념(救國一念)은 아마 경찰청사에 영원히 기록될 게야."

우리 둘은 아무리 감정을 억제하려고 해도 복받쳐 올라오는 슬픔을 억누를 수가 없었단다. 모든 장례 절차를 마치고 집에 와서 몸져누운 나는 이제 이 유씨 가문도 폐가가 되겠구나 하는 생각이 들었단다. 후손이 없으니 어찌하랴. 단지 조상님 영전에 죄송할 따름이었다. 그러나 어찌하랴. 앞으로 우리가 살아갈 일이 그냥 꿈만 같았으니 말이다.

그 후 한 달쯤 뒤던가. 내가 이렇게 기억이 없으니, 원.

"어머님." 하고 며느리가 밖에서 날 불렀다.

며느리의 정성으로 이제 나도 조금 거동을 할 수 있을 정도로 건강이 회복된 사월 중순쯤이던가. 아카시아 꽃향기가 제법 코를 찌르는 화창한 날이었지. 여느 때와 다른 목소리라 왠지 예사롭게 느껴지지 않았단다. 그래서 나는 자리에서 벌떡 몸을 일으켜 방안으로 며느리를 불러들였지.

"그래 얘야! 거기 앉거라. 내가 잠깐 잠이 들었나 보구나. 벌써 시간이 많이 지났구나. 그래 무슨 일이 있느냐?"

자리에 앉은 며느리의 얼굴에는 수심의 빛이 가득했단다.

"어머님, 저…"

"아니 얘야! 뭘 그렇게 주저하느냐? 어디 말해 보렴."

"……"

나는 그런 며느리의 태도에 궁금증과 답답한 심정이 더했어. 지금까지 며느리가 나를 이렇게 어렵게 대한 일이 없었기 때문이지. "아니, 얘야! 무슨 일이기에 이렇게 뜸을 들이느냐. 네가 지금까지 나에게 말 못할 사정이 어디 있었더냐? 무슨 일인지 말을 해야 알지. 어디 말해보렴."

그제야 며느리는 정면으로 나를 바라보더니 말했단다.

"어머님, 말씀드릴게요. 제가 몸이 좀 이상해요. 아마도 임신인 것 같아요." 나는 그 소리에 깜짝 놀랐단다. "아니, 네 몸에 태기가 있다구? 어디 그래 얼마쯤 되었느냐? 얘, 아가!"

"제 생각으로는 한 달이 좀 넘은 것 같아요."

얘, 손부야! 이게 무슨 조화냐. 저 며느리의 뱃속에 핏줄이 들어 있다니 말이다. 그때 며느리 나이 십팔 세. 아직도 충격이 가시지 않은 며느리의 그 자태. '아이고, 부처님요. 그리고 조상님네요. 이게 무슨 조화입니까. 내 아들은 이 사실도 모르고 순직을 했으니, 이게 대체 무슨 조화입니까.' 나는 며느리의 울먹이는 어깨를 바라보면서 반은 어이가 없고, 반은 기쁨으로 그만 며느리의 작은 어깨를 꼬옥 끌어안았단다. 그리고 나와 며느리는 방에서 오랫동안 소리 내어 울고 또 울었지. 나는 그날 이후부터 나의 모든 생활의 초점을 바로 며느리의 뱃속에 잉태되어 있는 그 생명체에게 맞췄단다. 제발 무사히 순산하고, 그리고 남자 아이이기를 진심으로 빌었지. 암, 빌었고말고. 하루 24시간이 아닌 그 이상의 시간을 뛰어넘어서 말이지.

"천지신명이시여, 비나이다, 비나이다. 유씨 가문에 제발 대가 끊어지지 않도록, 자비하신 부처님, 문수보살님, 그리고 조상님, 죄 많은 이 몸이 이렇게 엎드려 빌고 또 비나이다. 저의 마지막 소원을 들어주소서."

몇 년 전 남양열도에 징병 간 아들의 무사환국을 빌었던 그 장소에서 나는 이제 가문의 대를 잇게 해달라고 또 다시 부처님께 소원을 비니 그 얼마나 나의 인생이 기구하냐. 나는 처절하게, 그러나 정성을 다하여 빌고 또 빌었단다.

그러던 어느 날이었다. 순직한 아들의 정부보상금 수령 통지서를 받게 되었지. 그 당시로서는 적은 금액은 아니었단다. 나와 며느리는 의논을 했지. 조상님이 계셨던 이곳에서 우리가 할 수 있는 게 없을 것 같아, 시내로 이사가기로 마음을 굳혔지. 수십 년간 생활해 온 정든 고향산천을 떠난다는 일은 쉬운 일이 아니었단다. 무엇보다도 아들의 모습이 자꾸 떠올랐어.

"어머니! 저예요. 귀룡이에요."

금방이라도 아들이 문을 열고 들어올 듯 자꾸 헛것이 보이기도 했지. 나는 그때마다 아들이 저승에 가서도 이 어미를 잊지 못하고 있구나 하는 생각이 들었어. 아들이 그토록 열심히 공부했던 그 방… 남양열도에서 무사환국하여 온 동네 사람들의 환영을 받았던 곳, 대한민국 건국의 경찰관으로서 나에게 인사했던 곳… 그리고 나에게 이승의 기쁨을 안겨 주었던 그 혼인 잔칫날 등… 아아, 막상 이사하려니 너무 걸리는 게 많더구나.

금방이라도 아들이 내 앞에 나타날 것만 같았단다. 그러한 현상은 나뿐만 아니라 며느리도 마찬가지였어. 너무나 안타까운 그 짧았던 인연이 시간이

지나면 망각되려니 했는데 도리어 그 반대였어. 이런저런 사연으로 며느리와 나는 고향을 떠나는 게 나을 것 같았지. 그리고 며느리의 뱃속에 있는 저 핏덩어리에게도 새로운 장소가 좋을 것 같았어. 그해 여름, 우리는 동네 먼 친지들의 배웅을 받으며 정든 곳을 떠나 시내로 삶의 터전을 옮겼지.

그때 내 나이가 오십대, 며느리가 이십 세가 채 안 되었지.

먼 친척 되는 분이 알선해 주어 구입한 가옥은 시내 한가운데 있었단다. 대지는 59평, 목조기와로 된 3칸짜리 구옥이었어. 내 마음에도, 그리고 며느리 마음에도 들었단다. 그래서 우리는 적당한 가격으로 그 집을 구입했지.

얘, 손부야!

지금 연탄가스 냄새가 나는 것 같구나. 틀림없이 그쪽 방문이 열려 있기 때문이야. 그 문이 열리면 외풍을 타고 가스가 방안으로 간혹 들어오지. 정말 조심해야 된다. 아무튼 나와 며느리는 의논하여 나는 중앙시장에 세평 규모의 시유지를 임대 냈어. 그때부터 나는 서툴지만 멸치장사를 하기로 했단다. 내 나이도 오십대에 접어들었고, 그 장사를 해도 남에게 부끄러운 생각이 들지 않았어. 노상에 가마니를 깔고 그곳에 가건물을 지었단다. 지나는 모든 사람들에게 멸치를 판다는 일은 다소 힘들었지만 그 당시 우리 사정으로는 어쩔 수 없었단다. 그렇게 두 달이 흘러갔단다. 가만히 집에 있을 수만은 없었던 며느리는 마침 부근 역에서 근무하는 사람의 소개로 역 구내에서 작업보조 일을 하게 되었어. 나는 며느리에게 심한 작업은 가급적 피하고 몸조심 하라고 신신당부했지.

아침 8시에 출근하면 오후 4시쯤 일을 마치고 집으로 돌아와 저녁 준비를 해두었단다. 우리는 저녁을 먹으며 그날 일어났던 여러 가지 이야기들을 주고받았는데 이야기의 주도권은 항상 내가 가지고 있었어. 그렇게 우리는 하루하루 세월을 보내고 있었단다.

나는 며느리와 함께 태아에 대한 호기심으로, 기쁨과 기대감으로 충만했지. 그렇게 여름이 지나고 십일 월 초순이었지. 몇 달째 직장에 나가지 않고 집에서 몸조리를 하고 있던 며느리가 새벽 네 시경 심한 고통과 함께 출산의 기미가 보였단다. 나는 얼른 부엌으로 가서 큰 가마솥에 물을 데웠지. 방안에서 들려오는 며느리의 고통 소리, 절규하는 그 소리를 듣고 나는 며느리 곁으로 급하게 갔었지.

구슬땀을 흘리면서 나를 쳐다보는 어리고 여린 며느리의 그 눈망울… 나는 마지막 안간힘을 입으로 쏟아내는 며느리의 손을 꼭 쥐어 주었단다.

"얘야! 괜찮아. 여자라면 누구나 겪는 일이야. 조금만, 조금만 더 견뎌라."

나는 마침내 아기를 받아냈어. 큰 울음소리와 함께 내 두 손에 와닿은 감촉을 느끼며 나는 두 눈을 부릅떴지. 바로 사내아이였어.

"아! 부처님, 조상님. 너무너무 감사합니다. 너무너무 감사합니다."

힘들어 축 처져 있는 며느리에게 다가가 귀에 대고 말했단다.

"아가! 그래 정말 애썼다. 사내아이야, 사내아이라구. 이것 봐! 보이지, 그렇지?"

두 눈을 겨우 뜨고 있는 며느리의 눈가에 미소와 함께 이슬이 맺혔단다.

더운 물을 방으로 가지고 와 손자의 몸을 씻길 때, 나의 두 눈에도 눈물이 하염없이 앞을 가렸단다.

앙앙 울어대는 손자. 눈물을 흘리고 있는 며느리, 그리고 나. 대충 몸을 닦아 내고 나는 손자를 며느리 품에 안겨 주고 그만 울음을 참지 못하고 밖으로 뛰쳐나왔어. 내 심장은 마구 뛰고 무엇이 어떻게 돌아가는 건지 전혀 몰랐지. 하지만, 손자를 얻었으니, 손자를 드디어 얻었으니…

'아이고! 부처님, 조상님. 다시 한 번 감사드립니다. 이제 이 가문도 대를 잇게 되었어요. 정말 고마운 일이지요. 이게 다 전지전능하신 부처님 덕분이지요.'

늦가을을 알리는 바람이 내 머리 위를 스쳤다. 참으로 기분 좋은 날이었지. 그 기쁨을 나는 오랫동안 잊지 못할 거야.

애, 손부야!

그때 그 손자의 귀여운 모습이 지금도 내 눈에 선해. 암, 선하고말고. 얼굴형은 어미를 닮은 듯하면서도 지 애비를 닮았고, 그리고 자세히 보면 이 할미도 닮았지. 그래, 그 입술이랑… 제 엄마 젖을 열심히 빨아대는 그 얼굴, 그래 그 볼그레한 작은 얼굴을 보며 나는 크나큰 안도의 한숨을 내쉬었단다.

애, 손부야! 얼마나 기뻤겠느냐. 그때 내 심정이 말이다. 바로 이 애가 이 가문을 이끌고 나갈 삼대독자, 유복자, 유자녀가 아니냐.

참으로 이 아이의 책임이 얼마나 큰지. 너는 짐작도 못할 거야. 아들이 이 애를 한 번이라도 안아 봤더라면, 아들이 이 애가 있다는 사실을 알고나 죽었더라면, 아아, 나는 그런 말만 혼자 중얼거려야 했단다. 부자간의 인연이 이다지도 삭막할 줄이야. 손자를 바라볼 때마다 온갖 생각이 꼬리를 물고 내 머릿속을 들락거리는 느낌이었단다. "어유, 내 새끼. 그래그래 실컷 울어라. 더 크게, 더 크게 울어라. 호호. 아니! 벌써 쉬를 했어?" 며느리는 누워서 내가 손자의 기저귀를 갈아 주는 모습을 물끄러미 바라보았지. 아마 며느리의 생각도 참으로 복잡했을 거야.

얘, 손부야! 나는 열심히 며느리의 산후조리를 도와주었단다. 며느리도 가문에 대를 잇는 사내아이를 출산한 일에 퍽 안심하는 눈치였어. 한 달이 지난 후 차차 며느리도 거동을 할 수 있을 정도로 원기를 되찾았지. 십이 월 초순이라 어느덧 날씨는 차츰차츰 추워지고 있을 때였고 손자도 아무 탈 없이 열심히 엄마 젖을 빨고 있었단다. 그때쯤 나는 그동안 나가 보지 못한 시장터에 나갔지. 어느새 소식을 듣고 주위 사람들이 웃으며 기쁜 얼굴로 나를 맞이하더군. 그래서 나는 실컷 손자 자랑과 산모의 건강에 대해서 솔직하게 기쁜 마음으로 털어놓았지.

"산모 건강은 좋아요. 얼마나 미역국을 잘 먹는지 몰라요."

"어휴, 손자 그놈. 두 눈이 반짝반짝, 나를 쳐다볼 때 말도 못해요 . 열심히 제 어미 젖 찾는다고, 글쎄. 너무 귀엽지요."

나는 전보다 훨씬 일찍 며느리가 아침에 일러준 물건을 사들고 집으로 왔지. 방글방글 누워 나를 맞이하는 손자와 내가 사온 생활용품을 반갑게 받아드는 며느리. 나는 얼른 손자를 안았어. 그리고 그 뺨에다가 내 뺨을 비벼댔지. 낮에 얼마나 네가 보고 싶었는지 모른다고 하면서 말이야. 어느 날 시내에서 교편생활을 하던 그 친정 조카가 와서 손자 이름을 지어 주고 출생 신고까지 해주었어. 유대지(劉大知)라고 말이다.

그런데, 손부야! 이 애가 태어난 다음해 우리 민족에게 큰 재앙이 닥쳐온 게야. 바로 6 · 25전쟁이 일어난 게야. 수많은 피난민들이 밀려 내려오고, 온 나라가 말도 못하게 시끄러웠어. 동네 사람들은 만나기만 하면 전쟁 이야기였지. 우리 집 건너편에 큰 공터가 있었는데 어느 날 미군 막사가 들어서고 그 주변을 철조망으로 둘러쳤지. 미군들이 보초를 서고… 그리고 우리 집 방 한 칸에도 서울서 내려온 피난민 가족이 세들어 살았단다. 그들의 얼굴에서 공포를 느낄 수 있었어. 온 나라가 난리가 난 게지. 각종 생활필수품은 구하기 힘들었고… 그러나 다행히 우리 가족은 아무 탈 없이 보낼 수 있었단다. 이 모든 게 부처님과 조상님들이 도와준 덕분이야. 드디어 그 기나긴 전쟁은 끝나고 휴전이 되었단다. 그동안 전쟁으로 겪은 그 고통을 어찌 다 이야기할 수 있겠느냐.

이럭저럭 세월이 흘러 손자가 네 살이 되었단다. 그 당시 뾰족한 수입원이 없던 우리 가정은 나의 수입만으로는 생활이 다소 힘들었어. 그래서 며느리도 옛날 일하던 작업장에 다니고 손자는 내가 시장에 데리고 가기로 했지. 한 생명이 내 등에서, 그리고 내 가슴의 숨소리를 느끼면서 잠든 모습이 얼마나 대견해 보이던지.

시장통은 항상 사람으로 붐볐지. 나에게 멸치를 사러 오는 사람, 지나가면서 그냥 인사하는 사람… 이들은 한결같이 그냥 지나치지 않았단다.

겨우 걸음을 걷는 손자에게 갖가지 찬사를 던지더군. 그런 말을 들을 때마다 나는 기뻤단다. 그 당시 나의 생활은 장사보다도 손자에 대한 칭찬을 듣기 위해서였다고 해도 과언이 아닐 게야.

“어유, 고놈 참 잘생겼네. 어유, 할머니는 좋겠어요, 친손자예요? 외손자예요?”

“어유, 할머니는 복도 많아요. 저렇게 할머니에게서 떨어지지 않으려고 하니, 원.”

어느 날에는 시장 뒷골목으로 손자를 데리고 가서 팥죽, 녹두죽을 사 먹이고 계절마다 시장에 나오는 각종 과일도 사 먹이면서 나는 즐거운 하루하루를 보내고 있었지. 그렇게 세월이 흘러 손자가 다섯 살이 되었을 때였어. 그때가 아마 가을이었지.

애, 손부야!

지금부터 내가 하는 이야기를 듣고 놀라지 마라.

“아지매요, 큰일났심더. 아! 글쎄, 대지 엄마가 작업을 하다가 그만 뒤로 넘어졌어요. 지금 앰뷸런스로 시내 병원에 급하게 실려갔어요.”

나는 그 말을 듣고 그 자리에서 기절할 뻔했단다. 그 말을 전하는 여자의 얼굴 표정으로 큰일이 며느리 신변에 일어난 게 틀림없다는 불길한 생각을 했어. 무작정 병원으로 뛰어갔지. 손자를 등에 업은 채.

아! 부처님! 왜 이런 시련을 저에게 주십니까. 잠시 나에게 다가온 행복의 순간이 그렇게도 아깝습니까. 나는 그만 까무러치고 말았단다.

내가 병원 응급실에 도착하였을 때는 벌써 며느리의 시신은 하얀 천으로 덮여 있었다. 그 옛날 아들의 시신과도 같이. 나는 그만 손자를 업은 채로 병원 바닥에 주저앉아 통곡했어. 나는 철모르는 손자를 가슴에 끌어안고 몸부림쳤지만, 이미 내 곁을 떠나 버린 며느리의 그 웃는 얼굴은 볼 수 없었어. 먼 친척들의 도움으로 시신을 화장하던 날 나는 굴뚝 위로 피어오르는 하얀 연기 속에서 짧은 생을 살다 간 며느리와 아들의 모습을 번갈아 그려 보며 통곡했단다. 이런 인생도 있느냐고. 이렇게 기구한 팔자도 있느냐고.

이 어린 손자와 늙은 나를 남겨 두고 먼저 간 아들과 며느리를 원망했지. 맞선을 보러 갔을 때의 그 모습, 며느리와 함께했던 길지 않은 그 생활, 손자를 서로 안아 보고 웃으면서 보냈던 동짓날 저녁, 항상 성심 성의껏 나를 봉양해 주었던 며느리 — 나는 그저 눈물, 콧물로 보내야 했단다. 그런데, 나는 과연 며느리에게 무엇을 해주었던가. 과연 나는 나이 어린 며느리를 위해 한 일이 있었던가. 자성의 소리가 내 가슴 한가운데서 일어났단다. 그럴 때마다 나는 더욱 슬펐단다. 내 오른팔, 아니 내 목숨보다 더 소중했던 내 며느리, 끝까지 이 손자를 훌륭하게 키우자고 다짐했던 그 며느리가 아닌가. 인생의 무상함이 이다지고 깊게 나에게 다가오다니, 정말 너무 참담하기만 했단다.

화장장 굴뚝에서 피어오르던 그 연기는 불어오는 바람을 타고 멀리멀리 사라져 버렸어. 며느리를 떠나보내고 이제 남은 건 다섯 살 된 철없는 손자

뿐이었지. 아들과 함께했던 그 시절이 지나고 며느리와 함께했던 시절도 지나고, 이제 손자와 함께할 시절이 나에게 다가왔단다. 과거를 생각하고 미래를 그려 보니 내 인생과 손자의 앞날이 참으로 걱정스러웠단다.

그해 십일 월 초순의 바람은 어느 해보다도 매섭게 내 가슴을 파고들었단다. 하지만, 등잔불 밑에서 새록새록 잠들어 있는 손자의 모습이 너무나 예쁘게 보였단다. 이제 너는 이 가문의 대를 이어가야 되고 이제 너를 도와줄 후견인은 나밖에 없구나. 잠이 든 손자의 두 뺨에 눈물 젖은 나의 얼굴을 살며시 포개보았단다. 밖에서는 멀리 찬바람 소리가 들려오고…

얘, 손부야!

이제 이 이야기도 얼마 남지 않았구나. 그때 정황을 보다 상세히 이야기할 수 있으면 좋으련만. 안타까울 따름이다.

나는 손자에게 정성을 다 쏟았어. 내 힘닿는 데까지. 부모 없는 호로자식이라는 마음의 상처를 주지 않으려고 말이야. 다행히 손자도 내 뜻에 어긋나지 않게 올곧게 인생을 살아왔지. 그 긴 세월을 잘 도 견뎌준 거야.

얘, 손부야!

내가 건강할 때까지 나는 손자를 보호했단다. 이제 손부 너에게 가문의 뿌리에 대해 다 털어놓으니 속이 다 후련하구나. 너하고도 오랫동안 생활하면서 같이 나눈 추억이 참 많았다. 이제 나는 앞을 볼 수가 없어. 그리고 거동도 하지 못하고 단지 손부 네가 먹여주는 죽을 먹으며 연명하고 있구나. 손부 너에게 항상 미안한 생각을 가지고 있단다.

손부야! 사랑하는 내 손부야! 이제 내 이야기는 대충 끝이 났구나. 지금까지 내가 너에게 들려준 이 이야기는 내 인생의 이야기라기보다는 이 가문의 역사를 들려준 게야. 너에게 아마 좋은 참고가 될 게야. 비록 네 남편이 부족한 점이 있더라도 네가 깊은 이해심을 가지고 잘 대처해다오. 부탁이다. 제발 부탁한다. 그리고 너에게 내가 마지막으로 전할 몇 가지 이야기가 있단다.

첫째, 어떠한 난관이 너희 가족들에게 닥쳐오더라도 절대 흔들리지 마라. 자신의 생명을 함부로 결정하는 무모한 행동은 절대 삼가거라. 이 점을 꼭 지켜다오.

둘째, 모든 가족들의 힘은 가정에서 생겨난다. 항상 가족끼리 화목하게 생활해다오. 가족의 아픔과 기쁨을 다함께 나누어다오.

셋째, 항상 기쁘게 살아다오. 그동안 너무나 슬픈 일이 많았지. 그러나 이제 그 슬픔을 거두고 모두 밝게, 그리고 기쁘게 살아가다오.

내 사랑하는 손부야!

이제 늙은 내가 살면 얼마나 살겠느냐. 내일 죽을지 모레 죽을지 아무도 몰라. 그동안 손부 네가 나에게 해준 그 봉양은 영원히 잊지 않으마. 암, 영원히, 영원히 잊을 수 없지. 반드시 내세에 그 보은이 이어질 게야. 그리고 손부 너를 만나 가족들이 이렇게 늘어나니 정말 기쁘기 한량없구나. 이제 이 가문을 너에게 인계할 시기가 서서히 다가오고 있구나. 북망산천(北邙山川)이 보이는 듯 왜 이렇게 내 정신이 혼미해 오는지 모르겠구나. 정신이 없어. 아무쪼록 이 가문을 잘 지켜나가면 먼 훗날 반드시 아름다운 이야기들이 자자손손 대를 이어나갈 거야. 그 수많은 세월들, 그 한 맺힌, 그리고 기뻤던 잊지 못할 사연들이 마치 주마등처럼 스쳐지나가는구나. 내가 걸어온 그 옛날 옛적 이야기들을 부디 잊지 말거라. 이제 저승에서 조상님을 만나면 이승의 이 이야기를 다 하련다.

얘, 손부야!

저기, 저기 멀리서 검은 갓을 쓰고, 검은 두루마기를 입고 저승가를 부르며 걸어오는 저 사람들이 아마 저승사자인 게지.

아! 죽음의 노래가 내 귀에 들리는 것 같구나.

「어어어하오 어허늠차어하오 어어어하오 어허늠차어하호

이승사람 저승귀신 하는일을 멈추고서

저승사자 이내말을 어디한번 들어보세

어어어하오 어허늠차어하오 어어어하오 어허늠차어하오

이승에서 인생살이 이다지도 힘이드네

우리할매 걸어온길 어디한번 돌아보세

어어어하오 어허늠차어하오 어어어하오 어허늠차어하오

금수강산 대한문국 경주김씨 나시어서

유씨가문 출가하여 남편사별 웬말인고

어어어하오 어허늠차어하오 어어어하오 어허늠차어하오

건국경찰 이대독자 공화국에 바쳤도다

우리할매 아픈심정 국민들이 알아주세

어어어하오 어허늠차어하오 어어어하오 어허늠차어하오

삼대독자 유복자가 유자녀로 태어나니

우리할매 기쁜눈물 슬픈눈물 한강수라

어어어하오 어허늠차어하오 어어어하오 어허늠차어하오

며느리도 앞세우고 사위마저 저승가네

우리할매 아픈가슴 지장보살 알아주세

어어어하오 어허늠차어하오 어어어하오 어허늠차어하오

대자대비 부처님전 우리손자 크게되어

유씨가문 일으키고 나라일꾼 되게하소

어어어하오 어허늠차어하오 어어어하오 어허늠차어하오

비가오나 눈이오나 중앙시장 멸치팔때

우리할매 백팔번뇌 저승까지 들려오네

어어어하오 어허늠차어하오 어어어하오 어허늠차어하오

우리손자 잠잘적에 그얼굴을 비벼보니

너의신세 나의팔자 피눈물이 흐르구나

어어어하오 어허늠차어하오 어어어하오 어허늠차어하오

금자동아 은자동아 우리손자 귀한손자

호로자식 안되도록 새벽말씀 들려오네

어어어하오 어허늠차어하오 어어어하오 어허늠차어하오

이승사람 저승귀신 하는일을 멈추고서

저승사자 이내말을 어디한번 들어보세

어어어하오 어허늠차어하오 어어어하오 어허늠차어하오

우리손자 혼인하여 귀한손부 맞이할제

덩실덩실 우리할매 어깨춤이 신명나네

어어어하오 어허늠차어하오 어어어하오 어허늠차어하오

증손녀도 넷이어라 그재롱이 보고지고

가화만사 가문길조 자꾸자꾸 생겨나네

어어어하오 어허늠차어하오 어어어하오 어허늠차어하오

손자가족 다복하게 살아가는 그정경을

먼발치서 바라보는 우리할매 기쁨이라

어어어하오 어허늠차어하오 어어어하오 어허늠차어하오

손자나이 서른여덟 할매춘추 여든다섯

이승에서 이룬공적 태산보다 더크도다

어어어하오 어허늠차어하오 어어어하오 어허늠차어하오

춘향뎐과 심청뎐의 그사랑이 높다해도

손자사랑 우리할매 이사랑도 향기롭네

어어어하오 어허늠차어하오 어어어하오 어허늠차어하오

저승사자 우리모두 할매공적 노래하여

이승에서 표상이라 저승에도 알리리라

어어어하오 어허늠차어하오 어어어하오 어허늠차어하오

동방하늘 큰별하나 저승으로 떨어지네

장하도다 우리할매 저승에서 편히쉬소

어어어하오 어허늠차어하오 어어어하오 어허늠차어하오

우리할매 칭송하여 극락왕생 하시도록

이승에서 이행적을 옥황상제 보고하세

어어어하오 어허늠차어하오 어어어하오 어허늠차어하오

가세가세 할매업고 북방산천 넘어가세

저승가서 우리할매 극락에서 예우하세」

학교생활

1956년 3월 봄날. 민족의 비극인 6 · 25전쟁이 끝난 지 4년.

전쟁의 크나큰 아픔이 채 가시기 전이었다.

「태화강 구비쳐 흘러내려서
기름진 들판이 벌어진 곳에
함월산 줄기찬 품안에 안긴
우리의 꽃동산 울산교이요」

나는 시내 북정동에 위치한 울산초등학교에서 많은 친구들과 함께 이렇게 교가가 울려퍼지는 가운데 입학식을 가졌다.

그 당시 학교건물은 목조 삼층 건물이 가운데 위치했고, 강당이 정문 오른편에 있었다. 그리고 부족한 교실을 증축하여 왼편에도 많은 교실이 있었다. 운동장은 어린 나의 눈에 꽤 넓게 보였다.

초등학교 입학식 날은 많은 사람들로 붐볐다. 내 또래의 많은 친구들이 좋은 옷을 입고서 젊은 어머니의 손을 잡고 웃으면서 운동장으로 모였다. 그에 비하면 나는 할머니와 앞서거니 뒤서거니 하면서 식장에 겨우 도착했다.

드디어 입학식을 알리는 학교 종소리와 함께 운동장 한 가운데로 친구들이 우르르 모여들었다. 젊은 어머니들은 울긋불긋한 옷치장과 화장을 곱게 한 얼굴로 자녀들에게 손짓을 하면서 입학식 광경을 먼발치에서 흐뭇한 듯 바라보고 있었다. 그런데 늙으신 할머니의 그 모습이 나를 다소 우울하게 하였다.

왜 나는 젊은 엄마가 없을까.

'그래, 본시 나에겐 엄마도 아빠도 안 계시잖아!'

그런 생각을 하니 더욱 할머니와 나의 모습이 초라하게 느껴졌다. 학급을 배정받아 담임선생님을 따라 난생 처음 여러 친구들과 함께 교실에 들어갔다. 그런데, 그 담임선생님이 바로 친척 되시는 K선생님일 줄이야. 아마 선생님께서 선친을 생각하셔서 나를 자신의 반에 배정하지 않았나 생각한다. 담임선생님께서 여러 가지 말씀을 하시고 그날은 일찍 수업을 마쳤다. 복도를 나오니 할머니께서 담임선생님과 이런저런 이야기를 하시는 게 보였다.

며칠간 학교생활을 하면서 할머니에 대한 서운한 생각은 연기처럼 사라지고 친구들과 즐거운 시간을 갖게 되었다.

"아버지! 아버지! 우리 아버지, 어머니! 어머니! 우리 어머니. 바둑아! 바둑아! 이리 오너라. 나하고 놀자."

입학하자마자 처음 배운 국어시간의 글자들이었다. 생전 처음 읽어보는 그 글자들이 그 당시 어린 나의 가슴에 과연 어떻게 와닿았을까. 54년이 지난 지금도 나는 그때의 그 이상한 감정을 나만의 비밀처럼 고이 간직하고 있다. 어린 나에게 꼭 계셔야 할 두 분이 안계시다는 사실만 절절이 되새겨준 첫 문장이고 첫 페이지였다. 첫 수업시간에 나는 아무도 모르는 나만의 거울 속을 바라보고 있었던 것이다.

하여튼, 학교생활은 여러 가지 방면에서 나에게 신기하고 즐거운 시간으로 다가왔다. 옆자리에 앉은 여학생, 공작시간, 담임선생님의 말씀 등, 모든 것이 새롭고 신기했다.

강당 앞에는 수십 년 된 큰 느릅나무가 한 그루 서 있었다. 우리는 여름철이면 그 나무 밑에서 동심의 세계를 마음껏 펼칠 수 있었다. 그리고 전체 학생조회 시간과 쉬는 시간을 이용해서 운동장에서 신나게 뛰어놀면서 시간 가는 줄 모르고 지냈다.

학교는 우리 집에서 도보로 이십분도 채 안 되는 곳에 위치하여 등교하기도 쉬웠고, 할머니가 계신 중앙시장도 가까웠기 때문에 여러 가지로 학교생활이 수월했다. 그런데, 그 당시 학교 북쪽으로 성안 세일레라는 동네가 있었다. 그곳에서 학교까지 한 시간 이상 걸어다니는 친구들을 생각할 때 나는 그들에 비해 어떤 면에서 대단히 행복한 편이었다. 더욱이 여름철 폭우가 쏟아질 때나 겨울철 눈보라가 휘몰아칠 때, 초라한 모습으로 교실에 들어오는 그 친구들이 너무 안쓰러워 보이기도 했다. 초등학교 이 학년까지는 남녀가 함께 책상을 사용하였다. 삼 학년에 진학할 때는 여학생들과 별도 반편성이 되었다. 그 후로는 자연히 서로 만날 기회가 거의 없었다. 그런데 세월의 무상함이랄까, 졸업 후 45년이 지나 동창회 때 그 단짝여학생을 만날 수 있었다. 참으로 감회가 깊었다.

내가 오 학년을 마치고 육 학년으로 진학할 때였다. 그때 나는 평생 잊지 못할 중요한 상을 받게 되었다. 바로 진보상이었다. 참으로 대단히 향상되어 타의 모범이 되어 수상한 상이었는데, 그때 남학생 한 명과 여학생 한 명 등 두 명이 타게 되었다. 대표로 내가 앞에 나가 그 상을 수상했는데, 어떻게나 떨리던지. 지금도 나는 그때 생각만 하면 가슴이 마구 뛴다. 진보상 수상이후 60명 가운데 40등 내외하던 학교성적이 10등 안으로 껑충 뛰었다.

그 당시 담임선생님의 가정방문은 어린 나에게 큰 정신적 부담으로 다가왔다. 가정방문의 참뜻을 모르는 바는 아니지만 할머니와 내가 어렵게 생활하는 이 초라한 가정에 담임선생님이 오신다니, 어떻게 대접할까 걱정스러웠다. 그리고 자꾸 쑥스러운 생각이 앞섰다. 다행히 1학년 때 담임을 하신 K선생님께서 우리 집에 자주 오셔서 나에게 여러 가지 말씀을 해주셨다. 아버지와 호형호제(呼兄呼弟)하신 그 선생님도 내가 고등학교 다닐 때 운명하셨다.

부디 명복을 빕니다.

이렇게 나는 초등학교를 많은 추억을 간직한 채 졸업했다. 그 동안 할머니의 노고가 그 얼마나 컸던가.

그 당시 고향에는 공립중학교가 한 곳, 사립중학교가 두 군데 있었다. 그리고 지역 내에 초등학교는 7~8개나 있었기 때문에 자연히 우수한 공립중학교에 합격하려면 많은 경쟁자를 이겨내야만 했다. 그만큼 성적이 우수해야 공립학교에 진학할 수 있었다. 모든 학생들이 저마다 갈고 닦은 실력을 발휘하여 그 학교에 응시했다.

드디어 중학교 시험날이 다가왔다.

물론 주위에서도 나의 합격을 낙관하고 있었다. 나는 정말 정신을 똑바로 차리고 문제를 하나하나 풀어나갔다. 별로 어려운 문제는 없었다고 생각한다.

시험을 치른 며칠 후 드디어 최종합격자를 발표하는 날이 되었다. 할머니와 함께 발표장에 들어서니 울고 나오는 친구들, 기분좋게 나오는 친구들, 표정이 각양각색이었다. 나는 할머니를 교정 한 모퉁이에 있는 신문지로 자리를 마련하여 위로한 후 혼자 합격자 명단이 붙어 있는 복도로 가슴을 조이며 다가갔다. 수험번호를 차근차근 훑어보면서 내 번호가 있는 곳을 응시하니, 아니? 있어야 할 내 번호가? 나는 도저히 이해할 수 없었다. 나보다 실력이 못한 친구도 저렇게 신이 나서 뛰고 있는데. 나는 마음을 진정시키고 내 번호를 다시 찾아보았다.

있었다. 선명하게 내 수험번호가 있었다. 바로 맨 끝 부분에 유자녀들만 별도로 명단을 작성하였던 것이다. 나는 확인하고 또 확인하고 나서 이 기쁜 소식을 교정에서 마음 졸이며 기다리고 계시던 할머니께 먼저 알려 드렸다.

그렇게 좋아하시던 할머니의 모습. 아마 할머니는 나의 합격을 여러 사람들에게 자랑 했으리라. 집에서나 장터에서나 만나는 사람들마다 내 이야기를 하였으리라.

할머니! 감사합니다. 이 세상에 태어나서 처음 안겨 준 나의 중학교 합격 소식은 아마 할머니 가슴에도 큰 기쁨과 자부심으로 오래오래 기억되었을 것입니다.

「등에 업은 문수봉 지혜를 타고
품에 안은 처용암 재주를 받아
날고 뛰는 용봉아 구름떼같이
왕성이들 새동산 배움의 일중」

우리는 선배들이 불러 주는 교가를 들으며 입학식을 가졌다.

나는 교정에서 난생 처음 맞춤 교복을 입고 교모를 쓰고 많은 친구들과 함께 그 자리에 있었다. 그날 우리의 입학을 축하해 주듯이 교정 주변에 축 늘어진 수많은 버들나무가 하늘하늘 춤을 추고 있었고 날씨도 아주 화창했다.

중학교 생활은 초등학교 생활보다 여러 가지 면에서 새롭게 느껴졌다. 첫째, 각 과목별로 선생님이 별도로 계셨고, 둘째, 영어가 새로운 과목으로 추가되었다. 그리고 중학교 출석부에는 나의 호적부 이름 대지(大知)가 수업 시작할 때마다 호명되었기 때문에 나는 부끄러움을 느끼지 않을 수 없었고 친구들도 깔깔 웃어댔다. 초등학교 때는 대길로 불렸다. 지금 심정 같으면 출석부 이름을 대길로 바꾸어 놓을 걸 그랬다는 아쉬움이 좀 남기도 한다.

하여튼, 새로운 친구, 새로운 과목, 새로운 선생님과 분위기에서 나는 학업에 열중했다. 교모를 쓰고 교복을 입고 모든 방면에서 일대 혁신이 일어났던 것이다. 여름철이 되면 하복을 입었는데 칼라와 교모 덮개는 흰색으로 풀을 빳빳하게 먹인 후 다림질을 해야 멋도 낼 수 있고 다른 친구들과도 잘 어울릴 수 있었다.

다른 친구들은 그 부분에 신경을 많이 써서 단정하게 하고 왔지만, 나는 할머니가 해주시는 그대로 입고 다녔다. 중학교 도시락 반찬으로 제일 자주 해 주신 반찬이 김치, 콩잎사귀, 무장아찌였다. 영어는 나뿐만 아니라 친구들 모두에게도 아주 새로운 것이었다. 그래서 그때 하종규 영어선생님이 말씀하신 대로 나는 영어를 그냥 외웠다. 영어의 기초는 단어와 숙어의 암기가 아닌가. 단어집을 가지고 다니면서 열심히 영어단어를 외웠다.

중학교에 들어간 뒤부터는 당시 원호지청에서 주는 학비보조금을 학교 서무과를 통해서 매달 받았다. 내가 유자녀라는 사실을 피부로 느끼게 했던 아픈 순간이기도 했다. 그때 보조금을 타러 갈 때면 왜 그렇게 쑥스럽게 느껴졌는지 모른다.

보조금 지급방법을 개선하여 동심이 멍들지 않게 할 수도 있지 않았을까. 실무자의 작은 배려로도 얼마든지 가능했을 거라고 생각하니, 늦게나마 참으로 아쉬운 생각이 든다. 그리고 원호지청에서 학업에 필요한 도서를 지급받기도 했다. 그 가운데 편집이나 내용이 매우 알찬 영어사전 콘사이스를 받았는데, 영어공부를 하는 데 큰 도움이 되었다.

하루는 집에 와서 그 영어사전을 보려는데 가방에 없는 게 아닌가. 나는 정신이 나간 사람같이 이리저리 사전을 찾아보았지만 끝내 찾을 수 없었다. 그때의 아쉬움과 허탈감은 이루 말할 수 없었다. 그런데 그 후 사전의 행방을 알 수 있었다. 같은 반 친구가 쉬는 시간에 내가 나간 틈을 이용해 그 사전을 가지고 갔던 것이다. 평소 내 사전을 그토록 부러워하더니… 물론 그 친구는 그 사전을 헌책방에다 헐값에 처분했다고 들었다. 그 친구에게 따지지 못한 게 한스럽지만 그 당시 그 친구는 주먹깨나 쓰는 힘센 친구였기 때문에 나는 꾹 참을 수밖에 없었다. 그 친구는 콘사이스가 어떤 건지 과연 알고나 그 짓을 했을까. 반세기가 다 된 지금도 그것이 풀리지 않는 수수께끼로 남아 있다.

삼 년 동안의 중학교 생활, 우리는 1965년 이 월 정든 학교, 정든 친구를 뒤로 한 채 눈물지으며 교문을 떠나지 않을 수 없었다.

그 당시 고향에는 실업계 한 곳, 인문계 한 곳, 이렇게 고등학교가 두 곳이 있었다. 나는 고향에 있는 학교에 진학할 생각이 없었다. 학교성적도 상위권이었다. 또 집 부근에 있는 친구 두 명이 나를 찾아와서 진학에 관해 서로 이야기를 나누다, 우리 셋은 부산 동래고등학교에 함께 진학하기로 결정했다. 인생에 있어 중요한 의논이었다.

다행히 응시 결과 모두 합격의 영예를 안았다 이 학교는 1898년에 천세기운(天勢氣運)의 땅, 동래에서 민족학교, 동래부학교로 처음 문을 열었다. 조선왕조의 국운이 기울어가는 시기에 동래기영회의 선각(先覺) 유지들의, "내일의 동량(棟梁)을 키워야 한다."는 절박한 심정에서 일백 년 역사의 주춧돌을 놓았다.

120년이 넘는 성상(星霜)에 빛나는 모교의 역사는 조선시대를 거쳐 우리의 현대사와 함께 했다. 한일합방을 통한 일제강점, 8 · 15광복, 6 · 25전쟁, 5 · 16군사 쿠데타, 연속된 군사정권, 문민정부, 경제식민통치인 IMF시대 등을 겪어온 우리의 현대사와 함께 호흡했다.

한 세기가 넘도록 민족학교로 이어온 항일의 역사, 불의와 부패에 타협하지 않은 정의의 역사로도 풀이 되었다.금정산 망월대의 호연지기를 품은 조국의 아들, 배달혼의 계승자인 내일의 일꾼 등으로도 불렸다. 하여튼, 자긍심이 대단한 모교였다.

이렇게 모교는 역사와 전통이 오래된 명문이었다. 나는 지금도 이 학교를 졸업한 것을 내 일생에 가장 큰 영광으로 생각한다.

「우람히 구비쳐 온 아세아의 거창한 얼이

여기 장산 기름진 들판 그 염원을 이루었나니

갸륵할손 어진 겨레의 슬기 받아 일어선 자 동고는
정의와 인도의 횃불 우렁차게 솟구쳐 올랐네
망월대 위에 걸린 하늘 휘영청 푸르고
사나이의 벅찬 뜻은 멀고도 높거니
동고 동고 거룩하다 그 이름
동고 동고 빛나리라 영원히」

1965년 우리는 힘찬 교가가 울려퍼지는 가운데 입학식을 거행했다. 한데, 입학을 하고 보니 예기치 못한 문제가 하나 생겼다. 그 당시 우리 가정형편으로 하숙을 한다는 것은 무리였다. 그래서 나는 친구 몇 명과 함께 울산에서 동래까지 동해남부선 열차로 통학을 하기로 하였다. 힘든 일이 아닐 수 없었다.

새벽 네 시에 기상하여 다섯 시까지 울산역에 도착, 동래역에 일곱 시에 도착해야 하는데, 그 열차는 자주 연착을 하는 바람에 나는 첫 교시에 여러 번 지각을 했다. 하지만, 열차로 통학을 하는 동안 많은 추억을 만들기도 했다. 여름방학을 마칠 즈음에야 할머니께서 온천장에 하숙을 허락하셨다. 그때 나는 할머니께서 내 하숙비를 마련하려고 집을 파신 줄도 모르고 좋아만 했다. 얼마나 소견머리가 없었던지. 집을 처분하신 후 할머니께서는 변두리로 이사를 하셨다. 온천장에서 나는 고향선배들과 함께 일 년 가까이 하숙을 하는 동안 정신적인 안정이 되었던지 학교성적도 많이 향상되고 여유시간도

가질 수 있었다.

그 하숙집 주인아주머니는 아들 한 명을 두고 계셨는데 남편은 잘 보이지 않았다. 간혹 오던 그 남편은 그 하숙집 주인보다 나이가 다소 들어보였다. 나중에 안 일이지만 아주머니는 그 남자의 작은 부인이었다.

하숙집 식모는 다소 뚱뚱한 남해(南海) 여자로 당시 미혼이었다. 비대한 체구, 어울리지 않는 복장, 못생긴 용모로 인해 선배들과 나는 별로 관심 없이 지냈다. 하지만, 그때 그녀의 심정이 어떠했으랴. 우리가 좀 더 잘해 줄걸. 후회스럽다.

그러나 그녀는 동생 같은 우리에게 반찬이며, 빨래며 잘 챙겨 주었다. 그 후 그녀는 그해 가을에 고향에서 혼인한다면서 우리 곁을 떠났다. 지금은 어디서 무얼 하고 지내는지. 부디 행복했으면 좋겠다.

일 학년 여름이었다. 6월 22일 우리 정부는 도쿄에서 한일협정을 조인하였다. 이어 민주당 의원총회에서는 연일 굴욕적인 한일협정비준을 성토하는 농성이 이어졌다. 그해 여름은 나라가 온통 시끄러웠다. 자연히 우리 학교에서도 이 굴욕적인 한일협정을 반대하는 선배들의 주장으로 재학생 전원이 수업을 거부하고 운동장에서 결의를 한 뒤 철조망이 있는 도로 쪽으로 일제히 나서게 되었다.

그런데, 우리를 진압하려고 완전무장한 많은 경찰들이 도로에서 뒤쫓아 오고 있는 게 아닌가. 한 팀은 서면까지, 한 팀은 거제까지, 그리고 한 팀은 정화여고 입구까지 흩어져서 시위했다. 얼마 안 있어 여기저기서 구타당하고 경찰서로 연행되는 학생들의 수가 헤아릴 수 없었다. 나도 그때 마구 뛰어가다가 어느 골목길에서 다른 학생들과 함께 경찰서로 연행됐는데 덜컥 겁부터 났다. 많은 학생들이 그날 동래경찰서 마당을 메웠다. 담당과장으로부터 학생으로서의 의무 등 일장 훈계를 듣고 앞으로는 데모를 하지 않겠다는 내용의 각서를 쓴 후 대부분 훈방되었다.

나라가 어려울 때라 학생들의 봉기는 그 뜻이 순수했다. 전국적인 거센 시위로 정부와 여당에 일대 타격을 주기도 했지만, 한일협정비준은 그대로 국회를 통과하고 말았다.

그 일로 인하여 학교에서도 당분간 휴학을 하게 되었다. 나는 집에 와서 데모에 가담한 일과 경찰에게 곤봉으로 옆구리를 맞았다는 이야기를 할머니께 말씀드렸다. 할머니의 표정이 금방 어두워지셨다. 나는 속으로 '괜히 할머니께 말씀 드렸구나.' 하면서 후회했지만 별일 없이 그냥 지나갔다.

나의 고등학교 성적은 상위권이었다. 3학년 1학기 때에는 전교생 360명 가운데 10등 안에 들어갈 정도로 성적이 우수했다. 나는 매일 새벽 4시경에 기상하여 공부하고, 수업을 마친 후에는 밤 12시까지 책상을 떠날 줄 모를 정도로 오로지 학업에 정진하였다. 지금 생각하면 그때가 아마 내 인생에서 가장 열심히 공부 한 시기, 다시 말해 성적의 황금시대라고 하겠다.

그러나 그 무렵 서서히 나에게 어두운 그림자가 다가오고 있었다. 온 몸에서 식은 땀이 나고 기운이 없고 항상 피로감에 젖어야 했다. 바로 폐결핵 증상이었다.

그 소식을 듣고 낙심하시던 할머니의 눈길, 휴학계 제출, 친구들과의 이별, 나의 투병생활…

1968년은 분명히 내 생애 최초이자 최대의 시련기였다. 집에서 투병생활을 하는 동안 할머니의 간병은 눈물겨웠다. 그 병에는 보신탕이 효과적이라는 이야기를 들으셨던 할머니. 그때 중앙시장 뒷골목에서 보신탕만 십수 년 동안 장사하신 친구의 아버지가 계셨다. 그분께서는 오랜 경험으로 음식을 하셨기 때문에 항상 가게에는 많은 식도락가들이 붐볐다. 국물의 구수한 냄새가 특히 별미였다. 할머니는 그 친구 부모님을 잘 알고 계셨다. 그곳에 가셔서 냄비에 보신탕을 사 가지고 오셨는데 나는 처음에는 보신탕을 먹어 보지 않았기 때문에 다소 속이 좋지 않았다. 그러나 그것이 약이라는 생각과 꼭 먹어야 된다는 할머니의 말씀을 듣고 나서야 억지로 먹었다. 생각보다 먹기 좋았고, 몇 번 먹어 보니 구미가 당기기까지 했다. 예나 지금이나 몸이 쇠할 때는 보신탕이 최고가 아닌가. 내가 맛있게 보신탕을 먹기 시작하자 할머니는 하루 걸러 그것을 사오셨고 나의 건강은 하루가 다르게 좋아졌다. 그리고 나는 그때부터 아침 일찍 일어나 집 뒤에 있는 백양사까지 산책을 하기 시작했는데, 그것이 지금도 아침운동을 하는 계기가 되었다. 나는 휴학기간을 이용해 철저한 건강관리는 물론 수많은 문학 서적을 탐독하기도 하였다. 독서는 정신을 풍부하게 만들어 주었고 나의 중요한 일과가 되었다. 할머니의 자상하신 간병, 건강관리에 노력한 나. 내가 이듬해 복학을 할 그 시기에 건강은 완전히 회복되었고, 할머니의 얼굴에 그제야 안도의 빛이 역력했다.

그러나 학교성적은 점점 떨어졌고 나도 여러 가지 정황을 검토하지 않을 수 없었다.

결국, 대학 진학을 포기한 채 고등학교 생활 삼 년, 아니 사 년의 생활을 우울하게 졸업하지 않을 수 없었다. 1969년 박정희 대통령이 대국민담화 「싸우며 건설하는 해」의 신년사가 라디오에서 울려 나올 때였다. 그러나 고등학교 생활은 나의 내면을 퍽이나 성숙하게 만든 시기였다고 생각한다.

고등학교를 졸업한 후 나는 곧 고향에서 공무원 생활을 시작하였다. 서울에 와서 계속 직장생활을 하면서 대학교 진학을 까마득하게 잊고 있었다. 그러나 나의 마음 속에서는 항상 대학교를 꿈꾸고 있었던 것 같다.

드디어 고등학교를 졸업한지 무려 21년이 지난 1991년. 나는 서울에서 용감하게 명지전문대학 부동산학과에 응시하여 영예의 합격장을 손에 쥐었다.

그때 내 나이 42세로서 만학이었다. 입학금과 매학기 등록금은 유자녀로서 국가보훈처에서 교육보호 대상자로 면제되었다. 나는 교과서 대금만 납부하였다. 같은 학과 동기들은 대부분 딸 또래였고 내 나이쯤 되는 사람들도 서너 명 있었다.

둔촌동에서 그곳 남가좌동까지의 어려운 통학, 그리고 수업을 마치고 개포동 집에까지 오는 그 혼신의 노력… 그 당시 보훈병원 이은호(李銀鎬) 진료부원장님의 배려가 나에게 큰 힘이 되었다. 지금도 항상 그분에게 감사한다. 급우들의 상부상조와 인화단결에 힘입어 나는 B라는 좋은 성적으로 2년의 대학생활을 마칠 수 있었다. 미팅, 교수님과 급우들과의 생맥주 파티, 우정 어린 시간, 형광등 불빛에 비친 나의 자화상, 학과장님께 통사정하던 일들… 나는 그 어려운 여건 속에서도 대학교 생활을 무사히 마칠 수 있었다. 그동안 나의 모습을 지켜보며 안쓰러워하던 아내가 졸업식장에서 기어이 울음을 터뜨렸다. 학사모를 쓰고 온 가족이 함께 사진을 찍었다. 나와 그리고 가문, 가족에게 학사모와 빛나는 이 졸업장은 너무나 소중한 것이었다.

이광수(李光洙)는 그의 저서『중학교 방문기』에서, "학교생활은 일생 중에 가장 중요하고 흥미 있고, 변화 많은 시기이니, 따라서 일생의 가장 회억(回憶) 많기는 학교생활이다."라고 했다.

그렇다. 되돌아보면 학교생활은 가정생활에서 다소 부족한 많은 것을 나에게 가르쳐 주었다. 그리고 나는 많은 추억을 소중히 간직하고 있다.

내 인생을 살찌워 준 학교생활, 나는 이 학교생활을 기초로 하여 인생 공부에 더욱 더 정진할 것이다.

조손祖孫 노랫가락

처자타령

「쌍금쌍금 쌍가락지 호작질을 딱아내어

멀리보니 달일레라 자테보니 처잘레라

그 처자 자는 방에 숨소리가 둘일레라

청도박씨 오라버니 거짓말씀 말아주소

순-풍이 들이부니 풍지소리 들릴레라

죽고지라 죽고지라 댓잎같은 칼을 물고

석자수건 목에설고 자는듯이 죽고지라

엄마엄마 우리엄마 나죽거든 나죽거든

앞산에도 묻지말고 뒷산에도 묻지말고
저-건너 연밭밑에 묻어주소 묻어주소
연꽃일랑 피거들랑 날본듯이 보아주고
연밥일랑 열거들랑 날본듯이 따여주소
가랑비가 오거들랑 우장삿갓 덮어주고
싸락눈이 오거들랑 빗자루로 쓸어주소
우리동무 날찾거든 눈물한숨 받아주고
울오라비 날찾거든 술한잔을 받아주소」

옛날 옛적 어느 고을에 총각 처녀가 살고 있었다. 그들은 어릴 적부터 갖가지 놀이를 하면서 성장했다. 자연히 상대방을 서로 잘 알고 있었다. 혼인 적령기에 접어들자 총각은 그 처녀를 사모하게 되었다. 그는 궁리 끝에 처녀의 행실을 음해하면 그녀가 어쩔 수 없이 자신에게 시집 올 것이라고 오판했다. 그래서 총각은 그녀가 외간남자와 간혹 한 방을 사용한다는 유언비어를 퍼뜨렸다.

유교사상에 젖어 있던 그 시절, 그러한 소문은 그 처녀에게는 치명적이었다. 그래서 그녀는 '소문을 퍼뜨린 총각을 원망하고 세상 사람들에게 자신의 정절을 알리기 위해 자살로써 결백을 입증했다.'는 식의 통한이 절절이 맺힌 구슬픈 내용의 가락이다.

이 노랫가락을 현대의 우리에게 조명해 볼 수 있을 것이다. '유언비어의 폐해는 결국 죽음으로도 이어진다.'는 그 무서운 사실을 교훈 삼게 하는 내용이라고 해석된다.

진검이 타령

「야 이놈 진검아 내돈 석냥 내놔라

내 머리를 떼어다가 장군이 마게로 팔아도 니 돈 석냥 내주마

야 이놈 진검아 내돈 석냥 내놔라

내 눈을 빼다가 다마전에 팔아도 니 돈 석냥 내주마

야 이놈 진검아 내돈 석냥 내놔라

내 입을 베어다가 아구전에 팔아도 니 돈 석냥 내주마

야 이놈 진검아 내돈 석냥 내놔라

내 귀를 베어다가 까신전에 팔아도 니 돈 석냥 내주마

야 이놈 진검아 내돈 석냥 내놔라

내 손을 베어다가 까꾸리전에 팔아도 니 돈 석냥 내주마

야 이놈 진검아 내돈 석냥 내놔라

내 발을 베어다가 괭이전에 팔아도 니 돈 석냥 내주마」

진검이는 작은 새우를 이르는 말이다. 여기서 진검을 채무자에 비유하여 채무자와 채권자의 금전 관계를 노래한 것이라고 생각한다. 다시 말해, 채무

자 진검을 통해 금전의 상환을 독촉하자 진검이는 자신의 머리를 똥장군의 마게로, 자신의 눈은 구슬 가게에, 자신의 코는 마늘 가게에, 자신의 입은 아구 가게에, 자신의 귀는 고무신 가게에, 자신의 손은 갈퀴 가게에, 자신의 발은 괭이 가게에 팔아서라도 기필코 자신의 빚을 청산하겠다는 채무자의 의지를 표현한 노래이다.

이 가사는 금전 채무의 중요성을 일깨워 주는 교훈이 담겨 있다.

아! 휴전선 155마일

「대한민국 국민님네

이내말씀 들어보소

백마고지 바라보며

호국영령 추모하며

과일놓고 정종부어

임을향해 통곡하니

백하사야 진격하세

마소위님 걱정마소

피의함성 들리고녀

조국위해 젊음바친

화랑후예 우리청년

대한민국 국민님네
이내말씀 들어보소
육백리의 휴전선에
숨져가신 호국영령
임들께서 남겨주신
나라사랑 그정신을
조국통일 이룩하여
대한민국 발전시켜
새천년을 맞이하세
국민들이 보여주신
그성원에 감사하네

이내말씀 들어보소
대만민국 이름으로
아버지의 이름으로
구십사년 유월경에
우리부부 결심하여
동부전선 명호리서

서부전선 백령도에
보름동한 보행하며
보훈가족 이산가족
그아픔을 새겼지요

대한민국 국민님네
이내말씀들어보소
동족상잔 유월전쟁
그참상을 아시지요
그날새벽 네시경에
한반도는 아비규환
수도서울 함락되고
피난살이 삼년세월
조국운명 풍전등화
피아전사 얼마던가
숨져가신 임이시여

대한민국 국민님네
이내말씀 들어보소
백마고지 바라보며

호국영령 추모하며

과일놓고 정종부어

임을향해 통곡하니

백하사야 진격하세

마소위님 걱정마소

피의함성 들리고녀

고국위해 젊음바친

화랑후예 우리청년

대한민국 국민님네

이내말씀 들어보소

육백리의 휴전선에

숨져가신 호국영령

임들께서 남겨주신

나라사랑 그정신을

조국통일 이룩하여

대한민국 발전시켜

새천년을 맞이하세

국민들이 보여주신

그성원에 감사하네」

할매사시사(祖母四時詞)

「채전에서 바쁜손길 상추다듬을제
어린손자 선잠깨나 안방을보시네
중앙시장 나서실제 그마음무거워
종종걸음 재촉하는 할머니의발길
여름저녁 평상에서 수박깨먹을제
은하수의 긴꼬리는 밤하늘수놓고
옥수숫대 타는연기 모기장속으로
살그머니 다가오는 할머니의손길
귀뚜라미 섬돌에서 구슬피도우네
들녘에서 타작하는 농부거동보소
금년농사 풍년이라 막걸리나누고
겨울나기 장만하는 할머니의정성
조석으로 젖어드는 이승이차고녀
초생달빛 밤하늘엔 기러기줄잇고
문풍지의 찬바람이 이리도추울꼬
엄동설한 등잔아래 할머니의한숨」

삼팔선에 서서

1\. 진달래는 전선위에 피어있건만
불러봐도 내-님은 대답이 없어
그 이름이 내 가슴을 슬프게 하네

2\. 비바람은 전선위에 휘날리건만
보고싶은 내-님은 어디에 있나
그 모습이 그리워서 잠못 이루네

3\. 해와달은 전선위에 변함없건만
꿈속에도 내-님은 보이지 않네
그어드메 계시나요 그리운 내님

(후렴)

아느냐 삼팔선아 이내마음을
아-아 육십 년 세월 꿈만 같구나

여의도 벤치에 앉아서

영국의 소설가이자 시인이고 극작가인 G. 스미스는, “누가 가장 영광스럽게 사는 사람인가. 한 번도 실패하지 않고 살아가는데 있지 않다. 실패할 때마다 조용히, 그러나 힘차게 다시 일어나는데 참된 영광이 있다.”고 했다.

우리에게 더없이 감명을 주는 말이다. 그러나 과연 우리는 인생에 대해 이런 태도를 견지하며 살아가고 있을까. 대부분의 사람들은 작은 실패에도 낙심하고, 하찮은 장애물 앞에서도 주저앉고들 한다. 그리하여 그들은 영광된 인생을 포기하고 또 다른 길을 찾아 헤맨다.

지난 나의 인생은 너무나 힘들었다. 갖가지 실패를 거듭했다. 처음부터 준비된 실패였다고나 할까. 모든 장벽들이 처음부터 겹겹이 내 주위를 둘러싸고 있었다. 그래서 나는 이러한 악조건 가운데서도 그 장벽을 뛰어넘는 무모한 방법보다는 최선의 방법을 선택하지 않을 수 없었다.

가문과 가족을 위해서 나는 수단과 방법을 가리지 않고, 그 장벽들을 이리저리 넘었다. 그것이 나에게는 참된 영광의 길이라고 스스로 믿었기 때문이다.

내가 집필을 마치고 드디어 출판의 길에 접어들었을 때 나는 마치 한 시대를 마감하는 듯한 환상에 빠져들었다.

나로서는 너무나 고된 작업이었다. 한편으로는 놀라운 일이 아닐 수 없었다. 그러나 나는 이 대역사에 마침내 작은 마침표를 찍을 수 있었다. 내 인생에, 우리 가문에 영원히 잊을 수 없는 일이 될 것이다.

이 글을 완성하기까지 나의 눈물, 나의 땀, 나의 피, 그리고 나의 고뇌가 서로 뒤엉켜 나는 한동안 그 얼마나 심신의 소용돌이 한가운데서 헤매었던가.

개인이 자신의 어지러운 반세기를 반추한다는 일은 결코 쉬운 일이 아닐 것이다. 그런 뜻에서 나를 키워 주신 할머니, 나를 낳아 주신 아버지, 나를 안아 주신 어머니, 할아버지 이야기, 그리고 내 아내와 그 밖에 다정한 분들에게 감사한다.

왜냐하면 이분들이 나에게 용기와 집념을 심어 주었기 때문이다. 바로 나의 집념, 영혼의 소리, 그리고 따뜻한 모든 분들의 입김이 없었더라면 아마 나의 글은 영원히 이 세상에 나오지 못했을 것이다.

이 시대를 새 천 년을 시작하는 원년이라고들 말한다. 미래에 대한 희망이 담긴 찬사일 것이다. 이와 동시에 우리가 반드시 일구어 내야 할 일, 바로 전쟁 종말의 원년이 되기를 두 손 모아 빈다. 미래에 대한 우리 모두의 희망은 바로 이 땅에 크고 작은 모든 전쟁이 종식될 때만이 더욱 빛날 것이다.

지난 20세기

우리는 평화를 만들어내기도 했지만, 전쟁으로 모든 것을 송두리째 잃기도 했다. 실로 어지러운 한 시대였다. 이제 우리는 그 어떤 유혹에도 불구하고, 또 다시 전쟁을 생각하는 잘못을 저질러서는 결코 안 될 것이다. 내가 이 글 속에 지난 62년의 그 쓰라렸던 많은 이야기를 담은 뜻도 바로 여기에 있다.

전쟁이 없는 세상.

이것은 바로 희망과 절망을 함께 지니고 있는 이 시대를 가장 힘차게 되살려내는 가장 숭고한 목표일 것이다. 그리고 우리 모두가 새 천년의 주인공으로서 진정한 영광을 되찾는 길이 될 것이다. 내가 내 글을 시작하고 마치며 다시 다짐한 것도 바로 '전쟁 없는 세상'이었다. 나는 이제 그 목표 하나를 향해 지난 굴곡의 세월, 고통의 세월을 다 잊고 오로지 미래로만 향하고 싶다.

한때의 전쟁으로 인한 상처는 아직도 곳곳에 생생하다. 국토 안에도 가득하고 국민 마음에도 아직은 잠들지 않은 상태 그대로다.

전쟁에 대한 알 수 없는 공포가 수시로 온 국민을 뒤흔들고 있다. 총 들고 싸울 것이라는 국민은 줄어들고 피난부터 가겠다는 국민은 늘고 있다. 평화가 아니다. 전쟁은 구석구석에서 여전히 현재진행형이다. 그래서 아직도 우리에게는 할 일이 너무 많을 수밖에 없다. 그래서 나와 내자는 통곡의 휴전선, 비운의 38선을 베고 뜬 눈으로 밤을 새운다. 그 휴전선, 그 38선이 너무 슬프게 다가와서 제대로 편히 누울 수조차 없다. 새들은 마음대로 오가도 사람은 마음대로 오갈 수 없기에 그저 좁은 방에 누워 가슴으로 기도하고 꿈으로 소원할 뿐이다.

지금 내가 앉아있는 이곳 주변도 초가을 저녁의 그림자가 다가온다. 소리 없이 다가와 잠들지 못하는 나를 토닥여 준다. 한강물 위에도, 건너편 빈 의자 위에도, 길 위에도, 원고지 위에도, 그리고 내 마음 저 깊은 곳에도, 그렇게 고루 손을 뻗치며 할머니 약손처럼 토닥여주고 그리운 아버지의 미소처럼 보듬어준다.

이런 날은 모든 사람들이 잠시나마 유유자적하며 지난 세월을 되돌아볼 수 있는 시간이 아닐까. 너무나 길고 긴 시간을 통해, 그 얼마나 많은 공간을 남몰래 나 혼자 허우적대며 다녔던가. 오직 평화라는 이름만으로 그랬다. 오직 전쟁 없는 시대를 위해서 그렇게 했다.

지금 내가 앉아 있는 이곳 벤치 앞에는 수양버들가지가 늘어진 작은 호수에서 어미 오리와 새끼 오리들이 한가롭게 이리저리 다니고 있다. 여유롭게 보인다.

아버지, 저에게 배려, 전진, 정의, 불굴, 신념, 오계의 힘을 보내주세요. 반드시 아버지의의 유지를 무궁화로 꽃피울 것입니다.

이제 나도 잠시 휴식이 필요할 것 같다.

내일의 참된 발전과 도약을 위해서 잠시 쉬어야 할 것 같다.